刑法理論の基礎 Ⅳ

懲罰社会と刑法
YOSHIDA Toshio

吉田敏雄

成文堂

はしがき

　本書は，近代刑法学の遺産を継承しながら，さらに一歩進んで，「刑事法政策」を自由主義，民主主義及び社会連帯主義という視点からいかに進展させるべきかという問題関心から，現今の国の刑事法政策を批判的に考察したものです。したがって，奔流の如き「刑罰信仰」に対する一つの「反時代的考察」ということにもなります。

　第1章「自由主義法治国と刑法」は既発表論文を大幅に加筆したものです。刑事法思想の内外の動向を論じた本文はほぼそのままですが，注の箇所で，日本の刑事立法，特に「共謀罪法案」，「特定秘密保護法」についてやや詳しく論及しました。第2章「刑事手続きにおける被害者の参加形態—ドイツ，オーストリアの法制度—」は，刑事法の基本思想及び比較法的考察からすると，日本の「被害者参加」の制度設計に基本的問題が残っていることを論述しました。第3章「『新たな懲罰性』の問題」は，特に英米で顕著に見られる「懲罰性」現象について，主に，アメリカ合州国，フィンランド及び日本を取り上げて分析しました。本論文は，ヘルムート・クーリー (Prof. Dr. Dr.h.c. Helmut Kury, Freiburg) 及びマルティン・ブランデンシュタイン (Dr. Martin Brandenstein, Freiburg) の共同研究です。第4章「『行状監督』概観」は，精神障碍者や性犯罪者等の社会内処遇の充実が喫緊の課題であるところ，特にドイツの制度を検討し，あわせて，アメリカ合州国の制度を検討しました。第5章「性的被害発生率について—日本とドイツの比較研究—」は，暗域の大きいといわれている性的被害について，質問紙票を用いた日独実態研究です。本論文は，ヘルムート・クーリー及びミヒャエル・ヴュルガー (Dr. Michael Würger, Freiburg) の共同研究です。本書掲載の論考はいずれもフライブルクでの研究生活と深いかかわりのある作品です。それらの研究支援をしてくださったマックス・プランク外国・国際刑法研究所長ハンス＝イェルク・アルブレヒト教授 (Prof. Dr. Dr. h.c. Hans-Jörg Albrecht, Direktor am Max-Planck-Institut für ausländisches und internationales Strafrecht) には心より感謝申し

上げます。

　本書を『刑法理論の基礎』の第4巻として出版する機会を与えてくださった成文堂社長・阿部耕一氏のご厚意に感謝申し上げます。また，成文堂編集部・篠崎雄彦さんには編集・校正の面でお世話になりました。『懲罰社会と刑法』という適切な書名も篠崎さんの着想によるものです。記して，厚く御礼申し上げます。

　　2014年（平成26年）8月8日
　　　　　例年になく雨の降り続く盛夏　勤務校4号館の仕事部屋にて

　　　　　　　　　　　　　　　　　　　　　　　　吉　田　敏　雄

目　　次

はしがき
初出一覧

第1章　自由主義法治国と刑法 …… 1

Ⅰ　はじめに …… 1
Ⅱ　権威刑法と法概念の外面化 …… 3
　1　応報理論 …… 3
　2　威嚇理論 …… 5
　3　純粋法理論 …… 6
Ⅲ　危険統制刑法 …… 9
Ⅳ　自由主義法治国と刑法 …… 26
　1　法と社会倫理 …… 26
　2　犯罪概念 …… 29
　　(1)　不法　(29)
　　(2)　責任　(30)
　　(3)　刑罰　(31)
Ⅴ　終わりに …… 32

第2章　刑事手続きにおける被害者の参加形態
　　　　──ドイツ，オーストリアの法制度── …… 35

Ⅰ　はじめに …… 35

Ⅱ ドイツ刑事訴訟法における被害者の地位 ……………………… 37
    1 私人起訴 ……………………………………………………………… 37
      (1) 私人起訴の対象犯罪　(37)
      (2) 和解官庁による和解の試み　(38)
      (3) 私人起訴手続きの遂行　(39)
      (4) 議論　(40)
    2 公訴参加 ……………………………………………………………… 41
      (1) 公訴参加の目的とその権利者　(42)
      (2) 公訴参加の手続きと公訴参加人の権利内容　(44)
      (3) 議論　(46)
  Ⅲ オーストリア改正刑事訴訟法における被害者の地位 ………… 53
      (1) 被害者と私人参加人の概念　(54)
      (2) 被害者の権利　(55)
      (3) 私人起訴　(57)
      (4) 議論　(58)
  Ⅳ 終わりに ……………………………………………………………… 60

第3章　「新たな懲罰性」の問題
　　　　　―いっそう厳しい制裁に犯罪予防効果はあるのか― ………… 69

  Ⅰ 序　論 ………………………………………………………………… 69
  Ⅱ 行刑分野における現在の(法律の)進展状況から見た威嚇と
　　その他の刑罰目的 …………………………………………………… 72
  Ⅲ 刑事政策の進展状況における大衆媒体の役割 ………………… 81
  Ⅳ 厳しい制裁によって犯罪は減少するか？ ……………………… 84
    1 アメリカ合州国の例 ……………………………………………… 86
    2 フィンランドの例 ………………………………………………… 92

3　ポルトガルの例 ……………………………………………… 93
　　4　日本の例 …………………………………………………… 97
　　5　ドイツの例 ………………………………………………… 105
　V　（厳しい）制裁の犯罪予防効果？ …………………………… 106
　VI　結　　び ……………………………………………………… 118

第4章　「行状監督」概観 ―ドイツの犯罪者社会内処遇― ………… 131

　I　はじめに ……………………………………………………… 131
　II　行状監督（「2007年3月22日の行状監督改正法」成立前）の概観 ……… 137
　　1　行状監督の刑事政策上の目的 …………………………… 137
　　2　行状監督の対象者 ………………………………………… 138
　　　(1)　任意的行状監督の可能な犯罪　(138)
　　　(2)　必要的行状監督が付される場合　(138)
　　　(3)　特別の場合　(138)
　　3　行状監督の期間 …………………………………………… 139
　　4　行状監督の手段 …………………………………………… 139
　　5　行状監督の担当者 ………………………………………… 139
　III　統計調査研究から見た行状監督 …………………………… 140
　　1　E・ヴァイゲルトとS・ホーマン＝フリッケの統計調査研究 …… 140
　　　(1)　刑法第68条第1項の定める行状監督の推移　(140)
　　　(2)　調査の対象者　(140)
　　　(3)　命令群のデータ評価　(143)
　　　(4)　満期群のデータ評価　(145)
　　　(5)　処分群のデータ評価　(151)
　　　　　(a)　処分及び刑罰併科群

vi　目　次

    (b)　単独処分群
  2　本統計調査研究の問題点 ·· 154
Ⅳ　行状監督の論争点 ·· 155
 1　行状監督の廃止論と改正論 ·· 155
 2　1980年の連邦憲法裁判所決定 ·· 159
Ⅴ　行状監督制度改革 ·· 160
 1　行状監督改正法案 ·· 160
  (1)　刑罰で補強された指図型録の拡大(刑法第68条b第1項)　(161)
  (2)　刑罰で補強されない指図型録の拡大(刑法第68条b第2項)　(163)
  (3)　引致命令(刑訴法第463条a第3項)　(163)
  (4)　関係機関の協調(刑法第68条a第7項)　(164)
  (5)　行状監督中の指図違反罪(刑法第145条a)　(165)
  (6)　無期限の行状監督(刑法第68条c第3項)　(166)
  (7)　危機介入(刑法第67条h)　(166)
Ⅵ　行状監督改正法の成立 ·· 167
 1　行状監督法 ·· 167
 2　行状監督法の批判的考察 ·· 174
  (1)　裁判所の命令による行状監督(刑法第68条第1項)　(174)
  (2)　残刑が猶予されない場合の性犯罪者に対する行状監督(刑法第68条f)　(174)
  (3)　無期限の行状監督(刑法第68条c第3項2号)　(176)
  (4)　行状監督中の指図違反罪（刑法第145条a)　(178)
  (5)　併合自由刑が満期執行された場合の必要的行状監督(刑法第68条f)　(180)
 終わりに ·· 180

第 5 章　性的被害発生率について
　　　―日本とドイツの比較研究― ……………………………… 189

- I　序 ……………………………………………………………… 189
- II　本調査研究―日本とドイツの比較― ………………………… 190
  - 1　仮説 ………………………………………………………… 193
  - 2　無作為抽出調査 …………………………………………… 193
  - 3　調査方法 …………………………………………………… 195
- III　調査結果 ……………………………………………………… 196
  - 1　性的被害の規模 …………………………………………… 196
  - 2　性的被害体験と住居・収入状況 ………………………… 201
  - 3　性的被害と加害者との関係 ……………………………… 204
- IV　議　　論 ……………………………………………………… 205

初出一覧

第1章 「自由主義法治国と刑法」『曽根威彦先生・田口守一先生古稀祝賀論文集（上巻）』所収・2014年。

第2章 「刑事手続きにおける被害者の参加形態―ドイツ，オーストリアの法制度―」北海学園大学『法学研究』第43巻第1号（2007年）。

第3章 「『新たな懲罰性』の問題」北海学園大学『法学研究』第44巻第2号（2008年），第44巻第3=4号（2009年），第45巻第1号（2009年）。本論文を短縮したのが，*Kury, H., M. Brandenstein u. T. Yoshida,* Kriminalpräventive Wirksamkeit härterer Sanktionen – Zur neuen Punitivität im Ausland (USA, Finnland und Japan), Zeitschrift für die gesamte Strafrechtswissenschaften, Bd. 121, H. 1 (2009).

第4章 「『行状監督』概観」北海学園大学『学園論集』第135号（2008年），第136号（2008年），第138号（2008年）。

第5章 「性的被害発生率について―日本とドイツの比較研究」北海学園大学『法学研究』第41巻第2号（2005年），第41巻第3号（2005年）= *Kury, H., M. Würger u. T. Yoshida,* Zum Dunkelfeld sexueller Viktimisierungen – Vergleich zwischen Deutschland und Japan, The Hokkai-Gakuen Law Journal, Vol. 39, No 3 (2003), Vol. 39, No 4 (2004).

第1章　自由主義法治国と刑法

政府に秩序を維持すること以外のなにものも要求しない国民はその心の奥底で既に奴隷である。この国民は安寧の奴隷であり，国民の自由を束縛する男が出現しかねない。
　　　　　　　　　　　　　　　　　　　　アレクスイス・ドウ・トックヴィル
自己の安全を得るために自己の自由を放棄したい人は両方とも失うことになる。
　　　　　　　　　　　　　　　　　　　　ベンジャミン・フランクリン

I　はじめに

　人々の犯罪者への敵対的態度の増進にともない犯罪化の拡大・厳罰化要求が高まっているが，これは英語圏の犯罪学では「刑罰大衆迎合主義（penal populism）」[1]とか「懲罰的転換（punitive turn）」[2]という言葉で端的に言い表されて，その背景要因の分析に関心が向いている。ドイツでは，「処罰の環境を覚めた目で考察できる限り，今日ほど，これほどに処罰の用意が当然視されること，それどころか処罰に喜びを抱いていることに気づいたことはない」とも指摘されている[3]。わが国においても，人々の犯罪化の拡大・厳罰化要求に応える傾向が刑事立法・司法・行政において見られることは夙に指摘されてきたことである[4]。問題は，かかる傾向の背景要因の分析，及び，かかる傾向の刑法理論的分析であり，わが国の刑法理論がこの傾向に立ち向かえ

---
[1] Pratt, J., Penal Populism, 2007; Bottoms, A., The Philosophy and Politics of Punishment and Sentencing, in: Clarkson, C., Morgan, R. (Eds.), The Politics of Sentencing Refrom, 1995, 17 ff., 40 (populist punitiveness).
[2] Young, J., Searching for a New Criminology of Everyday Life: a Review of "The Culture of Control" by David Garland, British Journal of Criminology 42 (2002), 228 ff.
[3] Hassemer, W., Gründe und Grenzen des Strafens, Jahrbuch der juristischen Zeitgeschichte, Bd. 2 (2000/2001), 458 ff.
[4] Yoshida, T., Punitivity Today in Japan, in: Kury, H., E. Shea, (Eds.), Punitivity

る論理を内在しているのか，もしそうでないとすると，刑法理論の再構築が求められるのではないかという処にある。本稿は，長く支配的であった，しかし，今日でも影響力を失っていない官憲国家体制の権威刑法，次いで，近時，新自由主義的政治・経済政策の下に現れつつある危険統制刑法に批判的考察を加え，最後に，自由主義法治国における刑法のありように関する一般的考察を加えるものである[5]。

International Developments, 2011, 403 ff.; *the same.*, Problems associated with Harsher Sentencing. Trends in Returning to More Severe Punishment in Japan, in: *Kury, H.* (Ed.), Fear of Crime - Punitivity. New Developments in Theory and Research, 2008, 393 ff.; *The same,* „Punitivität" im jampanischen Jugend (kriminal) recht, in: Heinz-FS, 2012, 545 ff. 吉田敏雄『犯罪司法における修復的正義』2006年・177頁以下。

[5] ドイツでは，シュトレングが民主的法治国における刑法はどうあるべきかを論ずるに当たって，三個の刑法モデルを素描している。*Streng, F.,* Vom Zweckstrafrecht zum Feindstrafrecht? Überlegungen zu den Auswirkungen des neueren Sicherheitsdenkens auf ein „demokratisches Strafrecht", in: *Vormbaum, Th.,* (Hrsg.), Kritik des Feindstrafrechts, 2009, 181 ff. その一は，行為者の処罰は国を担う市民の期待を証明するものだと捉える**民主的刑法モデル**である。先ず，第一次，第二次社会化において内面化される価値秩序を正しい刑罰によって再生することが問題となる。刑法は市民間において定着している価値観念を明示することによって価値秩序を強固なものにする。さらに，**市民の相互承認関係は躓いた市民への助け**も要求するから，再社会化が重要である。威嚇はそれほど意味を有しないのは，威嚇のための重い刑が正しい刑と衝突するからである。保安処分を科して行為者を長期間社会から排除するのは最後の手段である。その二は，市民による同意と市民の期待とは無関係の**権威的刑法モデル**である。それは支配の維持に仕え，威嚇と保安に頼る。重い刑によって禁止・命令違反に対する心理的障壁を設けようとする。順応しない者には無期限の保安処分を科する。刑事司法システムの担い手は特権支配層であることによって，裁判官が市民の正義感に反する厳しい制裁を科することを可能にする。その三は，民主的モデルと権威的モデルの間にある**技術主義刑法モデル**である。それは市民の価値指向に拘束されない。刑法は必ずしも権威的に支配する集団の道具でもない。この種の刑法というのは，純粋に合理的に必要と考えられる国の犯罪統制に準則を与えるためのものである。刑法が市民の価値秩序を再生しないかぎり，裁判官には決定的な判断規準が欠如することになり，量刑における責任主義の限定機能が弱まる。それゆえ，書かれた法が絶対的になる。裁判官は「法律の口」となり，事前に用意された包括的指針に従った量刑判断を義務づけられるに至る。

イングランドでは，カヴァデイノウ等が刑事司法政策の三戦略の理念型を詳論している。*Cavadino, M., I. Crow, J. Dignan,* Criminal Justice 2000. Strategies for a New Century, 1999, 12 f., 35 ff. その一は，「**法と秩序イデオロギー**」と呼ばれてもよいことを具体化する**きわめて懲罰的な取り組み方**である。犯罪者に対してはできる限り厳しく対処しなければならない。この態度に基づく政府の戦略は刑事司法をあらゆる段階あらゆる点で厳しくし，懲罰的にするというものである。これは犯罪者の社会の成員としての位置づけを否定する排他的手法をとる。その二は，システムをできる限り円滑に動かし，費用対効果をあげるために，刑事司法に行政的，官僚的手法を応用する**管理戦略**である。その三は，**犯罪者，犯罪の被害者，潜在的被害者の人権を守り，擁護する戦略**である。それは処罰を最小化し，刑事司法システム内における公正と人道的処遇を保障し，犯罪者を社会内にと

II 権威刑法と法概念の外面化

1 応報理論

　法を,万人のできるだけ大きな自由を可能とする国の形式的,外面的秩序・強制と捉え,道徳を完全な意思自由(自律性)を前提とする自らに課した命令と捉え,したがって,法と倫理を概念的に厳格に分離する思想は,18世紀末の啓蒙の頂点の時代のカントに遡る[6]。応報と一般威嚇予防の共通の基礎をなす法概念の外面化は17世紀の絶対主義の精神的創始者であるホッブスに遡るのであるが[7],カントは法概念の外面化を完成させたのである[8]。ホッブスは秩序と法的安定性だけを法の内容であると説明した。ここから,真実又は正義は法の内容でなく,外的権威だけが法の内容であるから,法は不正義でありえないとの帰結が導かれる。絶対的に正しい理性は善と悪の問いには存在しないから,「支配力」を有する者の理性だけが重視されるべきであると。

　カントによれば,法には「倫理的な何物も混じっていない」。法は国の事柄であるのに対して,倫理は個人の道徳として完全に内面化され,私的な事柄である。倫理は意思自由の理性的利用にあり,義務の内容は一般的目的によってしか定義されない,すなわち,「汝の行為の格率が一般的法則となりうるように行為せよ」[9]。したがって,倫理というのは,専ら,個々人が義務の理念を自己の行為の動機にするというところにあった。人がこのようにして法規の内容を自己の行為の倫理的規準にもするか否かは,個々人の自由な意思にゆだねられていたのである。

　カントによれば,刑罰の正当化は行為者が法に対する内的に自由な決断を

どめ,法遵守市民として再統合しようとする点で包含的である。
[6] *Moos, R.,* Die ethischen Grundlagen des Strafrechts, FS-Rosenzweig, 1988, 399 ff., 404.
[7] *Moos, R.,* Positive Generalprävention und Vergeltung, FS-Pallin, 1989, 283 ff., 284.
[8] 参照,吉田敏雄『法的平和の恢復』2005年・341頁以下。
[9] *Kant, I.,* Die Metaphysik der Sitten, 1990 (Reclam), Tugendlehre, Einleitung zur Tugendlehre, 264 (邦訳,森口美都男,佐藤全弘『人倫の形而上学・徳論』(『世界の名著』第39巻『カント』所収) 1979年・543頁)。

したというところにある。刑罰のところで個人の道徳は国の事柄と見られる。道徳的決断が人格的主体である法違反者に国によって応報される。行為者が悪事の自律的決断をしたことに対する調整（埋め合わせ）としての害悪賦科に正義があったのである。このようにして，応報刑は，道徳のない（道徳自由な）法概念を主張する形式的実証主義と犯罪者に対する伝統的な道徳的責任判断の間の橋渡しをしたのである[10]。

　応報理論の特徴はなかんずく目的がないこと（目的自由）と観念論にある。応報は刑罰の本質を特徴づけるが，刑罰の効用を問題にすることはない。応報は正義の実現のために個人の道徳的責任調整を絶対的に必要とする。刑罰が行為者の法に対する内的拒否をいっそう深めても，刑罰は科せられねばならない。行為者や他人を威嚇するとか，一般の人々の処罰欲求を満足させる上で必要ないと思われるときでも，刑罰は科せられねばならない。なるほど，正しい刑罰が予防的にも作用することは避けがたいにせよ，そのことは刑罰の反射作用であって，刑罰の背景思想としてすら考慮されてはならないのである。国の応報は一般の人々の倫理を高めることも目的とせず，専ら行為者に対する正義だけをもくろんでいる[11]。その帰結はこう表現される，「裁判による刑罰は，自然的刑罰，すなわち罪悪そのものがそれによってみずからを処罰しかつ立法者も何らそれについて考慮を払うことのないところの刑罰から区別される。前者は，犯罪者自身のためであれあるいは公民的社会のためであれ，もっぱら或る他者の善を促進するための手段として課せられるといったものでは決してありえず，常にただ彼が罪を犯したがゆえにのみ彼に課せられるといったものでなくてはならない。なぜなら，人は決して単に或る他者の意図のための手段としてだけ取り扱われ，そして物権の対象であるものと混同せられることはできないのであって，たとえ誰かが判決によって公民的人格性を剥奪されることがありうるにしても，当人の生得の人格性は右の混同から彼を保護するからである」[12]。これは表見的自由主義を表現したものである。国の正義観念をいやおうなしにそして社会的必要性や適切性

10　Moos, (Fn. 7), 284.
11　Moos, (Fn. 7), 284.
12　Kant, (Fn. 9), Rechtslehre. 2. Teil. Das öffentliche Recht, 192（邦訳，加藤新平，三島淑臣『人倫の形而上学・法論』（『世界の名著』第39巻『カント』所収）1979年・473頁）。

の要請を顧慮することなく貫徹させるために，人を国の手段としているからである[13]。

応報概念は観念論的つまり形而上学的である。正義の前提にあるのは，責任があらゆる場合に無限定に行為者の意思自由によって説明されうるし，こういった責任が害悪賦科によって調整されうるし，されねばならないということだからである。ひとつの害悪がもうひとつの害悪を消滅させる。ヘーゲルはこのことを「法はこのおのれの否定を否定することによっておのれを回復する」と表現したのである[14]。このように，目的自由と観念論を特徴とする応報刑論においては，つまるところ，国が不遜にも個人倫理の監視者として神の僭称機能を果たすのである。しかし，多元主義の民主制においては，個人が自分自身に下す主観的個人倫理的判断は国の権能に属さない。国の役割は社会の価値にかかわる統制に限定されるのである。

2 威嚇理論

フォイエルバッハは刑法においてカントの外面化された法概念を引き継ぎ，構成要件の排他的客観化をもたらしたが，その責任概念を引き継がなかった。カントとは異なり，意思の外的自由だけを要求した。犯罪者には犯罪行為時に内的自由は存在しない。なぜなら，そのとき行為者は自分の衝動に依存して行為をするのであって，善事と悪事の間の自律的選択自由があって行為するのではないからである。それ故，フォイエルバッハは責任（Schuld）という言葉は使わず，帰責（Zurechnung）という言葉しか使わなかったのである[15]。道徳は刑法から放逐され，したがって，応報は問題外とされたのである。応報に代わって，カントの避けたかったことが生じて来た。刑罰は将来に向けて外的合法性をもたらすこと，つまり，市民社会のための実践的目的のために使われる。刑罰警告は潜在的法違反者に犯罪へ駆り立てる欲求をはじめから追い出すためのものであり，合法性は威嚇によって強制的に得られるものである（心理強制原則）。具体的犯罪者の帰責とそこから生ずる刑罰

---

[13] *Moos*, (Fn. 6), 285.
[14] *Hegel, G.W.F.,* Grundlinien der Philosophie des Rechts, 1981 (Reclam), § 82（邦訳，岩崎武雄『法の哲学』（『世界の名著』第44巻『ヘーゲル』所収）1978年・288頁）。
[15] *Moos*, (Fn. 7), 285.

は刑罰警告の一般予防的威嚇を確認するものにすぎなかった。ここに，カントやヘーゲルの避けたかった「刑法の原罪（die Erbsünde des Strafrechts）」[16]，つまり，行為者は単に一般威嚇予防の手段にされてしまったのである。ヘーゲルは，「こういう仕方での刑罰の根拠づけは，犬に向かって杖をふり上げるようなものであって，人間はその名誉と自由にしたがって取り扱われるのではなくて，犬みたいに取り扱われる」と表現したし[17]，カントは上述したように人を物権の対象にするようなものだと表現したのである。結局，カントの人間像は形而上学の天空に精通しているが，フォイエルバッハの自然主義は，国民は誰もが「具象化された悪魔」となりうることから出立したのである。いずれの見解も極端に過ぎる[18]。

　一般威嚇予防と応報はそれぞれ異なった責任と刑罰概念をもっている。実践的生活現実においては，応報に威嚇予防が接木されるのが一般であるが，しかし，両方の命題がどのような形で結合されようとも，原理的に両立しないことに変わりない。応報は目的自由であるが，害悪賦科の必要性ゆえに刑罰警告において，行刑において威嚇的効果を有する。逆に，威嚇は意思が決定されていることを前提とするが，具体的責任刑の場を応報にゆだねる。一般予防は，行為責任と内的関係を有しないから，実践的結論においては，非決定論の責任概念によって外から限定されることでこれと折り合いをつけるが，それはやはり威嚇刑なのである[19]。

3　純粋法理論

　カントの影響の下に展開されたのが，新カント学派の特別の形態としての純粋法理論である。国法学者のハンス・ケルゼンに代表される「ヴィーン学派」の形式的法実証主義によると，法の概念は法の倫理的基礎づけとは関係がないので，法概念に社会倫理が組み込まれることはない。法の妥当根拠は専ら憲法によって授権された国の立法行為にある。法秩序が大強盗団の秩序

---

[16] *Hassemer, W.*, Einführung in die Grundlagen des Strafrechts, 2. Aufl., 1990, 310.
[17] *Hegel*, (Fn. 14), § 99（邦訳，300頁）。
[18] *Moos*, (Fn. 7), 286.
[19] *Moos*, (Fn. 7), 286.

と異なるのはこの一点にある[20]。正義というのは法概念の要素ではない。法というのは形式的に有効に定められた条文に由来する。法は専ら外面的である正当性をいわば官報からのみ得る。法は，内容的には，形式論理的に包括的に自己完結した，正確な概念体系である。倫理的，宗教的あるいは社会的正義といった観点から，法の妥当性の背景・根拠等を問う必要はない[21]。この，いわゆる「**純粋法**」という皮相な概念は，「**正しい法**」とか実質的正義とか法における倫理といった問題提起を許さないのである。この純粋法理論(Reine Rechtslehre)によると，社会がその問題をどのように解決すべきか，なにがそもそも悪なのか善なのかといった問題への解答は理性的には基礎づけられえないのであって，主観的にしか，したがって，相対的にしか基礎づけられえないのであり，一般妥当性をもって根拠づけられえないのである。当為のこの主観的領域は客観的に妥当する法秩序から分離される。法はそれ自体において価値中立，つまり，「純粋」と考えられるのであり，いわば任意の内容を有する容器である。法は内容それ自体と等値されるべきでない。内容の価値は容器の性質，つまり，法概念には関係しない。法は人の行為に対する**強制秩序**以外のなにものでもないのである[22]。このようにして，ケルゼンは法の絶対的概念を得る。内容はまったく任意でありうるが，それでもやはり法である。刑法というのは効果的な秩序規範，強制規範でしかない。法治国性というのもこの理論の支持者にとっては法と同義である。法治国というのは，強制規範の効力を，したがって，外的法的安定性を内容として有する形式的概念である。一方で，法，他方で，社会的，倫理的及び歴史的関連性を厳格に概念的に分離する点で，純粋法理論には自由主義の原理がある。法律に違反しない限り，人は自分の正義概念に従って生活できる。ケルゼンにとって，法学というのは，自らを政治の「僕」に堕落せしめないことを誇りとするものなのである[23]。

　この純粋法理論は概念法学であり，自然主義的法思想である。それは19世

20　*Kelsen, H.*, Reine Rechtslehre, 2. Aufl., 1960, 45 ff.
21　*Kelsen, H.*, Was ist Gerechtigkeit?, 1953, 10 F., 43.
22　*Kelsen, H.*, Allgemeine Staatslehre, 1925, 99 f.; *ders.*, (Fn. 20), 51 f.
23　*Metall, R.A.*, Hans Kelsen und seine Wiener Schule der Rechtstheorie, in: Hans Kelsen zum Gedenken, 1974, 15 ff., 24.

紀末のドイツ精神史の晩生の果実である。精神史上，この思想は理性的自然法の衰退，一面的に法をカトリック・自然法的に捉えることへの防禦，オーストリアの実利的思惟への傾向に基礎づけられうる。国政上，この理論は，「お上（官憲）」が「法服従者」に対して権力を有する君主制，官憲国家に基盤を有していた。法服従者は立法者の動機，価値態度の背景にあるものを探る必要はなく，ただ服従しなければならない。法律は法服従者におのずから分かる解釈だけを許すのであって，法的に重要な規範を有する「法律の精神」というものは存在しない。それでも，外的強制規範と理解される法は外的法的安定性を保障する。この形式的法治国は，市民の自由への国の介入を法律に基づいてのみ認めるのである[24]。

　法の内容を秩序と法的安定性に縮減したホッブスの思想は刑法学者のリットラーにも繋がる。リットラーはケルゼンと同様に，国指導の権威，外的秩序の維持，規範の明確性のために，外的法的安定性を支持し，超実定法の妥当性に反対した。法の最高位の原則はお上（官憲）への服従である。刑法というのは専ら「わが国の権威」に由来する，「国法は自発的に存続するのであり，他のより高次の権威から光を借り受けてその中で輝くのではない」。国権力から法として公布されるものは「無条件の妥当性を有する」。法の本質は文化規範の意味での内容的正義でなく，「法の明確性が何にも増して重要である」。「第三帝国」という独裁政治におけるヒトラー総統の命令には「その無慈悲さ」にもかかわらず，「法律と同様の」「無条件の妥当性」が与えられる。「国家権力によって公布された法律がその無条件の妥当性を失うことになれば，どうなるだろうか。法を適用する当局は最悪の疑念へ突き落とされ，市民は国指導の権威への信頼を失い，抵抗へと鼓舞される」。それゆえ，リットラーは驚愕すべき信条を開陳する。法律は，「国際法に違反するとか，非倫理的であるとか，自然法に真っ向から対立するとか，法の理念を否定するからといって，その法の性格や拘束力を失うものではない」。さもなければ，国法から最も重要な「明確性」が失われてしまう。すなわち，規範違反の行為は，それに「社会害悪性が欠如していてもその性格を失わない」。「当該時

---

[24] *Moos*, (Fn. 6), 401 f.

代の国法の要件を満たすものは永久に正当化される」[25]。

　ホッブスを淵源としてカント，フォイエルバッハ，ケルゼンからリットラーへと継承される法思想は君主制，官憲国家の遺産である。権威刑法は原理的に見て自由主義法治国における刑法とはなりえない。権威刑法と訣別するためには，一方で，外面化された，形式的法概念を内面化し，価値で充足することが必要であり，他方で，刑罰の個人道徳的意義は否定されるべきものの，刑罰の完全な脱倫理化は避けられるべきものである。

III　危険統制刑法

　1980年代から英米を中心に組織一体性・協調性，消費者中心主義，保険数理的予測，短期的成果主義等を内容とする管理主義（manegiarism）を前面に押し出す刑事政策が有力になってきた[26]。この思潮を背景に危険統制刑法（Criminal law of risk control）[27]あるいは安全刑法（Sicherheitsstrafrecht）[28]あるいは大衆迎合的権威刑法とでも呼ばれるべき刑法への動きが顕著になるとともに，その輪郭が明らかになってきたのであるが，その根底には，国と市民の関係が，市民の自由を脅かす国と自己の自由を防衛する市民という対抗関係にあるのでなく，国がもろもろの（例えば，失業，困窮，テロ，環境破壊，戦争に由来する）危険への不安，犯罪恐怖を抱く市民の安全を保障する，信頼のおける同盟者と捉える思想があったと云える。

　国と市民の関係, 自由と安全の関係の変化は刑法の任務にも影響を与える。

---

[25] *Rittler, Th.*, Lehrbuch des österreichischen Strafrechts, Bd. I, AT, 2. Aufl., 1954, 26 ff., 115, 119 f.
[26] *Garland, D.*, The Limits of the Sovereign State. Strategies of Crime Control in Contemporary Society, The British Journal of Criminology, Vol. 36, No. 4 (1996), 445 ff., 447; *Cavadino, Crow, Dignan,* (Fn. 5), 41 ff.
[27] ハドソンは近時の刑事政策の中心思想が危機管理から危機統制に移ったことを指摘している。*Hudson, B.*, Balancing the Ethical and the Political: Normative Reflections on the Institutionalization of Restorative Justice, in: *Aertsen, I., T. Daems and L. Robert* (Eds.), Institutionalizing Restorative Justice, 2006, 261 ff., 263 ff.; *Clear, T.R., E. Cadora*, Risk and Correctional Practice, in; *Stenson, K., R.R. Sullivan*, Crime, Risk and Justice, 2001, 51 ff., 59. 参照, 吉田（注４. 犯罪司法）181頁。
[28] *Haffke, B.*, Vom Rechtsstaat zum Sicherheitsstaat?, Kritische Justiz Bd. 38, Nr. 1 (2005), 17 ff., 20.

人々はその日常生活に常に付きまとう些細な危険であっても，その防止を国に期待する。危険統制刑法においては，犯罪は「解決」，「克服」されえないのであって，犯罪者は人々の安全のために完全に管理されるべきものなのである。すなわち，危険統制刑法の自己理解は，犯罪というものを危険を冒す (Risiko eingehen, Taking risk) 行為と捉え，これを費用対効果と迅速さをもって管理する技術というものであって，刑法の社会倫理的基礎づけとは無縁なのである。社会の不安定要因である危険はできるだけ芽のうちに摘むという観点から，希薄な利益であっても法益化され，人々は外的強制規範への服従を要求される。そうなると，法益概念が担ってきた刑事立法，刑事法解釈の限定機能が弱体化するどころか，その拡大化という方向での積極的機能を担わされることになる[29]。裁判官には事実認定の比較的容易な（したがって，立証側には有利な，弁護側には不利な）抽象的危険犯，法益の茫漠とした社会的法益犯罪，さらには，構成要件の前倒し化，つまり，予備罪，共謀罪等の立法化が促進される[30]。このようにして，刑法は社会統制の最後の手段であるべきという刑法の人権保障原則は後退する。危険統制刑法は，その任務を人々の一般的価値妥当意識の維持・強化にはおかないので，不法は専ら客観的に

---

[29] *Hassemer, W.*, Strafrecht im Wandel, Journal für Rechtspolitik, 15 (2007), 79 ff., 83.
[30] わが国で，包括的に共謀罪の成立を認める立法化への動きは，「犯罪の国際化及び組織化並びに情報処理の高度化に対処するための刑法等の一部を改正する法律案」（2005年1月21日衆議院法務委員会付託，同年8月8日衆議院解散により廃案。同年の特別国会に再提出されるも，2009年7月21日の衆議院解散により再び廃案）に顕著に現れた。本法律案の提案理由は，①国際的な組織犯罪の防止に関する国際連合条約の締結に伴い，組織的な犯罪の共謀等の行為についての処罰規定，犯罪収益規制に関する規定等の整備，②組織的に実行される悪質かつ執拗な強制執行妨害事犯に対処するため，強制執行を妨害する行為等についての処罰規定の整備，並びに，③情報処理の高度化に伴う犯罪に適切に対処するため，及びサイバー犯罪に関する条約の締結に伴い，不正指令電磁的記録作成等の行為についての処罰規定，電磁的記録に係る記録媒体に関する証拠収集手続の規定その他所要の規定の整備にあった。なお，このうち③については切り離されて，2011年6月17日に，「情報処理の高度化等に対処するための刑法等の一部を改正する法律案」として可決, 成立し，同月24日に公布された。
　①について，本法案は，「組織的な犯罪の処罰及び犯罪収益の規制等に関する法律」（1999年に成立したいわゆる組織的犯罪処罰法）に第6条の2を加えるというものであった。

組織的な犯罪の共謀
第6条の2　次の各号に掲げる罪に当たる行為で，団体の活動として，当該行為を実行するための組織により行われるものの遂行を共謀した者は，当該各号に定める刑に処する。ただし，実行に着手する前に自首した者は，その刑を減軽し，又は，免除する。

一　死刑又は無期若しくは長期10年を超える懲役若しくは禁錮の刑が定められている罪　5年以下の懲役又は禁錮
　二　長期4年以上10年以下の懲役又は禁錮の刑が定められている罪　2年以下の懲役又は禁錮
2　前項各号に掲げる罪に当る行為で、第3条第2項に規定する目的で行われるものの遂行を共謀した者も、前項と同様とする。

　長期4年以上の懲役又は禁錮の刑が定められている罪は、現行法上、約619種類に達するが、これらの罪の共謀が**一挙に**「**犯罪化**」されるのである。窃盗罪（第235条）、詐欺罪（刑法第246条）、背任罪（刑法第247条）、恐喝罪（刑法第249条）、横領罪（刑法第251条）等の財産罪はいうに及ばず、脱税（所得税法第238条、法人税法第159条、相続税法第68条）、公職選挙法違反（同法第221条第3項、第222条）等、その犯罪化は**大規模**である。奇妙なことに、殺人罪については、共謀の前段階である殺人予備罪は2年以下の懲役であるのに、殺人共謀罪は5年以下の懲役又は禁錮となって、刑の重さが逆転している。その他、建造物等損壊罪等多くの犯罪で、未遂も予備も処罰されないのに、共謀は処罰されるということになる。
　そもそも**共謀**の定義と成立要件が明確でない。わが国では、判例上、共同正犯については、戦前から「共謀」共同正犯概念が認められている。最大判昭和33・5・28刑集12・8・1718〔練馬事件〕は、「共謀共同正犯が成立するには、2人以上の者が、特定の犯罪を行うため、共同意思の下に一体となって互に他人の行為を利用し、各自の意思を実行に移すことを内容とする謀議をなし、よって犯罪を実行した事実が認められなければならない。……多面ここにいう『共謀』または『謀議』は、共謀共同正犯における『罪となるべき事実』にほかならないから、これを認めるためには厳格な証明によらなければならないことはいうまでもない」と判示していた。その後、最決平成15・5・1刑集57・5・507〔スワット事件〕〔被告人である暴力団組長の乗る車の前後を警護していた組員の車から拳銃が発見されたという事案〕は、「(6)スワットらは、いずれも、被告人を警護する目的で実包の装てんされた本件各けん銃を所持していたものであり、被告人も、スワットらによる警護態様、被告人自身の過去におけるボデイガードとしての経験等から、スワットらが被告人を警護するためけん銃を携行していることを概括的とはいえ確定的に認識していた。また、被告人は、スワットらにけん銃を持たせないように指示命令することもできる地位、立場にいながら、そのような警護をむしろ当然のこととして受け入れ、これを認容し、スワットらも、被告人のこのような意思を察していた。2　本件では、前記1(5)の捜索による差押えや投棄の直前の時点におけるスワットらのけん銃5丁とこれに適合する実包等の所持について、被告人に共謀共同正犯が成立するかどうかが問題となるところ、被告人は、スワットらに対してけん銃等を携帯して警護するように直接指示を下さなくても、スワットらが自発的に被告人を警護するために本件けん銃等を所持していることを確定的に認識しながら、それを当然のこととして受け入れて認容していたものであり、そのことをスワットらも承知していたことは、前記1(6)で述べたとおりである。なお、弁護人らが主張するように、被告人が幹部組員に対してけん銃を持つなという指示をしていた事実が仮にあったとしても、前記認定事実に徴すれば、それは自らがけん銃等の不法所持の罪に問われることのないよう、自分が乗っている車の中など至近距離の範囲内で持つことを禁じていたにすぎないものとしか認められない。また、前記の事実関係によれば、被告人とスワットらとの間にけん銃等の所持につき黙示的に意思の連絡があったといえる。そして、スワットらは被告人の警護のために本件けん銃等を所持しながら終始被告人の近辺にいて被告人と行動を共にしていたものであり、彼らを指揮命令する権限を有する被告人の地位と彼らによって警護を受けるという被告人の立場を併せ考えれば、実質的には、正に被告人がスワットらに本件けん銃等を所持させていたと評しうる」と説示して、被告人が共謀内容としての事実（部下の銃器所持）を「確定的に認識・認容」している状況があれば足り

ること，具体的な共謀の事実が証明されなくても，黙示の共謀（阿吽の呼吸）が認められればそれで足りることを明らかにした。共謀共同正犯の共謀が共謀罪の共謀と同じ意味であるなら，共謀罪の成立も，黙示の共謀で足りるということになり，その成立範囲は途方も無く広がる。参照，大阪高判平成16・2・24判時1881・140。

　もっとも，共謀罪は，「**団体**の活動として，当該行為を実行するための組織により行われるものの遂行を共謀した」場合に限られるので，共謀罪の成立範囲はかなり限定されるようにも見える。しかし，そうではない。組織的犯罪処罰法第2条第1項は「団体」を次のように定義している。「この法律において，『団体』とは，共同の目的を有する多数人の継続的結合体であって，その目的又は意思を実現する行為の全部又は一部が組織（指揮命令に基づき，あらかじめ定められた任務の分担に従って構成員が一体として行動する人の結合体をいう。以下同じ。）により反復して行われるものをいう」。本定義は，団体の目的自体が違法・不当なものであること，団体が犯罪の実行を「共同の目的」とすることまで要求していない。そうすると，「団体」（2人以上であればよい）には，暴力団やテロリスト集団は云うに及ばず，政治団体，労働組合，宗教団体，営利団体，果ては，人権擁護団体，環境保護団体等の市民団体まで含まれるのである。しかも，団体には既に存在するものに限られず，確実にすぐできるものも含まれる可能性がある。しかも，捜査手法としては，共謀を立証するために，電子的監視，電話傍受（盗聴），メール即時傍受（盗聴），室内盗聴，路上盗聴，潜入覆面（間諜）捜査，囮捜査，更には，密告の奨励（共謀罪法案第6条の2は自首した者に対する刑の減軽・免除を定める）が必要になってこよう。そのことは，確実に人々の自由な発言や行動を萎縮させる「監視社会」へと繋がる。

　共謀罪法案は，「越境的組織犯罪防止条約（Convention against Transnational Organized Crime. パレルモ条約とも呼ばれる）」（2000年12月に国連総会で採択）（なお，「transnational」の中国語正文は「跨国」となっている）を受けてのものであるが，その第2条は，「組織的な犯罪集団」を「物質的利益を得るため重大な犯罪又は条約に従って定められた犯罪を行うことを目的として一体として行動する」団体としていて，本条約がテロリスト集団を対象とするものではないことを明らかにしている。ところが，共謀罪法案の定める共謀罪のほとんどが国内犯罪であって，国際組織犯罪とは関係が無いし，テロ犯罪とも関係が無い。そもそも，「テロ」犯罪に対しては，現行法でも十分と思われる対策が採られている。1995年に「サリン等による人身被害の防止に関する法律」が，2002年に「公衆等脅迫目的の犯罪行為のための資金の提供等の処罰に関する法律」が制定されている。爆発物使用共謀罪（爆発物取締罰則第4条），防衛秘密漏洩共謀罪（自衛隊法第122条第4項）等，特別刑法に「共謀」の規定がある。さらに，内乱陰謀罪（刑法第78条），外患誘致陰謀罪（刑法第88条），政治目的のための殺人・放火・騒乱等陰謀罪（破壊活動防止法第39条，第40条）等といった共謀に類似する「陰謀」の処罰規定も存在する。刑法には，殺人罪（刑法第201条），身代金目的拐取罪（刑法第228条の3），強盗罪（刑法第237条），放火罪（刑法第113条）の予備罪が規定されている。

　本法案に先立ち，2002年9月3日，法務大臣から「国際組織犯罪防止条約の締結に伴う罰則等の整備に関する諮問」（諮問第58号）がなされ，法制審議会刑事法（国連国際組織犯罪条約関係）部会において5回の審議が行われ，2003年2月5日に，法案の基礎となる，それと同趣旨の答申がなされていた。但し，法務大臣の諮問には，要綱（骨子）が付されていたが，共謀罪に係る骨子は次の通りであった。

第一　組織的な犯罪の共謀
　一　1又は2に掲げる罪に当る行為で，団体の活動として，当該行為を実行するための組織により行われるものの遂行を共謀した者は，それぞれ1又は2に定める刑に処するものとすること。ただし，実行に着手する前に自首した者は，その刑を減軽し，又は免除するものとすること。
　　1　死刑又は無期若しくは短期1年以上の懲役若しくは禁錮の刑が定められている罪　5年以下の懲役又

は禁錮
　2　長期4年以上の有期の懲役又は禁錮の刑が定められている罪（1に掲げるものを除く。）　3年以下の懲役又は禁錮
　二　一1又は2に掲げる罪に当る行為で，団体に不正権益を得させ，又は団体の不正権益を維持し，若しくは拡大する目的で行われるものの遂行を共謀した者も，一と同様とすること。

　上記法制審議会刑事法部会では，この骨子に若干の修正を加えた案が賛成13名，反対1名で可決され，これに基づいて法案が作成されたのである。本部会は15名の委員から構成されていたが，その委員中，部会長（慶應義塾大学名誉教授・宮澤浩一）と部会長代行（学習院大学教授・芝原邦爾）は顕名化されているものの，その他の構成員は明らかでない。仄聞したところによると，学者委員としては次の者が参加していたようである。委員：明治大学教授・川端博，中央大学教授・椎橋隆幸，京都大学教授・中森義彦，東京大学教授・西田典之，関西大学教授・山中敬一，慶應義塾大学・安富潔。（全員がこの修正案に賛成したようである）。幹事：慶応義塾大学教授・井田良，東京大学教授・佐伯仁志。なお，このうち，川端教授と安富教授が第163回国会衆議院法務委員会で参考人として出席した（平成17年10月26日）。中央大学教授・藤本哲也（刑事政策専攻）は第164回国会衆議院法務委員会に参考人として出席して法案に賛成意見を述べたが（平成18年5月9日），「ある罰則を策定するときに生ずる種々懸念の多くは健全な運用によって解消されるべき」，「罰則，特に組織犯罪に対抗するための刑罰法規を策定しようとする場合，これまで起きた犯罪だけではなくて，これから起きる犯罪を漏れなく取り込めるようにしておかなければならないのではないかと考えます。絞り込み過ぎてしまって肝心なものが抜けるよりも，ある程度の余裕ないし幅を持ってつくっておき，さまざまな懸念については運用面で適切に対応すべきではないかと考える」との驚愕すべき意見を開陳している。
　わが国の刑法体系は，自由主義法治国に立脚して，「思想（思考）は罰せず」（行為原理・法益侵害原理）という観点から，既遂の処罰を原則として，例外的に，未遂を，さらに例外的に，極めて重要な犯罪に限って予備を処罰することを基本としている。しかるに，さらに，既遂からはるかに手前の，予備行為も行われていない段階での共謀を，罪種を問わず現行刑法体系に網羅的に接木することは，自由主義法治国を基盤とした行為刑法の「謙抑性・断片性・補充性」といった近代刑法原理に反する。「越境的組織犯罪防止条約」第34条第1項も，「締約国は，この条約に定める義務の履行を確保するために，自国の国内法の基本原則に従って，立法，行政をはじめとする必要な措置をとる」と規定しており，その立法指針（Legislative Guide for the Implementation of the United Nations Convention against Transnational Organized Crime）第51節は，共謀罪法をもつ国も，犯罪結社罪法をもつ国もあるが，これらの法的概念をもたない国はいずれの制度を導入することなく，組織的犯罪集団に対して効果的な措置を採ることを許容している。この規定は英語では，「The options allow for effective action against organized criminal groups, without requiring the introduction of either notion – conspiracy or criminal association – in states that do not have the relevant legal concept」となっている。外務省の「国際組織犯罪防止条約の『立法ガイド』における記述について」（2006年6月16日）はこの英文の意味するところは，「共謀罪に関連する法的概念を有していない国が参加罪を選択した場合に他のオプションである共謀罪を導入する必要はなく，また，参加罪に関連する法的概念を有していない国が共謀罪を選択した場合に他のオプションである参加罪を導入する必要はないことを明示的に確認したもの」であり，この解釈は「立法ガイド」作成者である国連薬物犯罪事務所条約局に確認済みであると説明している。しかし，この解釈に立つと，「世界標準化（globalization）」という流れの中で，刑事司法とその基本原則という国民主権の根幹にかかわる事柄もこれに飲み込まれてしまい，国民主権が機能しないという深刻な事態が生ずる。

捉えられ，結果不法（結果無価値）が前面に出てくる[31]。しかも，危険統制刑法の犯罪者像は，利益の最大化と費用の最小化を追求する，合理的な損得計算のできる合理的選択行為者（homo economicus）である[32]。犯罪は割に合わないということが事前に明確に示されなければならない。法定刑は重いほどそれは明確に伝えられる。責任では，外的命令に対する犯罪者の内的不服従が個人道義的に非難される。責任はその漸増概念を否定され，不法の鏡像に過ぎなくなる。責任の中核をなすべき期待可能性は刑法の軟弱化を招くとして否定されることになる。このように，危険統制刑法では，責任主義が「不法主義」と紙一重のところまで来るのである。責任主義が弱まると，刑罰は技術支配的道具となる。危険統制刑法の刑罰目的は人々の規範意識の強化・促進による犯罪予防でなく,応報と威嚇予防（いわゆる相対的応報刑論）にある。責任の刑罰限定機能は弱まるので,刑罰は危険統制の観点から重罰化に傾く。

　不法，責任の内実に厳しく制約されることのない危険統制刑法では，犯罪の重さでなく，保険数理を用いた特定人物集団の危険性予測が重要な役割を果たし，しかも，専ら年齢，所属集団，非行・犯罪歴，素行歴といった個人的要因が危険性予測因子として考慮され，人物を取り巻く社会的，経済的要因はその重要性を失う。これが保険数理的正義（acturial justice）と呼ばれるのである[33]。このように，危険性予測は脱社会・経済化される[34]。危険集団

---

[31]　Vgl. *Streng, F.*, Sinn und Grenzen der Strafrechtsvergleichung, in: Reader. Rechtstransfer in Japan und Deutschland, 2011, 248 ff, 250.

　わが国で，自由主義法治国の下における不法の実体概念はいかにあるべきかという観点からでなく，単に捜査の便宜的観点から，刑法の客観化を追求するのが，国家公安委員会委員長主催「捜査手法，取調べの高度化を図るための研究会」（座長：首都東京大学教授・前田雅英）『最終報告』（2012年2月）「(12) **刑法その他の実体法（刑罰法令）の見直し**　わが国の刑罰法規においては，犯行の目的等の主観的構成要件要素が重要な位置を占めているため，取調べによらなければ，立証が困難になることは避けられない。取調べ及び供述調書への過度の依存を排するとの観点からは，諸外国の例を参考としつつ，刑法その他の刑罰法規の見直しについて検討を進めることが望ましい。……具体的には，刑法の客観化や推定規定を設けること等により，犯行の目的等については立証を不要とするなど，供述に依存しない立証を容易にする方向での実体法の見直しについて，検討を進めることが望ましい」。

[32]　*O'Mally, P.*, Neo-Liberal Crime Control – Political Agendas and the Future of Crime Prevention in Australia, in: *Chappell, D., P. Wilson* (Eds.), The Australian Criminal Justice System. The mid-1990s, 4. Edition, 1994, 283 ff., 288 ff.

[33]　*Feeley, M.M., J. Simon*, The New Penology: Notes on the Emerging Strategy of Corrections and its Implications, Criminology 30 (1992), 449 ff.; *Simon, J.*, Managing

に属する者に対しては無害化（incapacitation）が刑罰目的となる[35]。矯正では犯罪者の危険性を封じ込めることに関心が向けられ，犯罪者の「社会化」へ向けての努力は二次的意義しか有しない。更生・保護では，犯罪者の必要事ではなく，電子監視等の効果的且つ効率的使用による危険管理に焦点がおかれる[36]。このようにして，時間と費用がかかり，短期的な成果の見えにくい社会政策の充実には関心が向かない。かくして，「社会」の存在を否定するないし疑問視して，犯罪を個人の問題に還元されると，これが社会政策の「刑事政策化」を促進・拡張することに繋がる。安全刑法は刑法の存在理由そのものの再定義を迫ってくるのである。

自由市場経済を極限まで推し進め，この分野での国の役割を最小化しようとする新自由主義は，政治的には保守主義であって，社会福祉政策を後退させ，階層間格差社会をもたらしたのであるが，逆説的なことに，これがかえって市場の論理を最大限に実践するための環境整備をするという観点からの，経済活動（規制緩和），雇用（派遣労働），労使関係（労働組合の弱体化）等のあらゆる分野における国の役割を強化させることに繋がったのである。産業界，財界と一体となった国の統治方式は以前に増して強くなる[37]。人は合理的経済的計算ができるのであるから，国の新自由主義政策によって生活基盤を奪われた者，失敗者，落伍者といえども，「危険社会（Risikogesellschaft）」にあってはその「自己（管理）責任」が問われるのである[38]。しかも，経済的強者といえども明日は転落の身になるかもしれないと感ずる。ここに誰もが自分の生存にかかわる不安感を抱くようになり，社会全体の経済的安全が著しく損なわれる。さらに，大衆媒体による，耳目を集める，しかし，例外的犯罪事件の集中的，煽情的報道によって，犯罪被害者になる現実の蓋然性

---

the Monstrous: Sex Offenders and the New Penology, Psychology, Public Policy, and Law, Vol. 4, No. 1/2 (1998), 452 ff., 453 f.
[34] *Cunneen, Ch., H. Carolyn*, Debating Restorative Justice, 2010, 172; *O'Mally*, (Fn. 32), 294.
[35] *Sack, F.*, Strukturwandel, Kriminalität und Kriminalpolitik, in: *I. Rode, H. Kammeier u. M. Leipert* (Hrsg.), Neue Lust auf Strafen, 2005, 7 ff., 33.
[36] *Simon*, (Fn. 33), 453.
[37] *Bell, E.*, Criminal Justice and Neoliberalism, 2011, 133 ff.; *A. Gamble*, The Free Economy and the Strong State. The Politics of Thatcherism, 2. Edition, 1994.
[38] *Cavadino, M., J. Dignan*, The Penal System. An Introduction, 4. Edition, 2007, 86.

とは異なる，主観的な感覚としてのいわゆる「体感治安」の悪化が生じた。孤立化された市民の犯罪への脆弱感・不安感は安定感・安全感を要求する。さらに，従前の刑事政策による犯罪防止策の「失敗」が喧伝されることによって刑事司法機関，犯罪学者への不信感も生じた。政治家は犯罪被害者，潜在的犯罪被害者の声に応える必要に迫られるし，それは「一票」のためでもある。ここに，刑事政策の分野に，科学的「証拠に基づく」ことのない，市民の「健全な常識」が間断なく流れ込んできただけでなく[39]，「犯罪（国内の敵）との戦争」のために市民（現実の犯罪被害者か潜在的被害者かを問わず）の刑事司法への積極的関与が促進され，犯罪被害者（遺族）の論告・求刑にまで至る[40]。安全刑法は，国の刑事政策に携わる政治家，法務・司法官僚だけでなく，大衆媒体，犯罪被害者及び危機感を煽られた市民の声との共同作品でもある。

　この背景には，国は市民の安全を保障してくれるが（国による安全），市民の自由を脅かす（国に対する安全）ことはないという一般的認識があったことも指摘されねばならない。ドイツでは，「安全基本権（Grundrecht auf Sicherheit）」いう言説すら見られるようになった。本来，啓蒙期以来，国の正統性は安全ではなく自由にあるとされてきたのであるが，それは，支配層を利する過剰な安全は市民にとってその不安全を意味し，社会を窒息死させるという過酷な経験に裏付けられたものだった。本来，基本権は国の恣意的介入から個人の自由を保障する防禦権なのである。自由は市民が相互の尊厳を尊重するところにあり，安全は自由の均衡が保たれているところにある。すなわち，自由が安全を保障するのである。ところが，安全基本権というのは国のいっそうの安全を自由の理念から切り離し，個人に向けられうる抽象的価値としての安全が国に帰属されるのである。国の安全はもはや人々の自由に仕えるのでなく，自由を圧倒する。安全基本権は国の介入を要求し，正当化する権利となる。この自由と安全という緊張関係は安全優位という形で

---

[39] Baker, E., V. Roberts, Globalization and the New Punitiveness, in: Pratt, J., D. Brown, M. Brown, S. Hallsworth and W. Morrison (Eds.), The New Punitiveness. Trends, Theories, Perspectives, 2005, 121 ff., 130.

[40] T. Yoshida, Beteiligung des Tatopfers am Strafverfahren in Japan – Ein Schritt vorwärts und zwei Schritte zurück? in: FS-Roxin, Bd. 2, 2011, 1863 ff.

解消され，国はもはや市民にとっての脅威でなく，外的脅威から市民を守ってくれる同盟者となる[41]。

新自由主義の政策を反映しているのが刑法の分岐化という現象である。ドイツでは，ヤコプスが「市民刑法 (Bürgerstrafrecht)」と「敵刑法 (Feindstrafrecht)」を対置する。前者は，規範妥当性を確認することによって「法人格 (Rechtsperson)」としての市民の規範誠実を確実にする「真正の」刑法，責任刑法であるのに対して，後者は，規範確認の応答ができない「非人格 (Unperson)」としての行為者（永続的に法に背を向ける者，例えば，テロリスト，組織犯罪者，薬物取引を生業とする者，性犯罪性癖者）にその社会的危険の故に市民としての地位を保障しない刑「法」である[42]。ヤコプスによれば，敵刑法の特徴は，①刑法第129条（犯罪的団体の結成），刑法第129条 a（テロリスト団体の結成）等に見られる可罰性の前倒し化，②前倒し化に比例する刑の軽減が認められないこと（テロリスト団体の結成罪においては，行為者が首謀者又は黒幕の一人であるとき，その法定刑は1年以上10年以下の自由刑であって，実質的には「先取りされた保安監置」である），③1994年の「犯罪撲滅法」という名称に見られる刑法立法から撲滅立法への移行，④手続き的保障の削減，例えば，裁判所構成法第31条以下に見られる，他人の生命，身体又は自由への危険を回避するための被拘禁者とその弁護人の接触禁止といった点にある。敵刑法を適用する前提として敵，味方を識別する認定規準は，規範に適合する行為の動機形成，規範に誠実な行為能力の有無にある。しかし，敵刑法の典型的な敵として挙げられるテロリストであっても，責任無能力者とは異なって，規範応答の可能性はあるのであるから，敵刑法を規範論理的に認めるわけにはいかないの

---

[41] *Albrecht, P.-A.*, Die vergessene Freiheit – Strafrechtsprizipien in der europäischen Sicherheitsdebatte. Antithese europäischer Aufklärung: Freiheit durch Sicherheit, 2003; *Hassemer, W.*, Zum Spannungsverhältnis von Freiheit und Sicherheit, Drei Thesen, vorgänge, Heft 3 (2002), 10 ff.; *ders*. (Fn. 3), 479 f. ; *Denninger, E.*, Prävention und Freiheit. Von der Ordnung der Freiheit, in: *Huster, S., Rudolph, K. (Hrsg)*, Vom Rechtsstaat zum Präventionsstaat, 2008, 85 ff., 95.

[42] *Jakobs, G.*, Bürgerstrafrecht und Feindstrafrecht, in: *Hsu, Y.-H.* (Hrsg.), Foundations and Limits of Criminal Law and Criminal Procedure. An Anthology in Memory of Professor Fu-Tseng Hung, 2003, 41 ff.; *ders*. Das Selbstverständnis der Strafrechtswissenschaft vor den Herauforderungen der Gegenwart (Kommentar), in: *Eser, A., W. Hassemer, B. Burkhardt* (Hrsg.), Die deutsche Strafrechtswissenschaft vor der Jahrhundertwende, 2000, 47 ff.

である[43]。それにもかかわらず，敵刑法という特別の存在を肯定するなら，敵の認定は法適用者の恣意に流れ，その帰結は責任刑法の死どころか「法」治国の死に繋がることは見やすい道理である[44]。

　イングランドでは，ガーラントが，「他者の犯罪学（Criminology of the other）」と「自己の犯罪学（Criminology of the self）」を対置する[45]。他者の犯罪学は，犯罪者を遵法市民とは本来的に異なる，「怪物」と見る。移民，恵まれない地域の薬物使用者や若者といった特定の危険集団は既存の社会秩序への脅威と捉えられ，排斥の対象となる。他者の犯罪学の目的は諸危険集団の統制方法の改善，これらの集団の平均的市民への危険の減少を可能とする理論的，実証的及び認識を得ることにある。そうすることで，この犯罪学は貧困者や社会的に取り残された人をさらに排除し，統制する専門知識を提供する。他者の犯罪学は社会的排斥の技術となり，したがって，社会における二極化をさらに促進する。これに対して，自己の犯罪学は犯罪者を普通の人と見る。犯罪者はわれわれの一人，つまり，状況の故に，違法な行為をさせ，他人に害を与える原因となった位置におかれてしまった者である。これはどの市民にも起こりうることである。犯罪者を標的にするよりも犯罪誘引状況の除去に重点がおかれる。しかし，自己の犯罪学においても，人々の合理的選択の仮説は有効であるから，刑罰の一般威嚇予防が重視されるので，修復的正義は刑事司法の辺縁でしか認知されないことになる。

　犯罪不安がその基底にある危険統制刑法は，安全度の要求度が高まるに応じて，犯罪化・重罰化を促進する。刑罰の犯罪予防効果に限界があるにもかかわらず，犯罪化・重罰化の道を歩むと，刑法には，国が犯罪に対して厳しく対応しているという象徴的効果が期待されていることになる。しかし，危険統制刑法は，その非社会倫理的性格の故に，人々の間の信頼感，連帯感の

---

[43] *Sinn, A.*, Moderne Verbrechensverfolgung – auf dem Weg zu einem Feindstrafrecht?, ZIS 3 (2006), 107 ff., 112 ff.
[44] *Hassemer, W.*, Sicherheitsbedürfnis und Grundrechtsschutz: Umbau des Rechtsstaates?, StrfFo 8 (2005), 312 ff., 315; *Eser, A.*, (Fn. 40), Schlußbetrachtungen, 437 ff., 445.；*Frehsee, D.*, Fehlfunktion des Strafrechts und der Verfall rechtsstaatlichen Freiheitsschutzes, in: *Frehsee, D., Löschper, G.*, Smaus, G. (Hrsg), Konstruktion der Wirklichkeit durch Kriminalitat und Strafe, 1997, 14 ff.
[45] *Garland, D.*, The Culture of Control. Crime and Social Order in Contemporary Society, 2001; *the same*, (Fn. 26), 461 ff.

崩壊をもたらすのみならず，自由そのものが制御されるべき危険（Risiko）と見るその技術主義的性格の故に，市民的自由，権利の享有にも深刻な悪影響をもたらす[46]。さらに，市民は刑事司法の単なる消費者（顧客）と位置づけられ[47]，公的問題に関する主権者たる討議主体として位置づけられないため，消費者の「（流動的）生の感情」を満足させるための犯罪化・重罰化が促進される[48]。結局，社会倫理的，人道的，理性的精神に担われることのない危険統制刑法は近代刑法学が築いてきた貴重な遺産をないがしろにするものと云える[49]。

---

[46] Mackay, R.E., Law as Peacemaking: Beyond the Concept of Restorative Justice, in: Mackay R., M. et al. (Eds.), Images of Restorative Justice Theory, 2007, 112 ff.,122; Haffke, (Fn. 28), 32.
[47] Rock, P., Constructing Victims' Rights, 2004, 143 f.
[48] Pratt, (Fn. 1), 135.
[49] 2013年12月6日に成立した「特定秘密の保護に関する法律」（以下，特定秘密保護法と呼ぶ）は立憲自由主義を没却した「欠陥」法律である。
　自由主義法治国の下で，国の「秘密」が保護されるべきなのは，それが即時的，同時代的に公表されると国民の安全や国に重大な支障が生ずるからである。そうすると，当然，行政内部の情報保全システムを適正化し，国の秘密に触れることの可能な人も制限することが必要となる。しかし，歴史的経験そして現実から明らかなように，政府が自己に不利な情報を隠蔽したり（疑似秘密。例：尖閣沖漁船衝突事件のヴィデオテープ流出事件），違法な活動を隠蔽（違法秘密。例：沖縄密約事件）したり，虚偽の情報を流したり（例：大本営発表），廃棄する（2007年から2012年までの6年間に，防衛秘密に指定された文書約42,100件が廃棄された）。これでは，国民は主権者として政治的判断を下す機会を奪われる。国の情報は国民の共有財産であり，国民は政府に国民のものである情報を提供させる必要がある。そもそも，国民の「知る権利」は国民主権の政治制度における不可欠の基本的人権なのである。そこで，この両者の緊張関係を調整するために，制約無しには増殖する一方の国の秘密をできるだけ減らし，精査された上で秘密指定された文書はいずれ公開され，検証されるための情報公開制度が必要となる。以下，「特定秘密保護法」を俎上に載せて検討する。

1．特定秘密の指定対象
第3条は，「特定秘密の指定」を定める。
第3条　行政機関の長（……）は，当該行政機関の所掌事務に係る別表に掲げる事項に関する情報であって，公になっていないもののうち，その漏えいがわが国の安全保障に著しい支障を与えるおそれがあるため，特に秘匿することが必要であるもの（日米相互防衛援助協定に伴う秘密保護法（……）第1条第3項に規定する特別の防衛秘密に該当するものを除く。）を特定秘密として指定するものとする。……

　1985年に国会（第102国会）に提出され，その後廃案（第103国会）となった「国家秘密に係るスパイ行為等の防止に関する法律案」は，国家秘密を，「防衛及び外交に関する別表に掲げる事項並びにこれらの事項にかかる文書，図画，又は物件で，我が国の防衛上秘匿することを要し，かつ公になっていないものをいう」と定義していたが，特定秘密保護法は秘密の対象事項を拡大した。特定秘密は，①別表に該当する事項であって，②「その漏洩がわが国の安全保障に著しい支障を与えるおそれがあるため」，③「特に秘匿することが必要」という3要件を充足しなければならない。①につき，別表には，1　防衛に関する事項（自衛隊の運用又はこれに関する見積り若しくは計画若しくは研究等10項目），2　外交に関する事項（外国の政府又は国際機関との交渉又は協力の方針又は内容のうち，国民の生命及び身体の保護，領域の保全その他の重要な安全保障に関する重要なもの等5項目），3　特定有害活動の防止に関する事項（特定有害活動による被害の発生若しくは拡大の防止のための措置又はこれに関する計画若しくは研究等4項目），及び，4　テロリズムの防止に関す

る事項（テロリズムによる被害の発生若しくは拡大の防止のための措置又はこれに関する計画若しくは研究等4項目）が定められている。このように，特定秘密の指定は4分野23項目に限定されているが，しかし，別表に掲げてある情報は，防衛情報，外交情報に加えて公安警察情報（防諜情報，テロ防止情報）にも及んでおり，しかも別表の規定は「その他」という文言が多用される等（1ロ，ホ，チ，リ．2イ，ロ，ハ，ホ）抽象的且つ網羅的である。テロリズムの定義にも「その他」という文言が使われている（第12条第2項「政治上その他の主義主張に基づき，国家若しくは他人にこれを強要し，又は社会に不安を与える目的で人を殺傷し，又は重要な施設その他の物を破壊するための活動をいう。」)。この定義に依れば，「その他の」主義主張に基づき，社会に「不安」を与える目的で，「その他の物」を破壊する「ための」活動もテロリズムに包含される。そもそも，間諜活動防止，テロリズム活動防止のために特定秘密を指定することの当否が問われるべきである。②につき，「安全保障に著しい支障」の判断規準が明らかでないこと，③についても，「おそれ」の判断規準が明らかでない。「特定」秘密保護法ではなく，「不」特定秘密「隠蔽」法とか「情報統制」法と評価される由縁である。しかも，大臣等の行政機関の長が特定秘密を指定し，これが刑罰で保護されるのに対し，不適法に特定秘密を指定した者に対する制裁措置はない。「由らしむべし知らしむべからず」。これでは，第23条の罰則規定の定める犯罪構成要件要素である「特定秘密」があまりにも不明確であって，第23条は憲法第31条（罪刑法主義）に反する。

2．指定期間

第4条は，特定秘密指定の有効期間及び解除を定める。「指定の有効期間は，通じて30年を超えることができない」（3項）。但し，例外的に，「通じて30年を超えて延長することができる」。「武器，弾薬，航空機その他の防衛用に供する物」（第1号），「暗号」（第5号）等全7類型を除いて，60年を延長上限とする（4項）。延長の承認の得られなかった文書は全て国立公文書館等へ移管される（第6項）。本条項によれば，実際には，60年が原則とされる制度運用が可能であろう。しかも，第4項第1号から第7号は60年を超えて延長できる類型も定められている。同第7号は，「前各号に掲げる事項に関する情報に準ずるもので政令で定める重要な情報」と定めているので，政令で特定秘密が無期限に封印されることも可能である。刑罰で秘匿に値するか否かが政令で定められるということは憲法第31条（罪刑法定主義）に反する。本条の趣旨は，行政機関の長がその存命中は国民の批判にさらされることも，責任を問われることも無く，恣意的に特定秘密を指定することを可能にするところにあるようである。

3．立法府の監視機能

第10条は，**国会**（各議院又は各議院の委員会若しくは参議院の調査会であって非公開）に対する特定秘密提供を定める。国会が特定秘密の提供を求めた場合，行政機関の長はそれを「提供するものとする」（第1項）。但し，「わが国の安全保障に著しい支障を及ぼすおそれがないと認めたとき」（第1項，附則第10条）。これに該当するか否かの判断は行政機関の長に委ねられるので，立法機関は劣位に。出席した国会議員が特定秘密を漏らせば5年以下の懲役に処せられる（第23条第2項）。しかし，秘密会で特定秘密を知った議員が本会議や委員会で国民向けに明らかにしたとき，憲法第51条「両議院の議員は，議院で行つた演説，討論又は表決について，院外で責任を問われない」，つまり，処罰されない。そうすると，政府は特定秘密の漏洩をおそれてはじめから特定秘密を提供しないことになろう。これでは，国会の国政調査権より政府の秘密保全が優位することになり，国会の監視機能は全く働かない。

第19条は，「政府は，毎年，前条第3項の意見を付して，特定秘密の指定及びその解除並びに適正評価の実施の状況について国会に報告するとともに，公表するものとする」と定める。この規定も**国会**の監視機能という点で問題がある。報告書は実質の無い形式的なものに過ぎないだろうし，国会には行政機関の長から報告書についての意見を聴取する権限が認められていないのである。ここでも行政府の優位性が際立っている。

4．検証・監察機関

第18条は，「特定秘密の指定等の運用基準等」の定めである。

第18条　政府は，特定秘密の指定及びその解除並びに適正評価の実施に関し，統一的な運用を図るための基準を定めるものとする。

2　内閣総理大臣は，前項の基準を定め，又はこれを変更しようとするときは，わが国の安全保障に関する情報の保護，行政機関の保有する情報の公開，公文書等の管理等に関し優れた識見を有する者の意見を聴いた上で，その案を作成し，閣議の決定を求めなければならない。

3　内閣総理大臣は，毎年，第1項の基準に基づく特定秘密の指定及びその解除並びに適正評価の実施の状況を前項に規定する者に報告し，その意見を聴かなければならない。

4　内閣総理大臣は，特定秘密の指定及びその解除並びに適正評価の実施の状況に関し，その適正を確保する

ため，第1項の基準に基づいて，内閣を代表して行政各部を指揮監督するものとする。この場合において，内閣総理大臣は，特定秘密の指定及びその解除並びに適正評価の実施が当該基準に従って行われていることを確保するため，必要があると認めるときは，行政機関の長（会計検査院を除く。）に対し，特定秘密である情報を含む資料の提出及び説明を求め，並びに特定秘密の指定及びその解除並びに適正評価の実施について改善すべき旨の指示をすることができる。

本条は「**有識者会議**」（情報保全諮問会議）が特定秘密の基準を作成すること（但し，閣議決定を要する）（第2項），政府は特定秘密指定等の報告について，有識者会議の意見を聴くこと（第3項），内閣総理大臣が特定秘密について行政各部を指揮監督し，行政機関の長に資料提出や説明を求め，改善指示を出すことができる（第4項）ことを定める。しかし，第2項，第3項の定める「有識者会議」はその法的地位・組織・権限が明確に定められているわけでもないので，適切な統一的運用基準を作成することができるのか疑問である。さらに，本有識者会議には各行政機関を監察する権限は認められていないし，各行政機関に調査を求める権限も認められていない。本有識者会議にはその基準通りに特定秘密が指定されているかどうかを審査する権限は認められていない。したがって，その監視機関としての機能は極めて貧弱である。第4項は，行政府の長（内閣総理大臣）が行政各部を指揮監督する，つまり，「内部統制」することを定めるが，首相が「行政機関の長」を指揮監督するのは当たり前のことである。しかし，行政機関の長でも管理できない，「膨大で専門性，技術性を要する秘密」を，この屋上屋を架する制度が「公正」且つ「効果的に」監視機能を果たせるとは到底考えられない。

附則第9条は「指定及び解除の適正の確保」の規定である。

第9条　政府は，行政機関の長による特定秘密の指定及び解除に関する基準等が真に安全保障に資するものであるかどうかを独立した公正な立場において検証し及び監察することのできる新たな機関の設置その他の特定秘密の指定及び解除の適正を確保するために必要な方策について検討し，その結果に基づいて所要の措置を講ずるものとする。

国の秘密保護法制には政府から独立した公正な**検証・監察機関**の設置は不可欠である。しかし，本条はしょせん「附則」中の規定に過ぎず，しかも，検証・監察機関がいつまで設置されるべきなのかも定められていない。本来，検証・監視機関の規定はその組織・権限を含めて特定秘密保護法それ自体に定められなければならないのである。本末転倒との批判を免れ得ない。

以上，特定秘密の指定対象，指定期間，立法府の監視機能，及び，検証・監察機関の順で検討したが，どの点でも深刻な問題を孕んでいることが明らかとなった。このことから，特定秘密保護法は，自由主義法治国性を掘り崩すものであって，「官治国家」にこそふさわしい「法」であることが導かれる。

5．刑罰と刑事手続き

第7章の罰則規定は実体的にも，手続き的にも問題を孕む規定である。

第23条　特定秘密の取扱いの業務に従事する者がその業務により知得した特定秘密を漏らしたときは，10年以下の懲役に処し，又は情状により10年以下の懲役及び1000万円以下の罰金に処する。特定秘密の取扱いの業務に従事しなくなった後においても，同様とする。

2　第4条第5項後段，第9条又は第10条又は第18条第4項の規定により提供された特定秘密について，当該提供の目的である業務により当該特定秘密を知得した者がこれを漏らしたときは，5年以下の懲役に処し，又は情状により5年以下の懲役及び500万円以下の罰金に処する。第10条第1項第1号ロに規定する場合において提示された特定秘密について，当該特定秘密の提示を受けた者がこれを漏らしたときも，同様とする。

3　前2項の罪の未遂は，罰する。

4　過失により第1項の罪を犯した者は，2年以下禁錮又は50万円以下の罰金に処する。

5　過失により第2項の罪を犯した者は，1年以下の禁錮又は30万円以下の罰金に処する。

第24条　外国の利益若しくは自己の不正の利益を図り，又は我が国の安全若しくは国民の生命若しくは身体を害すべき用途に供する目的で，人を欺き，人に暴行を加え，若しくは人を脅迫する行為により，又は財物の窃取若しくは損壊，施設への侵入，有線電気通信の傍受，不正アクセス行為（不正アクセス行為の禁止等に関する法律（平成11年法律第128号）第2条第4項に規定する不正アクセス行為をいう。）その他の特定秘密を保有する者の管理を害する行為により，特定秘密を取得した者は，10年以下の懲役に処し，又は情状により10年以下の懲役及び1000万円以下の罰金に処する。

2　前項の未遂は，罰する。

3　第2項の規定は,刑法(明治44年法律第45号)その他の罰則の適用を妨げない。
第25条　第23条第1項又は前条第1項に規定する行為の遂行を共謀し,教唆し,又は煽動した者は,5年以下の懲役に処する。
2　第23条第2項に規定する行為の遂行を共謀し,教唆し,又は煽動した者は,3年以下の懲役に処する。

　現行法上,秘密漏洩に関しては既に,「国家公務員法」第109条第12号が,「職務上知ることのできた秘密」を漏らしたとき,1年以下の懲役又は3万円以下の罰金に処すると定める。情報漏洩の未遂や過失による秘密漏洩を罰する規定はおかれていない。「自衛隊法」第122条は,「①　防衛秘密を取り扱うことを業務とする者がその業務により知得した防衛秘密を漏らしたときは,5年以下の懲役に処する。……②　前項の未遂罪は,罰する。　③　過失により,第1項の罪を犯した者は,1年以下の禁錮又は3年以下の罰金に処する。　④　第1項に規定する行為の遂行を共謀し,教唆し,又は煽動した者は,3年以下の懲役に処する。　⑤　……」と定める。防衛秘密の取得行為を罰する規定はおかれていない。アメリカから日本に提供された装備品等に関する秘密につき,「日米相互防衛援助条約協定等に伴う秘密保護法」第3条は,「左の各号の一に該当する者は,10年以下の懲役に処する。1　わが国の安全を害すべき用途に供する目的をもって,又は,不当な方法で,特別防衛秘密を探知し,又は収集した者　2　わが国の安全を害する目的をもって,特別防衛秘密を他人に漏らした者　3　特別防衛秘密を取り扱うことを業務とする者で,その業務により知得し,又は領有した特別防衛秘密を他人に漏らした者　②　前項第2号又は第3号に該当する者を除き,特別防衛秘密を他人に漏らした者は,5年以下の懲役に処する。　③　前2項の未遂罪は,罰する。」と定め,同第4条は,過失漏洩を,同第5条は,探知又は収集の陰謀,教唆,煽動,漏洩の陰謀,教唆,煽動の処罰規定である。さらに,アメリカ合州国軍隊の秘密につき,「日本国とアメリカ合衆国との間の相互協力及び安全保障条約第6条に基づく施設及び区域並びに日本国における合衆国軍隊の地位に関する協定の実施に伴う刑事特別法」第6条は,「①　合衆国軍隊の機密(……)を,合衆国軍隊の安全を害すべき用途に供する目的をもって,又は不当な方法で,探知し,又は収集した者は,10年以下の懲役に処する。　②　合衆国軍隊の機密で,通常不当な方法によらなければ探知し,又は収集することができないようなものを他人に漏らした者も,前項と同様とする。　③　前2項の未遂罪は,罰する。」と定め,同第7条は陰謀,教唆,せん動を5年以下の懲役に処すると定める。したがって,既にわが国の秘密保全体制は十分に整備されていると評価されうるのである。

　特定秘密保護法は,秘密の対象を,防衛や外交に関する情報にとどまらず,「国の安全保障に著しい支障を与えるおそれがある」情報に広げ,特定秘密を扱う公務員,民間業者の従業員らに重罰をもって臨む。外交情報,公安警察情報の漏洩は1年の懲役から一気に10年の懲役に引き上げられた。防衛情報の漏洩は改定前の自衛隊法第118条では1年以下の懲役だったが,2000年9月の「ボガチョンコフ事件」を受けた2001年の改定により5年以下の懲役に引き上げられていた。しかし,憲法の保障する国民の諸権利を制限する,新たな立法をし,刑を引き上げることを裏づける立法事実(立法を基礎づける事実)は存在しない。国家公務員による重大な情報漏洩が頻発しているという状況には無い。現行法で十分な対応ができている。過去15年で,公務員による情報漏洩事件は5件あったが,1件[ボガチョンコフ事件]は自衛隊法違反で懲役10月の実刑(東京地判2001・11・27),1件[イージス艦情報漏洩事件]は日米相互防衛援助協定に伴う秘密保護法違反で懲役2年6月・執行猶予4年(最決2011・3・1),残り3件は起訴猶予だった(2008年の[内閣情報調査室職員情報漏洩事件]国家公務員法違反,2008年の[中国潜水艦事故の動向に係わる情報漏洩事件]自衛隊法違反,2010年の[尖閣沖漁船衝突事件の情報漏洩事件]国家公務員法違反)。この5件のうち,特定秘密に該当するのは[中国潜水艦事故の動向に係わる情報漏洩事件]だけなのである(2013年11月7日の衆議院本会議における安倍晋三首相の発言)。

　特定秘密保護法第23条第1項,同第2項は,故意の特定秘密漏洩既遂罪,同第3項は,特定秘密漏洩未遂罪を定めている。未遂のように,特定秘密の漏洩という結果が生じておらず,被告人は特定秘密を全く知らない場合,その内容が明らかにされなくとも,外形立証(内閣情報調査室平成23年11月「刑事裁判手続における特別秘密の立証方法について(案)」「①秘密指定の基準(指定権者,指定される秘密の範囲,指定及び解除の手続)が定められていること,②当該秘密が国家機関内部の適正な運用基準に則って指定されていること,③当該秘密の種類,性質,秘扱いをする由縁を立証することにより,当該秘密が実質秘であることを推認する方法」),つまり,「外堀を埋める」証明方法で足りるとすれば,被告人の防禦権行使に著しい支障が生ずる。既遂の場合でも,被告人が否認しているとか,捜査機関によって捜索押収されたため被告人に特定秘密の記憶が薄れているといった場合も同様の問題が生ずる。なによりも,外形立証では,情報が「秘密」に値しない可能性が残るので,外形的事実から「実質秘」(最決昭和53・5・31刑集32・3・457[外務省秘密漏洩事件]「国家公務

員法109条12号，100条1項にいう秘密とは，非公知の事実であって，実質的にもそれを秘密として保護するに値すると認められるもの」をいう。最決昭和52・12・19刑集31・7・1053［国家公務員法違反事件］）の推認することは「疑わしきは被告人の利益に」の原則に反する。もっとも，第10条第1項第1号ロは，証拠開示手続きでのインカメラで裁判官が証拠開示命令を出すことを可能にしているが，しかし，公開法廷に証拠として提出されるか否かは裁判官の訴訟指揮に委ねられている。第23条第4項，第5項は，国家公務員法では処罰されない過失犯を処罰することにより，処罰範囲を拡大している。過失犯の場合，被告人に特定秘密が明らかでなく，ここでも，外形立証で足りるとすると，被告人の防禦権行使に著しい支障が生ずる。そもそも，刑罰の謙抑性の観点から，過失による情報漏洩は内部の情報管理を徹底させることで防ぐべきであって，刑罰で対応すべきでない。第23条の刑は総じて重いので，特定秘密を扱う公務員が市民や報道記者との接触を極力避けるようになろう。

第24条は，国家公務員法や自衛隊法には規定の無い，特定秘密の「取得行為」を罰する規定である。本罪は，「目的」を要求して犯罪の成立を限定しているように見えるが，しかし，「自己の不正の利益」目的とか「わが国の安全を害すべき用途に供する」という文言は曖昧であるので，「目的」が限定機能を果たすかは疑問である。行為についても，「管理を害する行為により」（管理侵害行為）という不明確な概念を用いているので，市民や報道記者の形式的な違反行為を理由に捜査機関が介入する余地を大きくしている。第25条は，「共謀罪」，「教唆罪」，「煽動罪」を定める。第24条とは異なり，「目的」は不要なので，当然それによる限定というものも存在し得ない。さらに，既に指摘したように（上記注30），「共謀」は，実行行為から遠く離れた，実害の発生しない段階であり，しかも，話し合いのみならず，黙示の共謀でも足りるとすれば，その処罰範囲は著しく拡大する。「教唆」も，被教唆者の実行行為を要せず，その犯罪行為の決意も要せず，情報提供を唆すだけでも足りるとすると（独立教唆），これまた処罰範囲が著しく拡大する。「煽動」にいたっては，教唆以上にその成立範囲が不明確であるが，犯罪行為をするように呼びかけることを意味するとすれば，例えば，特定秘密を扱う公務員に情報提供を執拗に迫る，ビラ等の文書頒布やインターネットで公務員に情報提供を呼びかける行為も含まれかねない。このことは市民，報道記者，研究者等の知る権利の行使を萎縮させる，それどころか早い段階で摘み取ってしまうことに繋がる。「物言えば唇寒し」社会の到来。そもそも情報漏洩を防止するために市民全体に刑罰の網を広げる必要は無い。第26条は，共謀者の自首による刑罰の必要的減免を定めるが，これは人々の相互不信・裏切りを助長する，社会倫理にも悖る規定である。

もっとも，第22条は次のように規定している。
第22条（この法律の解釈適用）この法律の適用に当たっては，これを拡張して解釈して，国民の基本的人権を不当に侵害するようなことがあってはならず，国民の知る権利の保障に資する報道又は取材の自由に十分に配慮しなければならない。
2 出版又は報道の業務に従事する者の取材行為については，専ら公益を図る目的を有し，かつ，法令違反又は著しく不当な方法によるものと認められない限りは，これを正当な業務による行為とするものとする。

本条第1項には，「拡張解釈」をしてはならず，「基本的人権を不当に侵害するようなことがあってはならず」とあるが，拡張解釈をせずとも処罰をするに十分な規定であり，しかも，この遵守規定を担保する規定が無く，単なる努力義務規定にとどまっている。「報道又は取材の自由に十分に配慮しなければならない」とあるが，「十分な配慮」というのはきわめて曖昧であり，且つ，この遵守を担保する規定が無い。結局，本条第1項は捜査機関の捜査活動を制限するものではなく，実効性が認められない。本条第2項は，「出版又は報道の業務に従事する者の取材行為」について定めているが，「業務」の意義が不明確であるところ，主権者としての個々の市民や市民団体を排除することに合理性があるとは到底云えない。「法令違反」というのも，些細な，しかし，形式的には法令に違反するという事態が予想されるし，「著しく不当な方法」にいたってはまったく曖昧である。本条項は捜査機関の逮捕・捜索・差押え活動を抑制する機能をほとんどもたないと云える。結局，本条は「衣の下の鎧」の透けて見える規定と云えよう。

ちなみに，ドイツでは，2012年に出版の自由を強化するために，刑法，刑事訴訟法が改正された。その契機となったのは，「キケロ事件」に関する連邦憲法裁判所の2007年判決である。事案は次の通りである。
政治文化雑誌『キケロ』2005年4月号に，フリーのジャーナリスト Sch（Bruno Schirra）が寄稿した「世界で最も危険な男」という表題の記事が掲載された。このテロリスト，アブー・ムスアブ・アッ＝ザルカーウィの素性，襲撃活動を扱った記事には，連邦刑事局の極秘（Verschlusssache）分析報告書（2004年9月6日付）が詳細に引用されていた（例えば，連邦情報局の監視下にある，ザルカーウイーのものとされるいくつかの電

話番号，ドイツ国内の彼の支持者の活動等）。その記事からは，Sch が当該報告書の一部だけでなく，全体を入手したことも推測された。2005年6月23日，連邦刑事局は，職務上の秘密漏洩の嫌疑（刑法第353条 b）で告発したが，内部調査では，漏洩した職員本人を突き止めることができなかった。ポツダム検事局は，同年8月31日，Sch と『キケロ』編集長 W（Wolfram Weimer）に対し，秘密漏洩幇助の嫌疑（刑法第353条 b，第27条）により捜査手続きを開始した。同日，検事局の申請に基づき，ポツダム区裁判所は，ポツダム市内の『キケロ』編集部とベルリン市内の Sch の居間，仕事部屋，付属室に対する捜索・押収を命じた。検事局による捜索・押収は同年9月12日に行われた。編集部の捜索では，編集長 W は，当該記事に関連するデータ記憶媒体（CD-ROM と電子メールのプリントアウト）を任意提出した。しかし，W の異議にもかかわらず，公表当時当該記事を担当していたが，その後辞めた編集員が使用していたコンピューターのハードディスク内のデータがコピーされた。2005年10月11日，W は，雑誌編集部に対する捜索・押収を認めた2005年8月31日のポツダム区裁判所の決定に抗告を申し立て，さらに，同年11月17日，ハードディスク内のデータのコピーによる押収を確認した2005年11月14日のポツダム区裁判所の決定にも，憲法の定める出版の自由を侵害するものだとして抗告を申し立てた。ポツダム地方裁判所はいずれの抗告も棄却した（2006年1月27日，同年2月24日）。W は，連邦憲法裁判所に（下級）裁判所は出版の自由という基本権の意義を正しく認識していないとして憲法異議の訴えを起こした。

　ドイツ連邦憲法裁判所第一法廷は2007年2月27日に『キケロ』編集長の憲法異議の訴えを認める判決を7対1で言い渡した。『キケロ』の編集室の捜索命令及びそこで発見された証拠手段の押収は，憲法異議提訴者の出版の自由（Pressefreiheit）への侵害であって，憲法上正当化されない。（下級）裁判所は憲法上必要な情報保護に十分な考慮を払わなかった。あるジャーナリストが新聞雑誌等（in der Presse）で職務上の秘密を単に公表したというだけでは，そのジャーナリストが秘密漏洩の幇助の嫌疑があり，したがって，捜索・押収の権限を与える理由とするには足りない。必要なのはむしろ，秘密保持者が秘密の公表を目的としていたこと，したがって，幇助を可能とする正犯が存在することの明白な事実的手がかりである。こういった根拠が『キケロ』の編集室を捜索したときにはなかった。

　以下は判決理由の要約である。

I. 編集室の捜索，及びそこで発見された証拠手段の押収は憲法異議提訴者の出版の自由への基本権を侵害する。

1. 編集室の捜索は，これに伴って編集作業が妨害されるため，出版の自由を損なう。さらに，分析目的のためにデータ記憶媒体の押収を命令することによって，捜査機関に編集データ資料を利用できる可能性が開かれた。これによって特に，出版の自由という基本権に包含される編集作業の内密性が，又，場合によってはありうる，情報提供者との信頼関係が損なわれる。

2. こういった侵害は憲法上正当化されない。（下級）裁判所は，捜索と押収の権限を与える規範の解釈，適用にあたって，憲法上必要な情報保護に十分な考慮を払わなかった。裁判所の命令の基礎となっている，憲法異議提訴者に対する犯罪の嫌疑があるからといって，それだけでは，編集室の捜索や証明手段を押収する十分な理由とならない。

a) 刑法第353条 b は，職務上の秘密の無権限漏洩を処罰する規定である。しかし，秘密を新聞雑誌等で公表したというだけでは，秘密保持者によるこの種の正犯の存在することの説得力ある示唆とはならない。例えば，職務上の秘密の載っている文書あるいはデータが過誤からあるいは秘密保持義務を有しない中継人を経由して外部流出したとき，刑法第353条 b の構成要件該当性は認められず，それ故，幇助もありえない。秘密保持者がジャーナリストに背景についての情報だけを提供するつもりであるが，取り決めに反して公表された場合，犯罪は秘密の漏洩ですでに既遂であるだけでなく，終了しているのであり，そうだとすると，続いて公表されることによる幇助というものはもはや全くありえないことになる。これらの場合，捜索，押収を，ジャーナリストの幇助行為を解明する目的で命令してはならない。

b) 新聞雑誌従事者に対する捜索，押収は，専ら又は主として情報提供者を突き止める目的に資するとき，憲法上許されない。新聞雑誌等又は放送の当該従事者自身が，職務上の秘密漏洩の幇助の嫌疑で自分たちに向けられた捜査手続きにおいては，捜索，押収は，なるほど，これらの者の嫌疑事実を解明するためであれば，命令してもよいが，しかし，特に，情報提供者に対する嫌疑理由を発見するためであれば許されない。憲法上必要な情報保護を侵害する危険が特に大きいのは，職務上の秘密が新聞雑誌等において公表されたこと，重要な文書がどうも無権限にジャーナリストの手に渡ったようだということに幇助の嫌疑が専ら依拠している場合である。こういった状況では，検察は当該ジャーナリストをこの者に向けられた捜査手続きを開始することによって−憲法上許される−被疑者とすることはできる。しかし，仮に，いかなる嫌疑であっても新聞雑誌や放送従事者に対する捜索，差押えの十分な理由となるとするなら，検察は，捜査手続きの開始決定

III 危険統制刑法　25

を下すことによって，幇助の手がかりが弱い場合ですら，大衆媒体従事者の特別な基本法上の保護を意のままに廃止することができよう。それ故，捜索，押収に関する刑事訴訟の規範は，ジャーナリストによって職務上の秘密が公表されただけでは，これらの規定を満たす，ジャーナリストの秘密漏洩幇助の嫌疑を理由づけるのには十分でないというように解釈されねばならない。要求されるべきは，むしろ，秘密保持者が秘密の公表を目的としたこと，したがって，幇助の可能な正犯が存在することの「明白な事実的手がかり (spezifische tatsächliche Anhaltspunkte)」である。
c) これらの規準からすると，ここで問題となっている捜索，押収の命令は情報提供者の保護を含めた，出版の自由によって保障される編集作業の保護に反する。秘密保持者によって秘密漏洩が行われたかもしれないということにつき，雑誌報道によって公表されたということ以外の手がかりはない。したがって，捜索は，結局，主として，連邦刑事局の者と推測される情報提供者を突き止めることを意図したものだった。
　本判決を受けて，連邦政府は，「刑法，刑事訴訟法において出版の自由を強化するための法案（出版刑法）」を作成し，これが連邦衆議院で2012年3月29日に可決され，続いて，連邦参議院で2012年5月12日に可決され，2012年8月1日に施行された。これにより，刑法第353条b第3項aが挿入されるとともに，刑事訴訟法第97条第5項第2文が改正されたのである。改正条文は次の通り。

刑法第353条b（職務上の秘密及び特別な秘密保持義務の侵害）
(1)
一　公務担当者，
二　公的服務につき特に義務を負う者，又は，
三　公勤務者代表法により任務若しくは権限を有する者
としての自己に打ち明けられ又はその他知れ渡った秘密を権限がないのに漏洩し，これにより，重要な公の利益を危うくした者は，5年以下の自由刑又は罰金に処する。行為者がその行為により過失により重要な公の利益を危うくしたときは，1年以下の自由刑又は罰金に処する。
(2)　第1項の場合を除き，その秘密保持を，
一　連邦若しくは一州の立法機関，若しくはその委員会の一つの決議に基づいて義務づけられ，又は，
二　その他の官署により，秘密保持義務の違反の可罰性を示されて，形式的に義務づけられた物件又は情報を，権限がないのに，他人に得させ，又は公表し，これにより，重要な公の利益を危うくした者は，3年以下の自由刑又は罰金に処する。
(3)　未遂は，これを罰する。
(3a)　刑事訴訟法第53条第1項第1文第5号に定める者（「印刷物，放送，映画報道の準備，製作又は頒布，又は情報提供若しくは世論形成に資する情報・コミュニケーション業務に職業として関与し，又は関与したとのある者」－筆者挿入）の幇助行為は，秘密保持のために特別の義務の対象である秘密，物件又は情報の受領，分析又は公表に限定されているとき，違法でない。

刑事訴訟法第97条（押収の適用除外）
(5)　第53条第1項第1文第5号に定める者（「印刷物，放送，映像報道の準備，製作，若しくは頒布に，又は情報を得ること若しくは世論形成に資する情報・コミュニケーション機関に職業として関与するか又は関与した者」－筆者挿入）の証言拒絶権が及ぶ限り，これらの者又は編集員，出版社，印刷所若しくは放送局の保管する文書，音声・画像・データの媒体，図表その他の表現物の押収は許されない。第160条a第4項第2文を準用する。但し，第2項第3文の関与規定（「押収の制限は，特定の事実から，証言拒絶権者に，共犯，犯罪庇護，犯人蔵匿，若しくは臓物収得に関与していることの根拠ある嫌疑があるとき，又はその物が犯罪行為によって取得され，犯罪行為の用に供され若しくは供されることになっている，又は犯罪行為に由来するものであるときは，これを適用しない」－筆者挿入）の適用は，特定の事実から関与したことの根拠ある濃厚な嫌疑がある場合に限られる。但し，これらの場合でも，押収が許されるのは，押収が，基本法第5条第1項第2文の基本権（「出版の自由及び放送及びフィルムによる報道の自由は保障される」－筆者挿入）を考慮したうえで事柄の意義と不均衡でなく，事態の探求又は正犯の所在地調査が他の方法では見込みがないか，かなり難しくなる場合にのみ許される。

　本改正の要点は，先ず，刑法第353条b第3項aにより，秘密漏洩の幇助が秘密資料の受領，分析又は公表に限定されているとき，大衆媒体従事者の当該行為は違法でないということである。このようにして，取材源・

IV 自由主義法治国と刑法

1 法と社会倫理

　法と倫理を分離する法実証主義理論は個人をできる限り尊重するという高い倫理的要請を満たすけれども，今日の刑法の基礎におくことはできない。法共同体の構成員の心に訴える正しい行為のための一般に妥当する当為命令を必要とし，しかも，法を任意に投入されうる，政治権力の手段に堕落させない確固たる内容をもった法の倫理的基礎が存在すべきとき，法というのは実質的倫理を必要とする。

　カントの意味での倫理における主観主義の時代は終焉を迎えた。主観主義は法の内的社会的要請を満足さないからである。どの人もみな自分自身のためばかりでなく，社会秩序の中でも存在しているのであるから，完全な個人

情報提供者の保護が強化された。秘密と評価される内容のものの受領，分析又は公表だけでは，捜索，押収は許されない。次に，押収が許されるのは，大衆媒体従事者に単に普通の嫌疑があるというだけでは足りず，「濃厚な嫌疑」がある場合である。かくして，押収の敷居が高くされたので，国の刑事訴追への利益よりも出版の自由，情報提供者の保護の方が優越することになった。

参照資料
① Das Urteil des Bundesverfassungsgerichts vom 27. Februar 2007, BVerfGE 117, 244 ff.
② Bundesverfassungsgericht – Pressestelle, Pressemitteilung Nr. 21/2007 vom 27. Februar 2007, Durchsuchung und Beschlagnahme bei CICERO verletzten Pressefreiheit.
③ Entwurf eines Gesetzes zur Stärkung der Pressefreiheit im Straf- und Strafprozessrecht (PrStG), Drucksache 17/3355, 21. 10. 2010.
④ 鈴木秀美「独連邦憲法裁判所『キケロ』事件判決の意義」新聞研究・2007年6月号（671号）52頁以下。

6．適正評価

　特定秘密保護法第条12条（適正評価の実施）は，特定秘密を扱うことになる公務員，契約事業者の従業者を対象に特定秘密を「漏らすおそれがないことについての評価」を実施することを定める。調査事項は，①特定有害活動・テロリズムとの関係（評価対象者の家族，父母，子，及び兄弟姉妹並びにこれらの者以外の配偶者の父母及び子，同居人の氏名，生年月日，国籍及び住所を含む），②犯罪・懲戒歴，③情報の取り扱いにかかる非違の経歴，④薬物乱用・影響，⑤精神疾患，及び，⑥飲酒の節度，信用状態その他の経済的状況に及ぶ。このような多岐にわたる個人情報を調べることはプライヴァシーを侵害することになる。適正評価は評価対象者の「同意」を得て実施されることになっている（第12条第3項）。しかし，その同意・不同意は上役と部下という上下関係の条件の下でなされるのであって，「自由な」判断による同意・不同意とはいえない。上役から適正評価を求められた者がこれを拒否することは難しいだろうし，適正評価を拒否した場合の扱い（不利益扱いの禁止）が不明である。翻って，「適正評価」制度をもってしても，形式的要件に「合格」した者が情報漏洩をすることを妨げることはできないだろう。

の自由というのはいかなる社会でもありえない。いかなる社会も共同生活の正しい形式のためのそれ自身の倫理的命令を有している。この命令は個々人の主観的倫理的要請自体にあるだけでなく，人間関係相互の秩序はどの社会でも客観的倫理的価値を有している。できるだけ大きな個人の自由との矛盾に常に耐えねばならない社会的結びつきは人を降格させるのでなく，人に文化を与えるのである。法と倫理がそれぞれ客観的性格を有するなら，法の概念は倫理の概念を排斥しない。法は社会的に所与の倫理的価値を形式的強制秩序に転換するだけでなく，法は自己の中にこの価値を有する。法は倫理的価値自由でないし，そのときどきの権力の表現に過ぎないというものでもない。それゆえ，法における人は常に社会倫理における人でもある。人は外的強制に屈するだけでなく，先ず，法によって自分に向けられた命令を自ら宣言するものである。人の自律的意思は倫理的行為という概念のために必要としないのである[50]。

　社会倫理的に客観的に命令される内容は，専ら特定の歴史的連続体における国民のそのつどの基本合意に由来する。すなわち，社会倫理は，特定の時代の特定の状況の下にある特定の国民に依存するという意味で，相対的である。いずれにせよ，社会倫理というのは，一般の人々に対する正しい行為に関する社会の基本合意である。集合意識の中にある，倫理の発生根拠はたしかに起源においては主観的であるが，しかし，この主観性は多数の人のそれである。結果として，この主観的，換言すると，この間主観的言明は経験的，社会心理学的事実であり，その限りでは，客観的事実である。したがって，当為は経験的事実としての基本合意に由来するのである[51]。

　かかる倫理は積極的に評価される価値に由来し，個々人の意思に訴えるか

---

7. 結論

　学者の内には特定秘密保護法（案）の支持を明言する者もいるが（例えば，首都東京大学教授・前田雅英の第185国会「国家安全保障に関する特別委員会」（平成25年11月19日）における参考人意見），以上の大まかな検討から分かるように，自由主義法治国における統治機構，基本的人権という両方の角度から見ても，さらに，条項の体系性・整合性という観点からも，様々な問題を抱える特定秘密保護法は，そもそも日本国憲法の許容できない「欠陥法」である。

[50]　*Moos*, (Fn. 6), 408; *Walgrave, L.,* Restorative Justice, Self-interest and Responsible Citizenship, 2008, 71 ff.
[51]　*Moos*, (Fn. 6), 409.

ら，倫理は「精神的力」である。法はなるほどその外面的妥当根拠を憲法適合の立法行為に有するが，しかし，その内的妥当要求を一般的価値妥当意識からしか導出できないのである。法は歴史的に生成された集合意識の書かれない規範に由来し，それを含む。法は実定法規範に晶出された社会倫理（法文化）価値の表現であり，社会的概念である。すなわち，超実定法（自然法）は存在しないが，法を担いその時々の価値を構成する，社会倫理の超実定的実体は存在する。法は一般意思を表しているから，法は社会の全構成員の，相応する価値の内的統合を内容として有する。法はしたがって全員の社会倫理的連帯に基づいており，共同生活の理念に仕える。これが個々人の逸脱行為によって攪乱されると，法共同体はこれに対する反応を示さねばならない。法共同体が攪乱者を叱責するとき，規範はその価値妥当力が確認される。これに反して，法共同体がこの非難を放棄するとき，評価不安定の意味での法の不安定性が生じ，規範が徐々に死に始める。規範の存立を保障するものとして刑法が存在するのである[52]。

　法は「倫理的最低限」であり，倫理は法よりもはるかに広い領域を包含するので，この点で倫理は法から分離される。法は倫理から一部分を切り出し，それに形式的妥当力を与える。したがって，法と倫理がそれらの基本的価値内容においても内容が等しいとしても，それらは形式と機能において一致しない。倫理は法的強制性格を欠いており，行為期待だけを表しており，精神的訴えに過ぎないのである。法はなるほど形式的合法性の外面的強制を有しているが，しかし，倫理なしには法には精神が，つまり，内的正当性が欠けている。合法性だけでは生命のない形式である。正当性は形式のない生命である。法は両者を包含するので，法は内容のある容器であり，精神的力である[53]。

　法における「倫理的最低限」の必要性のゆえに，最低限の社会倫理的基礎づけを主張できず，そこから立ち去る法は，形式的に妥当する立法行為にもかかわらず妥当する法とはなりえない。国民の最も基本的な倫理は権力者の越えがたい柵である。したがって，こういった法律は，実証主義からの帰結

52　*Moos*, (Fn. 6), 411 f.
53　*Moos*, (Fn. 6), 412 f.

とは異なって，実定法による廃止を待つまでもなく，当該実定法は不法であり，当然に無効なのである[54]。

2 犯罪概念

(1) **不法**　倫理的最低限としての法は主観的要素を有し，精神は客観的要素を有するということから，刑法はもはや外的強制規範としてのみ理解されるべきでなく，それどころか，第一次的には，社会倫理的価値の表現として理解されるべきという帰結が導かれる。このことは不法の概念と責任の概念に影響を及ぼす。不法と責任は二つの異なった評価であるが，客観的か主観的かといった違いではない。不法と責任という犯罪概念体系上の任務の違いが異なった評価を要求するのである。不法は行為者の行為に関する一般的な社会倫理的無価値判断であるのに対して，責任は行為者へのこの行為の帰属に関する社会倫理的判断である。したがって，不法の判断は客観的な外部世界の変更とこれに相応する法に対抗する意思に基づくのであり，責任の判断は，責任能力，不法の意識，規範適合の動機づけの期待可能性に基づくのである[55]。

社会倫理的規範は，人に法に誠実な行為をするように訴えかけるため，人に向けられているのである。自然状態を適法とか違法とか評価できるのは，人が自然状態を支配しているときに限って可能なのである。この意味で，「命令説」の基本思想は妥当である。規範は，人に呼びかけるから，人の支配する状態を客観的に評価する機能（いわゆる評価規範）を有するのみならず，特定の状態を将来生じさせる又は生じさせないにように人に訴えかける機能（いわゆる命令規範）も有している。規範が命令であるとき，規範は命令受取人の意思に向かう。規範が義務づける力を有するのは，命令受取人が命令を実行できる身体的能力がある場合に限られる。規範違反は命令に対抗する意思操縦によってのみ生ずるのであるから，この主観的命令機能はすでに不法に

---

[54] *Moos*, (Fn. 6), 413.
[55] この点ですでにヘーゲルが，「法の地盤は総じて精神的なものであって，そのもっと精確な場所と開始点は意志である」と主張していたのが注目に値する。*Hegel*, (Fn. 14), §4（邦訳，189頁）。

属するのである[56]。

(2) **責任** 責任非難はもはや，行為者が悪へと自律的に決断したということ，つまり，意思自由に従う一身的倫理的過誤に基礎づけられるのではない。行為者の決断が意思自由に由来するのか否か，それが内容的に決定されているのか，その程度如何ということは考慮の外にある。規準となるのは，刑法で保護された価値と内的に結びついている考えられるべき，行為者の個人的性質を有する虚構の平均的他人が，与えられた外的状況の下で，犯罪行為を同様にしえたか否かということである。責任非難はその正当化を具体的行為者の一身的道徳から得るのでなく，行為者の代わりの他者と比較しての平均的動機づけから得るのである。われわれは行為者の精神を覗き込むことができるという虚偽の主張を止めるとき，責任はこの限りで客観化されるのである。責任判断というのは不法と同じく他人の価値判断による社会的帰属である。誰でも自分の刑法上の責任を個人倫理的，宗教的に評価することは自由であるが，刑法はこの深みには立ち入らない。

　法における責任はもはや行為者の自分自身に対する個人倫理的主観的答責の表現ではなく，この特定の状況におけるそれ自身法に誠実な人という尺度による法に誠実な動機づけの期待可能性に関する社会の客観的判断であるから，法における責任は，不法の社会倫理的非難と並ぶ，意思形成の独自の社会倫理的非難という性質を有する。不法非難は一般に妥当する規範の違反にかかわるが，責任非難は価値心情の欠如を理由とする個人的非難可能性にかかわる。どの程度，法に誠実な平均人に与えられた外的状況の下でも違法な動機づけが当然ありえたか否かに応じて，責任の程度は増減する。責任はしたがって漸増概念である。本来的に法に誠実な人からもこの状況下で適法行為が期待できなかったとき，責任は完全に阻却される。したがって，社会の法感情による倫理的評価が行為者の内的答責に関する法的判断に直接流れ込んでくる。社会倫理が責任の規準となる。

　したがって，二つのことが導かれる。行為者の法敵対的又は無関心な心情，つまり，性格は加重要因の担い手となるが，倫理的にもっともなこと，外的

---

[56] Moos, R., Die finale Handlungslehre, Strafrechtliche Probleme der Gegenwart II 1974, 5 ff., 28 ff.

事情は動機づけ葛藤の重さの規準によって軽減的に働く。

このように客観化された責任は，刑法が危険統制刑法となること，ひいては危険統制処分法となることを許さないし，**応報刑**を結果としてもたらしえないことはおのずから明らかである。というのは，応報というのは，個々人の悪への自律的決断に対する倫理的命令としての盲目的自動的害悪賦科を伴う調整（埋め合わせ）であるからである。応報は個人倫理に属する事柄である[57]。

心情が責任非難を担うのであるから，行為関係的責任はつきつめると行為者責任であり，人格責任である。それゆえ，社会倫理的責任理解は刑罰の中へ，人格に由来する行為者の危険性も組み込むことを可能とする。それは累犯処罰にとって重要である。この限りで刑罰は処分の性格を有する。もとより，刑罰は不法との関係の外にあってはならない[58]。

(3) **刑罰**　客観的社会倫理的責任概念は刑罰の意義・目的に大きな意味を有する。責任は個人倫理的非難ではなく，社会倫理的非難を含むのであるから，刑罰による責任調整は社会的非難を意味する。刑罰の程度は社会的非難の重さを表している。非難は，行為に現れたような，行為者が刑法上保護される価値との内的結合の欠如に向けられる。非難は同時に行為者と社会の価値妥当意識の強化によって予防的に働く。後者は積極的一般予防と呼ばれる。これにより，刑罰は法の妥当根拠を恢復する，つまり，社会価値の集合意識ないし社会倫理的規範の妥当力を恢復する。これに比べて，潜在的犯罪者の威嚇，いわゆる消極的一般予防は後退する[59]。はるかに重要なのは刑罰の建設的効果である。特定の行為者に関する予防（特別予防）は一般に一般予防に優先する。刑罰は先ず行為者に，犯罪が割に合わないことを教え，行為者をできる限り一般的価値態度へ統合し，したがって，すでに自動的に一般予防的に働く。刑罰は行為者をできるだけ社会からよりのけるべきでなく，行為者が自らそこから切り離した社会規範の網へ組み込まれるような性質で

---

[57]　*Moos*, (Fn. 6), 420 ff.
[58]　*Moos*, (Fn. 6), 423.
[59]　Streng, F., Probleme der Strafrechtsgeltung und -anwendung in einem Europa ohne Grenzen, in: *Zieschang, F., E. Hilgendorf, K. Laubenthal* (Hrsg.), Strafrecht und Kriminalität in Europa, 2002, 148 f.

なければならない。有意味な刑罰，倫理的刑罰は，社会が有罪判決を下した法違反者との社会の確かな積極的慈しみ，連帯を前提とする[60]。

客観的社会倫理的責任概念からは刑罰目的としての応報を導出することはできないのである。これに対して，往々にして，応報それ自体は刑罰目的でないが，しかし，人々の処罰欲求と安全欲求が応報を求めるという事実を考慮することが必要であり，これは一般予防目的に属すると主張される。これは，復讐の意味における応報欲求が社会心理学的装いを凝らして裏門から入ってくることを意味する。しかし，復讐は国の関知する事柄ではない。国の刑法が人々の害悪賦科への叫びに屈することがあってはならない。合理性が感情の犠牲になってはならないのである。さらには，被害者の満足利益が刑罰を要求することも主張される。被害者は，犯罪者の悪意，衝動満足の客体として甘んじなければならなかったのであり，このことに憤慨，憤怒，恥辱の念をもつのであるから，これに対して，物質的にも精神的にも満足な状態におかれる必要がある。被害者は，自己の苦しみが犯罪者の苦しみによって応えられることによって満足を得られるというのである[61]。しかし，刑罰は被害者の，往々にして手に負えなくなる個人的満足を得させるものではない。理念的には，刑罰は社会の保護だけを目的とするのであって，直接的に被害者の満足のために用いられるのではない[62]。

Ⅴ 終わりに

わが国の刑事立法・司法・行政及び刑事法学説にも権威刑法と安全刑法の混在現象が顕現している[63]。しかし，少なくとも学説の任務は，自由主義法

---

[60] *Moos*, (Fn. 6), 423 f.
[61] 大谷實『刑法講義総論』〔新版第3版〕2009年・42頁以下は，刑罰権の法的根拠は刑罰の合目的性と有効性にあるが，悪行に対する悪反動として犯人に苦痛（刑罰）を加えるという道徳的確信が平均的国民には歴然として存在するので，応報原理を否定することはできないこと，そうすると，刑罰には報復，一般予防，特別予防といった3機能が認められ，報復機能を適切に働かせることで，「被害者の報復感情を満足させるとともに，刑罰制度に対する社会的信頼感を高め，犯罪防止に対する公衆の参加を促すなど，間接的ながら刑罰の犯罪防止効果が強化されることにもなるであろう」と説く。同旨，前田雅英『刑法総論講義』〔第5版〕2011年・22頁以下「被害者の報復感情の沈静化……も軽視できない」。
[62] *Moos, R.*, Richter und Strafrechtsreform, JBl 6 (1996), 345 ff., 354 f.

治国における刑法理論というものが，肥大化する処罰欲求の遮断を可能にする刑法理論を構築することにあるのではなかろうか。人々は刑法による不必要で過剰な強制から解放されねばならない。市民の市民による市民のための刑法理論を構築するためには，長くなじんできた権威刑法や最近の安全刑法の思考枠組みと訣別しなければならない。自由主義法治国における刑法理論の構築のためには，理性と人道性が，つまり，犯罪学の知見と人道的基本価値が刑法の支柱とならなければならないのであって，非合理性や感情が刑法を支配してはならないのである[64]。

---

[63] この傾向は，2014年2月7日に閣議決定された少年法「改正」法案にも見られる。先ず，①検察官関与事件が拡大される。現行法では，「故意の犯罪行為により被害者を死亡させた罪」と「死刑又は無期若しくは短期2年以上の懲役若しくは禁錮に当る罪」に検察官関与が可能だったが（第22条の2第1項），「改正」法案では，これが「死刑又は無期若しくは長期3年を超える懲役若しくは禁錮に当る罪」に拡大される。しかし，現在の制度でも，検察官関与の結果，犯罪行為の責任追及によって少年の心が萎縮することが夙に指摘されており，これが検察官関与の拡大に伴いいっそう一般的になろう。このことは，少年から真実を語る機会を奪うのみならず，その更生を阻害することにも繋がる。少年の立ち直りには，本人が自分の気持ちを率直に話し，周囲の者はそれと真摯に向き合うことが大切なのである。次に，②国選付添人対象事件が拡大される。しかし，現在でも，各地の弁護士会に当番付添人制度が設けられている。そもそも，国選付添人制度が拡大されるからといって，検察官関与の拡大に伴う弊害が除去されるものでもない。最後に，③現行法では，不定期刑の上限は10年であるが（第52条第2項），これが15年に引き上げられる。これとの均衡上，現行法では，無期刑をもって処断すべきときの刑の上限が15年であるところ（第51条第2項），これが20年に引き上げられる。無期刑の緩和（無期緩和刑）における仮釈放要件は，現行法では3年であるが（第58条第1項第2号），これも「その刑の3分の1」に引き上げられる。しかし，ここでも，厳格化を必要とする立法事実は存在しない。少年法の不定期刑制度の趣旨からすると，成人刑法の刑の引き上げ（それ自体問題であるが）によって，当然，少年の有期刑の上限も引き上げられるべきだということにはならない。無期緩和刑の仮釈放要件の厳格化は行刑における「健全育成」処遇を阻害しかねない。厳罰化は少年の心を硬くするだけであって，その立ち直りには役立たないのである。なお，本閣議決定に至る経緯は次の通り：2012年9月7日，法務大臣は上記内容の少年法改正案を法制審議会に諮問（諮問第95号）。2013年1月28日，少年法部会（部会長：明治大学教授・川端博）第4回会議・報告決定。2013年2月8日，法制審議会決定・答申。少年法部会で，刑事法学者は，「国選付添人制度及び検察官関与制度の対象事件の範囲の拡大」についての諮問に付されていた要綱（骨子），「少年の刑事事件に関する処分の規定の見直し」についての事務局試案のいずれにも賛成した。中央大学教授・小木曽綾，東京大学教授・川出敏裕，東京大学教授・佐伯仁志，同志社大学教授・瀬川晃。

[64] Moos, (Fn. 58), 346.

第2章 刑事手続きにおける被害者の参加形態―ドイツ, オーストリアの法制度―

I はじめに

　刑事手続きにおける被害者の状況に改善の余地があることには異論はなかろう。しかし, 被害者に, ドイツ刑事訴訟法の定める「公訴参加」に類似の制度を導入して, 被害者に積極的権利を認めるべきかということになると, 考えなければならない問題が横たわっている。確かに,「被害者のルネサーンス」ということが言われるが, それは, 被害者が刑事訴追から排除される前の時代に戻り, 刑事訴追の私事化を促進するべきということを意味するのではなく, むしろ, 捜査手続きから始まる刑事手続き全般にわたって, 被害者を人として尊重するべきことを意味するのではないかと考えられるのである[1]。

　然るに, 日本政府は, 2007年（平成19年）3月13日に, 被害者参加制度の新設を含む「犯罪被害者等の権利利益の保護を図るための刑事訴訟法等の一部を改正する法律案」を閣議決定し, 第166国会に提出した。本法案によると, 故意の犯罪行為により人が死傷した罪, 強制わいせつ及び強姦の罪, 業務上過失致死傷の罪, 逮捕及び監禁の罪並びに略取, 誘拐及び人身売買の罪等について, 参加を申し出る被害者や遺族に「参加人」としての法的地位が付与され, 公判への出席, 被告人の家族等情状証人に対する尋問, 被告人に対する質問, 検察官の論告・求刑終了後の「被害者論告・求刑」等が認められる。当然ながら, 本被害者参加制度に対する批判がみられる[2]。第1は, 既に,

---

[1] *Höynck, Th.*, Opfer im Jugendstrafverfahren, ZJJ 2005, 4-6, 4.

被害者等の意見陳述制度が導入されているところ，それ以上に，被害者等の生の声を尋問や求刑という形で反映させるよりは，検察官や弁護人を介して伝える方が被告人に対し冷静に受け止められて反省を促すには有効であるという批判である。第2は，検察官の活動から独立した訴訟活動を認める「被害者参加人」は，現行の刑事訴訟における当事者主義構造を変容させ，刑事法廷を個人的な復讐の場とし，同時に，被告人・弁護人の防御活動の負担を過大なものにするという批判である。第3は，被害者の落ち度が重要な争点となっているが，犯罪結果の重大性に圧倒されて，被告人は心理的に被害者の落ち度を主張しずらいところ，検察官からの厳しい追及に加えて，被害者等からも質問されると，被告人は沈黙せざるをえなくなり，十全な防御権行使ができなくなり，適正手続きに反し，その結果，真実発見が歪められるという批判である。第4は，被害者等による意見や質問が過度に重視され，事実認定や量刑に厳格な証拠法則と矛盾した影響を与えるという批判である。第5は，2009年に施行される裁判員制度には，その制度設計に際して，被害者参加制度が考慮されておらないこと，さらに，裁判員制度が実施され，定着する前に被害者参加制度が導入されることになれば，裁判員制度の円滑な運用に支障を来たすという批判である。

　いずれの批判も耳を傾けるべきものがあると思われる。そもそも，公訴参加については，法制審議会における議論が不十分であると思われるし，学界及び法曹界においても同様の状況にあるように思われる。そこで，本稿の目的は，刑事手続きにおける被害者参加の法制度として，ドイツの私人起訴，公訴参加及びオーストリアの改正刑事訴訟法における一般的被害者参加，私人参加及び私人起訴を紹介・検討し，もって，わが国のあるべき被害者参加制度設計への橋渡しをすることにある。

2　日本弁護士連合会「犯罪被害者等が刑事裁判に直接関与することのできる被害者参加制度に対する意見書」2007年5月1日。平山正剛（日本弁護士連合会）「被害者の参加制度新設に関し慎重審議を求める会長談話」2007年3月13日。吉岡桂輔（東京弁護士会）「被害者参加制度に反対する会長声明」2007年3月22日。小寺一矢（大阪弁護士会）「犯罪被害者の訴訟参加制度に反対する会長声明」2007年2月2日。

II ドイツ刑事訴訟法における被害者の地位

ドイツでは，1986年の「被害者保護法（Opferschutzgesetz）」[4]及び1998年の「証人保護法（Zeugenschutzgesetz）」[3]といった2つの比較的大きな改正により，刑事手続きにおける被害者の地位の改善が図られた。「被害者保護法」により，刑事訴訟法中に第5編第4章「被害者のその他の権利」（第406条dから第406条h）が新設され，「公訴参加」がその第5編第2章として独立して規定されることになった。「証人保護法」により，証人保護の充実が図られ，その一環として，ビデオ技術を使用するための法的整備が図られた。次いで，2004年に，「被害者保護法」の路線をさらに進めた「被害者の権利改正法（Opferrechtsreformgesetz）」[5]が成立し，同年9月1日に施行された。

1 私人起訴

(1) **私人起訴の対象犯罪**　ドイツ刑事訴訟においては，国家訴追主義が妥当する。「公訴の提起は，検察官の任務である」（刑訴法第152条第2項）。したがって，公訴無ければ刑事裁判なしということになる。「裁判所による審理は，公訴の提起がなければ，開始することができない」（刑訴法第151条）。

しかし，これはいわゆる職権起訴犯罪（Offizialdelikt）の刑事手続きにのみ妥当することである。ドイツ刑事訴訟法には，私人起訴犯罪（Privatklagedelikt）と呼ばれる犯罪がある。かかる犯罪を被害者は，官庁に告発・告訴することなく，自ら刑事裁判所（区裁判所刑事部）に私人起訴の方法で訴追できるのである。私人起訴は，被害者と並んで，又は，被害者に代わって，告訴を有する権利を有する者もこれをすることができる（刑訴法第374条第2項1文）[6]。

あらかじめ検察官に訴追を求めることなく，被害者が私人起訴の方法で訴

---

[3] BGBl I, 2496.
[4] BGBl I, 820.
[5] BGBl. I, 1354.; *Hilger, H.*, Über das Opferrechtsreformgesetz, GA 2004, 478-486.
[6] ドイツ刑事訴訟法における私人起訴を含む被害者の地位全般を概説したものに，*Kerner, H.-J.*, Opferrechte/Opferpflichten. Ein Überblick über die Stellung der durch Straftaten Verletzten im Strafverfahren seit Inkrafttreten des Zeugenschutzgesetzes, 1992.

追を行うことのできる犯罪として，ドイツ刑事訴訟法第374条第1項は次の各号の犯罪を列挙している。

1　住居侵入罪（刑法第123条）
2　侮辱罪（刑法第185条（侮辱罪），刑法第186条（悪評の流布罪），刑法第187条(不実の誹謗罪)，刑法第187条a（政治家に対する悪評の流布及び不実の誹謗罪），刑法第189条（死者への追憶の誹毀））
3　信書秘密侵害罪（刑法第202条）
4　傷害罪（刑法第223条（傷害罪），刑法第229条（毒害罪））
5　脅迫罪（刑法第241条）
5a　商取引における収賄罪又は贈賄罪（刑法第299条）
6　器物損壊罪（刑法第303条）
6a　完全酩酊罪（刑法第323条a・1号から6号までの行為が完全酩酊状態で行われたとき）
7　不正競争防止法第16条から第19条までの犯罪
8　特許法第142条第1項，実用新案法第25条第1項，半導体保護法第10条第1項，品種保護法第39条第1項，商標法第143条第1項，第143条a第1項，及び第144条第1項，第2項，意匠法第51条第1項，第65条第1項，著作権法第106条から第108条まで，第108条b第1項，第2項，並びに，美術品及び写真の著作権に関する法律第33条に定める罪。

(2)　**和解官庁による和解の試み**　しかし，被害者は，これらのすべての犯罪について，直ちに区裁判所に自ら起訴できる，又は，代理弁護士を通して起訴できるというわけではない。先ず，犯罪に伴う人間間の紛争を裁判外の和解という方法で平和的に解決することが求められている。この裁判外処理手続きが和解の試み（Sühneversuch）である（刑訴法第380条）。住居侵入罪，侮辱罪，信書秘密侵害罪，傷害罪（刑法第223条及び刑法第229条），脅迫罪及び器物損壊罪については，州の司法行政官庁の指定する和解官庁が和解を試みて不成功に終わった後でなければ，私人起訴による訴追は許されない。私人起訴人は，訴えに際して，和解の不成功に関する証明書（いわゆる「消極証明書」）を提出しなければならない。

　和解の試みは，形式上，刑事手続きには属さず，むしろ，「私人刑事手続き」を避けるための，刑事訴訟法で命令された試みである。交渉には管轄の仲裁人が主導的役割を果たす。対立を解消することに向けられる話し合いの目的

は，対立している，あるいは少なくともこれから紛争が続くと予期される当事者双方にとって受け入れることのできる結果をもたらし，もって，争いを終結させるところにある。最もうまくいく場合には，相互譲歩という方法で，民事法上有効な和解（Vergleich）が成立し，両当事者間の対立が沈静化する。被害者のためには，損害賠償の支払い，名誉毀損の場合には，精神的損害の調整に関する取り決めが問題となるし，行為者の場合には，被害者が告訴を行わない義務を負うこともありうる。

(3) **私人起訴手続きの遂行**　和解の試みが不成功に終わり，最終的に，私人起訴が裁判所になされるとき，検察官はこの手続きの開始について必ずしも聞知するものではない。そうでない場合には，検察官は，管轄裁判所が，検察官による訴追の引き受けが必要だと判断し，検察官に記録を正式に提示してはじめて，私人起訴手続きについて知ることになる。

　検察官は，私人起訴手続きにおいて，私人起訴人のために関与する義務はない（刑訴法第377条第1項1文）。しかし，検察官が，事案を調べた後，特に，裁判所から記録を提示された後，手続きを引き受ける判断をしたとき，私人起訴人の意思に反しても，手続きを進めることができる。引き受けの宣告とともに，手続きは職権手続きに移る。

　犯行時14歳から17歳の少年に対する私人起訴は許されない（少年裁判所法第80条第1項1文）。したがって，少年裁判所法は，一般規定により私人起訴によって訴追できる少年非行について，教育の理由又は教育目的に反しない被害者の正当な利益があり，要求するときも，検察官に訴追することを命令している（少年裁判所法第80条第1項2文）。

　少年に対する私人起訴は，1943年の少年裁判所法で，又，少年に対する公訴参加は1943年の少年裁判所法で廃止された。再犯を教育的制裁又は制裁を放棄して手続きの介入だけで防止するという目的が，私的影響によって危険にさらされたり，挫折させられないようにするためである。「復讐欲求，応報欲求が——今日ほかの概念でまとわれていても——手続きを，ましてや制裁を決定してはならない。そうでなければ妥当する職権主義と比較して，この起訴の可能性というのは既に成人刑法でも異質物である。……手続きにおいて被害者の地位を強化するとか，制裁領域でいっそう考慮するとかいった

『現代』思考がこの妨げとなるものではない。後者の関心事のために，まさに少年裁判所法は損害修復制裁（第15条第1項1号）並びに行為者—被害者—和解（第10条第1項3文7号，第45条第2項，第47条第1項2号）でもって先導的役割を果たしうるのであり，……国の刑罰装置が少年非行者を私人の手に委ねるようなことがあってはならない。」と説明されるのである[7]。

　年長少年や成人を被疑者とする告発・告訴が為されたとき，刑訴法第374条の意味での私人起訴犯罪が問題となっているのか否かを調べた上で，公訴を提起するほどの「公共の利益」があるのかどうかを調べなければならない（刑訴法第376条）。

　検察官が公の利益を肯定するのは，例えば，犯行の態様が特別に粗暴であるとか，危険な犯行だった場合である。さらに，被害者が日常生活において傑出した人物であるとか，高位の人物である場合（例えば，国会議員，団体の会長）も公訴提起が為される。一般的に言うと，法的平和が被害者の生活圏を越え攪乱される状況が必要である。被害者に，行為者との（密接な）人間関係のために，私人起訴を行うことが期待できないときにも，検察官は刑事訴追についての公共の利益を肯定することがある。

　検察官は，公の利益が無いと判断すると，手続きを打ち切り，被害者に私人起訴の道があることを指摘する。

　私人起訴は被害者にとり若干の危険を内蔵している。私人起訴人が訴訟費用の扶助の承認を得ていないとき，手数料を予納けなければならない（刑訴法第379条 a）。私人起訴が却下されたり，被告人が無罪とされたり，又，手続きが打ち切られたとき，訴訟費用及び被告人に生じた必要的支出金は私人起訴人が負担する（刑訴法第471条）。さらに，私人起訴手続き自体が，裁判実務に慣れていない者には対処の難しい問題を生じさせることがある。したがって，平和的解決の可能性がある場合には，初めから犯罪者—被害者—和解（Täter-Opfer-Ausgleich）という厳格な規則に縛られない手続きを利用することが考えられる。

　(4)　**議論**　　私人起訴創設の決定的動機は，刑事訴訟法強制から軽微犯罪

---

[7] *Ostendorf, H.*, Jugendgerichtsgesetz, 6. Aufl. 2003, Grdl. z. §§79-81, Rdnr. 6.

を除き，したがって，創設当時，ほとんど無限定の起訴法定主義と起訴強要手続き（Klageerzwingungsverfahren）の負担を軽減することにあった。被害者にとり，私人起訴は，検察官の介入がなくとも，被害者の制裁要求の貫徹が可能だという意味での刑事訴追特権と，被害者自身の訴追活動が必要という意味での刑事訴追負担の両面を有している。

このように，なるほど，私人起訴は刑事手続きにおける被害者の地位を強化するのに役立つ。しかし，同時に，それによって修復的正義の実現が阻まれることにもなる[8]。私人起訴は，最終的には，行為者の有罪判決を目指すものであって，主として，被害者の満足，特に，応報要求に応ずるものだからである。

刑事訴訟法自体が，私人起訴が軽率に行われることを阻止するために，「和解の試み」という制度を設けている。すなわち，「和解の試み」は，事件の平和的解決と裁判所の負担軽減のために，刑事訴訟をできるだけ避けようとするものである。さらに，非公式の紛争処理による非犯罪化効果が期待できる[9]。

そこで，立法論としては，そもそも，私人起訴は廃止されるべきである，なぜなら，公訴提起の利益が欠如している場合にまで，処罰が可能とする制度は，現代刑法思想と矛盾するし，被害者の満足要求は，慰謝料請求等の形で，民事手続きにおいて実現されるべきであると主張されることになる[10]。

2 公訴参加

1986年12月18日の「被害者保護法」(1987年4月1日施行)[11]は，被害者の刑事手続きにおける地位を強化するという観点から，公訴参加制度を大幅に手直しし，私人起訴から切り離したのである[12]。その後，1998年4月30日の「証

---

[8]　*Bannenberg, B.,* Wiedergutmachung in der Strafrechtspraxis, 1993, S. 26.
[9]　*Bannenberg, B.,* (Fn. 3), S.28.
[10]　*Kühne, H.-H.,* Strafprozessrecht, 6. Aufl., 2003, § 11 III, Rdnr. 254.
[11]　OpferschutzG v.18. 12. 86.
[12]　刑訴法旧第395条「第374条の規定に基づいて私人起訴人となる権利を有する者は，手続きのいかなる段階でも，提起された公訴に参加人として加わることができる。但し，略式命令の際の手続きにおいては，公判期日が指定され（第408条第2項，第411条第1項），又は，略式命令請求が却下されたときに限る。」．

人保護法」(1998年12月1日施行)[13]により，公訴参加適用範囲が拡大され，次いで，2004年6月24日の「被害者の権利改正法」(2004年9月1日施行)[14]により，それがさらに拡大され，今日に至っている。これにより，公訴参加は，「私人起訴と起訴強制手続きの単なる飾り」[15]の存在から独自の法制度へと成長したのである[16]。現行法の公訴参加の大要は次の通りである。

(1) **公訴参加の目的とその権利者**　捜査の結果，公訴を提起するに足りる十分な理由が示されたが（刑訴法第170条第1項），検察官は，公判の必要が無いと認めるとき，略式命令手続き（Verfahren bei Strafbefehlen）による裁判の申し立てをし（刑訴法第407条以下），事件の事実関係が簡単であるか，又は証拠が明白で，即時の審判に適しているとき，簡易手続き（Beschleunigtes Verfahren）による裁判の申し立てをする（刑訴法第417条以下）。重要な案件については，検察官は，公判を開始すべき旨の申し立てを含む正式の起訴状と記録を管轄裁判所に提出する（刑訴法第199条）。

犯罪の被害者及びその他の公訴参加権利者は，公訴参加者として公訴に加わることができ（刑訴法第395条），したがって，限定的ではあるが，手続き関与者として独自の役割を果たすことができる。公訴参加の目的は，直接の被害者に刑事手続きにおいて保護に値する利益をもたらすことにあり，次いで，それ以外の（むしろ，間接的に例えば，被害者との関係に基づき，又は，その他，犯罪の結果によって侵害された）人の特別の利益に注意を払うことにある。被疑者が「違法行為を犯した」（刑法第11条第1項5号）ということで十分であるから，検察官が手続きを（潜在的）責任無能力者に対して進めるときでも，公訴参加は可能である。

公訴参加の権利がある人は次の通りである。
 (1) 性的自己決定に対する犯罪の被害者（刑訴法第395条第1項1号a）
  ・保護を命じられた者の性的濫用（刑法第174条）
  ・被拘禁者，官の命令により監置された者，病者又は施設において扶助を

---

[13] Zeugenschutzgesetz vom 30. 4. 1998, BGBl 1998, I, 820.
[14] Opferrechtsreformgesetz vom 24. 6. 2004, BGBl 2004, I, 1354.
[15] *Weigend, Th.*, Deliktsopfer und Strafverfahren, 1989, S.159.
[16] *Barton, S.*, Nebenklagevertretung im Strafverfahren, in: Festschrift für Hans-Dieter Schwind, 2006, S. 211-224, 211.

要する者の性的濫用（刑法第174条 a）
　　・公務上の地位を利用する性的濫用（刑法第174条 b）
　　・相談，治療又は世話関係を利用する性的濫用（刑法第174条 c）
　　・児童の性的濫用（刑法第176条）
　　・児童の重い性的濫用（刑法第176条 a）
　　・児童の重い性的濫用致死（刑法第176条 b）
　　・性的強要，強姦（刑法第177条）
　　・性的強要致死，強姦致死（刑法第178条）
　　・抵抗不能者の性的濫用（刑法第179条）
　　・未成年者の性的行為の奨励（刑法第180条）
　　・売春婦の搾取（刑法第180条 a）
　　・売春婦幇助（刑法第181条 a）
　　・少年の性的濫用（刑法第182条）
(2) 名誉に対する犯罪の被害者（刑訴法第395条第1項1号 b）
　　・侮辱（刑法第185条）
　　・悪評の流布（刑法第186条）
　　・不実の誹謗（刑法第187条）
　　・政治家に対する悪評の流布及び不実の誹謗（刑法第188条）
　　・死者への追憶の誹毀（刑法第189条）
(3) 身体の不可侵性に対する犯罪（刑訴法第395条第1項1号 c）
　　・遺棄（刑法第221条）
　　・傷害（刑法第223条）
　　・危険な傷害（刑法第224条）
　　・保護を命じられた者に対する虐待（刑法第225条）
　　・重い傷害（刑法第226条）
　　・職務上の傷害（刑法第340条）
(4) 人身の自由に対する犯罪の被害者（刑訴法第395条第1項1号 d）
　　・性的搾取のための人身売買（刑法第232条）
　　・労働力搾取のための人身売買（刑法第233条）
　　・人身売買の奨励（刑法第233条 a）
　　・人身の奪取（刑法第234条）
　　・拉致（刑法第234条 a）
　　・未成年者の奪取（刑法第235条）
　　・監禁（刑法第239条第3項）

・恐喝的な人身奪取（刑法第239条 a）
・人質（刑法第239条 b）
(5) 暴力保護法第4条の犯罪の被害者（刑訴法第395条第1項 e）
(6) 殺人未遂の被害者（刑訴法第395条第1項2号）
・謀殺未遂（刑法第211条，刑法22条，刑法第23条）
・故殺未遂（刑法第212条，刑法第22条，刑法第23条）
(7) 裁判所の裁判を求める請求によって（刑訴法第172条：起訴強制手続き）公訴提起を実現した被害者（刑訴法第395条第1項3号）
(8) 遺族，つまり，違法行為により死亡した者の親，子供，兄弟姉妹及び配偶者（刑訴法第395条第2項1号）
(9) 経済的保護規定の被害者（刑訴法第395条第2項2号）
　　刑訴法第374条第1項7号及び8号に規定に従って私人起訴の権利を有する者，及び，特許法第142条第2項，実用新案法第25条第2項，半導体保護法第10条第2項，品種保護法第39条第2項，商標法第143条第2項，意匠法第51条第2項，第65条第2項，著作権法第108条 a，第108条 b 第3項の規定する違法行為により被害を受けた者
(10) 刑法第229条の定める過失致傷の被害者（刑訴法第395条第3項）
　　但し，特別の事由，特に，被害結果の重大性の故に，その者の利益を考慮するために必要であると認められるとき．

(2) **公訴参加の手続きと公訴参加人の権利内容**　公訴参加人としての参加は，公訴提起後，手続きのどの段階でも可能である．公訴参加は，判決の宣告後においても，これに対する上訴のためにすることができる（刑訴法第395条第4項）．被害者には，提起された公訴に公訴参加人として参加する権利が告知されなければならない（刑訴法第406条 h）．

　従前，少年に対する刑事手続きでは，公訴参加は許されなかった（少年裁判所法旧第80条第3項）．その理由は，私人が手続きに参加すると，その者自身の利益が少年手続きの教育思想に反するというところにある．さらに，公訴参加人が刑事手続きに参加すると，裁判が遅延することになり，その結果，少年刑事手続きで妥当する迅速原則に反して，少年のためになる手続きの早期終結が妨げられることが挙げられる．

　参加の申し出は，裁判所に対し，書面で行う．参加の申し出が誤って公訴の提起前に検察官又は裁判所に対して為されたときでも，公訴提起によるそ

の効力が生ずる。略式手続きの場合には，参加の申し出は，公判期日が指定されたとき（刑訴法第408条第3項2文，第411条第1項），又は略式命令の請求が棄却されたときに，その効力が生ずる（刑訴法第396条）。

　公訴参加犯罪が明確に起訴されたわけではないが，しかし，それが（観念的競合又は法条競合の関係にあって）他の起訴された非公訴参加犯罪とともに犯された場合も，公訴参加は許される。被告人が，刑事訴訟法第395条第1項列挙の犯罪を犯した可能性があるということだけで十分である。

　公訴参加の申し出があった場合，裁判所は，その申し出の適否について，検察官の意見を聴いた後，裁判しなければならない（刑訴法第396条第2項1文）。棄却の決定に対しては，抗告が許される（刑訴法第304条第2項）。

　過失致傷の場合には，裁判所は，参加が刑事訴訟法第395条第3項に掲げる事由により「必要である」かについて，被告人からも意見を聴いた後，裁判をする。この裁判に対しては，不服を申し立てることができない（刑訴法第396条第2項）。過失致傷の場合に限定条件を付することによって，交通事犯で，中くらいの傷害でしかなく，損害賠償も既に済まされている事案を公訴参加から除外しようとしている。

　公訴参加が許されると，公訴参加人としての被害者は一連の権利を有する（刑訴法第397条）。例えば，裁判官（刑訴法第24条，刑訴法第31条）又は鑑定人（刑訴法第74条）を忌避する権利，質問する権利（第240条第2項），裁判長の訴訟指揮（刑訴法第238条第2項）及び質問（刑訴法第242条）に対して異議を申し立てる権利，証拠調べを請求する権利（刑訴法第244条第3項から第6項）並びに意見陳述権（刑訴法第257条，刑訴法第258条）。又，公訴参加人を証人として尋問すべき場合であっても，公訴参加人は公判廷に在廷する権利を有する。

　公訴参加人として参加する権利が，刑事訴訟法第395条第1項1号a，2号又は第2項1号に基づくか，又は，公訴参加人が刑法第232条から第233条aの定める違法行為により被害を受けており，且つ，参加の根拠となった犯罪が重罪であるとき，公訴参加人の請求により弁護士を補佐人として任命することができる（いわゆる「被害者弁護士」）。公訴参加人には，申し立てにより，弁護士の依頼について訴訟費用の扶助が認められる（刑訴法第397条a）。

　公訴参加に関わる犯罪事実について有罪判決が下されたとき，被告人が公

訴参加人に生じた必要的支出金を負担しなければならない（刑訴法第472条第1項1文）。この場合，補佐人としての弁護士費用も被告人負担であり（刑訴法第472条第3項1文，刑訴法第406条g），被疑者が刑事訴訟法第153条aの定める賦課事項又は遵守事項を履行し，手続きが最終的に打ち切られるときも，被告人が公訴参加人に生じた必要的支出金を負担しなければならない（刑訴法第472条第2項2文）。但し，これらの場合，裁判所は，被告人に負担させることが相当でないときは，いわば被害者の「自己の危険負担」において，全部又は一部を免除する（刑訴法第472条1項2文）。

(3) **議論**　一般に，刑事訴訟法第395条の趣旨が，被告人側からの責任転嫁などによる「被害化」を防止することにあること，それは立法理由から分かると指摘されている。改正前の第395条「第1項に，刑訴法制定当初から定められている公訴参加権利者の型録が，真っ先に被害者保護に奉仕する被害者の参加権利としての公訴参加の今日的機能にもはや対応できていない。私人起訴の規定に基づいて私人起訴人となることができる者（刑訴法第374条）が公訴参加できるとされていて，おおよそのところ軽微な犯罪が問題となっており，検察官が刑事訴追に公共の利益を肯定した場合であってすら（刑訴法第376条），被害者が無限定に公訴参加人になれるとするための十分な理由が，あらゆる場合に見出されるか疑問がある。これに対して，特別に重い，一身専属的法益に向けられた犯罪，例えば，性的自己決定に対する犯罪には，公訴参加の権利が認められていない。しかし，ほかでもなく一身専属的法益に向けられた犯罪の場合が，被告人からの責任転嫁を防御するためにも被害者に訴訟参加としての確実な役割を認める必要性が高い典型例である[17]。」。すなわち，ここでは，公訴参加が被害者の防御手段として位置づけられているのである。

しかし，立法理由からは，法改正前に公訴参加を支えていた被害者の「満足利益」の側面に，法改正後，いかなる意味が与えられるのかが明らかでない。一般に，現行法制上，公訴参加はもはや被害者の満足利益ないし行為者

---

[17] BT-Drucks 10/5305, S.11. 改正前の公訴参加については，「その本質からして，行為者の処罰を求める」制度と理解されていたのである。BGH vom 10. 9. 1974, NJW 1974, 2244.

処罰を本質的目的とはしておらず，むしろ，被害者側からの責任転嫁や誹謗から被害者の人格を保護することを主要目的としていると説かれている[18]。この点で，被害者保護法は，できるだけ被害者の利益と行為者の再社会化利益の均衡をとろうとしているとも説かれる[19]。確かに，刑事訴訟法第395条第1項の型録からは，そうとも言える。例えば，強姦の被害者には，質問権，証拠調べの請求権を行使することによって，行為者側の「同意があった」という主張に反駁することができよう。この理由だけからでも公訴参加の存在理由があると言われることもある[20]。

立法者は，被害者保護法により，公訴参加の新しい意味づけを指向しているように見える。旧法下とは異なり，公訴参加人はもはや検察官の助手として機能する（検察官を援助する機能）ことは期待されていない。「起訴の地位の二重占拠」という考えが放棄されたことは明白である[21]。公訴参加がもはや処罰指向でないということは、刑事訴訟法の新規定からも分かると言われる。「公訴参加人は，判決に対して，量刑を変更すること，又は公訴参加の対象となることのできない犯罪行為について被告人を有罪とすることを目的として，不服を申し立てることはできない。」（刑訴法第400条第1項）。ここから，公訴参加が特定の法律効果の獲得を目的とするものではないことが導かれると[22]。

それにもかかわらず，公訴参加には被害者の満足利益の実現という重要な機能があるとの見解も有力である[23]。刑事訴訟法第400条第1項は，「公訴参加人は，判決に対して，量刑を変更すること，又は公訴参加の対象とすることのできない犯罪行為について被告人を有罪とすることを目的として，不服

---

[18] Rieß, P., Der Strafprozeß und der Verletzte - eine Zwischenbilanz, Jura 1987, 281, 287; LG Essen, NStZ 1991, 98-99 mit Anm. Weigend, Th., 99.
[19] Rössner, D., Alternativ-Kommentar zur Strafprozeßordnung, 1996, vor §395 Rdnr. 10.
[20] OLG Köln, NJW 1993, 3279-3280, 3280.; Rieß, P., (Fn. 8), 286.
[21] Vgl. BT-Drucks. 10/5305; dazu Rieß, P., (Fn. 8), 286.
[22] Rössner, D. (Fn.9), vor §395 Rdnr. 8; OLG Köln, (Fn. 10), 3280.
[23] Kleinknecht/Meyer-Goßner, Strafprozessordnung, 44. Aufl., 1999, Vor §395 Rdnr. 1; Roxin, C., Strafverfahrensrecht, 25. Aufl., 1998, §62 Rdnr. 1; Schünemann, B., Zur Stellung des Opfers im System der Strafrechtspflege, NStZ 1986, 193, 197; Fabricius, D., Die Stellung des Nebenklagevertreters, NStZ 1994, 257, 260.

を申し立てることはできない。」と規定し，法律効果の言い渡しに関する上訴は許さないというにすぎない。公訴参加にかかる犯罪の無罪判決に対しては，上訴が許されるのである。それどころか，公訴参加人は，第一審手続きにおいてまさに特定の法律効果を得ようと手を尽くすことが許されるのである。立法理由からも，立法者が，被害者には行為者に有罪判決が下されることに利益があり，これは保護に値すると考えていることが分かる。「被害者は，何よりも先に，被告人が犯罪の廉で……そもそも有罪判決を下されることに正当な利益を有する。……これに対して，被害者には，被告人に下される刑罰の重さに正当な利益を有するという考えは規則正しく否定されるべきである[24]。」。

さらに，被害者保護法は，違法な行為により殺された者の近親者にも，法改正前と同じく，公訴参加権を認めている（刑訴法第395条第2項1号）ことが問題となる。歴史的には，かかる近親者の公訴参加権は，訴訟経済的考慮に由来する，つまり，刑事手続きと後の民事損害賠償裁判の食い違いを避けるために認められたのであるが[25]，しかし，公訴参加権を有する近親者の意図はほとんどの場合まったく別なところにある。特に，重大な犯罪では，公訴参加は，ほぼ例外なく，被告人をできるだけ重く処罰しようと努力を集中する。損害賠償とか責任転嫁からの保護といった観点が役割を果たすことは滅多にない[26]。

さらに又，被害者保護法は，法改正前と同じく，起訴強制手続きによって公訴を提起させた者にも公訴参加権を認める（刑訴法第395条第1項3号）。これによって，公訴参加には，検察官を統制する機能もあるという従前からの思考が完全には消滅していないことが分かる。ここにも，被告人が有罪判決を下され，処罰されることに有する被害者の利益が考慮されていることが分かる。

被告人が初めから完全自白しているか，前もってその弁護人を通して攻撃的防御の態度をとることを知らせているかといったようなことは，公訴参加

---

[24] BT-Drucks. 10/5305, S. 15.
[25] Verhandlungsbericht der 265. Sitzung des BT vom 5.5.1953. BT-Drucks. 12999 B.
[26] Hinz, W. Opferschutz, Genugtuung, Wiedergutmachung, DRiZ 2001, 321-324. 326.

の許容性とは関係がないことも指摘されなければならない。刑事訴訟法第395条第1項は予想される訴訟状況とは関係がないのである。又,過失致傷(刑法第229条)の場合,「被害結果の重大性」が公訴参加の要件となっているが(刑訴法第395条第3項),これも,被害者の満足利益といった観点からしか説明できないであろう[27]。

これに対して,刑事続きにおける被告人側からの責任転嫁からの保護といった観点は実際にはあまり大きな役割を果たしていないようである。このことは,特に,典型的な攻撃武器といえる証拠調べ請求権に妥当するのであり,被害者は,この権利を利用して検察官の訴訟活動を「助け」,裁判所に圧力をかけ,証明状況を被告人に不利益な方向に変えることができるのである。被告人は2人の「敵」検察官と対峙しなければならない,1人は,国の機関としての検察官であり,他の1人は,いわば私人検察官である。防御的権利はともかく,このような攻撃的利用の可能な権利を認めることには問題がある[28]。

立法者は,公訴参加人に諸権利を与えることによって,いわゆる「武器対等」をもたらそうとし,それをどのように行使するかは公訴参加人に委ねようとしたといえそうである。つまり,責任転嫁から防御するために行使するのか,被告人の有罪判決と処罰を求め,攻撃的に使用するかは,公訴参加人に委ねられたといえそうである[29]。

問題は,被告人が処罰されることにつき,被害者が正当に有すると説かれることのある満足利益なるものが,公の合理的刑法体系において正当な位置づけを与えられうるのかということである。正当にも,かかる被害者の満足利益なるものは,復讐欲求,応報欲求に衣をかぶせた概念ではないかと批判されるのである。私的応報欲求が公訴参加を経由して刑事手続きに流れ込ん

---

[27] *Hinz, W.*, (Fn. 26), 326.
[28] *Moos, R.*, Verhandlungen des fünfzehnten österreichischen Juristentages Innsbruck 2003, Bd IV/2, Strafrecht, Referate und Diskussionsbeiträge, 2004, S. 133.
[29] *Höynck, Th. u. U. Jesionek*, Die Rolle des Opfers im Strafverfahren in Deutschland und Österreich nach den jüngsten opferbezogenen Reformen des Strafverfahrensrechts: Österreich als Modell?, MschrKrim 2006, 88-106, 98. 公訴参加をどちらかというと攻撃的手段だと評価するものに, *Baurmann M. C. u. W. Schädler*, Das Opfer nach der Straftat - seine Erwartungen und Perspektiven, 1991, S. 33.

でくる[30]。「被害者が行為者の処罰によって満足を得たいということは，心理学的観点からは復讐本能そのものであり，実体的には，部分総称として，一般の人々の応報欲求と一致するのであるから，刑法体系において苦労の末に廃止された応報刑法が，攻撃的手続き権利で装備した被害者という人の中に息を吹き返すことになる——これにより，同時に，理論史の側面の下で見ると，一見したところ非常に進歩的な被害者手続き手法の反動的性格が明らかとなる。」[31]。被害者が，法廷において，証人としても，攻撃的権利を有する公訴参加人としても活動できるということによって，むしろ，真実発見から遠ざかることになり，ここに致命的欠陥がある。「復讐思想の最後の遺物は廃止される」べきだと[32]。

確かに，被害者には，公的に「犯罪は不法だったのであり，不運だったのではないということを認められる」[33]ことに，つまり，真実の発見と有罪の確定によって精神的満足を得るという正当な利益がある。しかし，公訴参加において客観義務を負わない公訴参加人が[34]，客観義務を負う検察官の訴訟活動を相対化することによって，その正当な利益の一線を超えることになる。なぜなら，公訴参加の背後には依然として応報原理があるからである。被害者の正当な満足利益と応報原理とは一致しないのである[35]。そこで，被害

---

30 *Kühne, H.-H.*, Strafprozessrecht, 6. Aufl., 2003, § 11 V Rdnr. 257.1.
31 *Schünemann, B.*, (Fn. 13), 197. 参照，加藤克佳「刑事手続における被害者の地位」(『刑法雑誌』第40巻第2号（2001年）232頁以下所収)，236頁，240頁。
32 *Rautenberg, E. C.*, Empfehlen sich gesetzliche Änderungen, um Zeugen und andere nicht beschuldigte Personen im Strafprozeß besser vor Nachteilen zu bewahren?, -Referat-, 1998, L 43-58, L 50. 被告人の権利を拡大するほど，誤判無罪判決が増大する恐れが高まるのと同じく，被害者の権利が拡大するほど，誤判有罪判決が増大する恐れが高まることが指摘される。被害者の権利の拡大は，真実の発見手続きが被害者の利益といった視点から左右されることに繋がる。そうすると，法を破った犯罪行為が，被害者を侵害した犯罪行為に変質することになる。結局，真実発見という公の利益が，被害者の社会復帰，満足といった利益によって圧倒されてしまう。おまけに，被害者の権利の拡大は，感情的判断の範囲を広くすることに繋がり，客観的証明状況への依存性が弱められる。被害者の個性，その無情さ，寛容さ，その経済的地位，弁護士補佐人の腕前といった要因が手続きを決定づける意味をもつことになると。Kunz, K.-L. Zu den Problemen einer opfergerechten Ausübung des Strafanspruchs und zur Suche nach Auswegen, in: Festschrift für Manfred Burgstaller, 2004, S. 541-552, 546 f.
33 *Reemtsma, J.P.*, Das Recht des Opfers auf die Bestrafung des Täaters-als Probelem, 1999, S. 26.
34 *Kleinknecht/Mayer-Goßner*, (Fn. 13), 2 vor §395, 2 zu §385.

保護法は,「公訴参加人と被害者の地位を一面的に強化することで,本人の応報欲を一般の人々の再社会化利益よりも優先することに傾いている。被害者に行為者の処罰に関して自制的役割を果たすように指示し,これに代わって,いずれにしても本人の主たる関心事である恢復利益にもっと高い位置価値を認めていたなら,この刑事政策の退行を避けることができたのに[36]」,そして,「満足機能と結びつく応報思想及び被告人に生じる公訴参加費用が再社会化敵対的であるから,公訴参加は,立法論としてであるが,被害者の恢復利益を正面にすえる行為者―被害者―和解の手続きに組み込まれるべきである」,と主張されることになるのである[37]。

従前,少年(14歳~17歳)事件に対する公訴参加は許されていなかったのであるが,少年刑事手続きへの導入論も有力に主張されていた。その論拠は,公訴参加が被害者保護のための制度へとその性格が変わり,したがって,それが少年刑事手続きの原則を破るものではないというのである[38]。それどころか,公訴参加の攻撃的側面がその少年手続きへの導入の論拠とされることがある。少年刑事手続きにおける少年の「四方面防御」に鑑み,被害者には防御権だけでは不十分であり,証拠調べ請求権,上訴権が必要だというのである[39]。さらに,犯罪者―被害者―和解(TOA)の積極的評価が少年刑事手続きへの公訴参加導入論の根拠とされることもある[40]。しかし,これらの論拠には説得力が欠けている。被害者のための公訴参加の満足機能が教育思想と矛盾するのである。犯罪者―被害者―和解においては,それへの犯罪者の自主的参加,そして,和解が関心事なのであり,当事者の間の攻撃―防御が関心事なのではない。公訴参加の性格づけに変化が見られたといっても,公訴参加は,依然として,攻撃の手段たりうるのである。被害者によっては,

---

35 *Moos, R.*, Die Reform der Hauptverhandlung, 1. Teil, ÖJZ 2003, 321-332, 328.
36 *Roxin, C.*, (Fn. 13), Vorbemerkung §§ 61, 62 u. 63.
37 *Roxin, C.*, (Fn. 13), § 62, 1.
38 *Weisser Ring*, Rechtspolitische Forderungen des Weißen Rings zur Verbesserung des Opferschutzes, 2004, S. 3.
39 *Schöch, H.*, Das Opfer im Strafprozess, in: *Egg, R. u. E. Minthe* (Hrsg.), Opfer von Straftaten, 2003, S. 19-36, S. 26f.
40 *Rössner, D.*, Das Jugendkriminalrecht und das Opfer der Straftat, in: *Dölling, D.* (Hrsg.), Das Jugendstrafrecht an der Wende zum 21. Jahrhundert, 2001, S. 165-195, 172 ff.

復讐・応報欲求を有しないこともあろうが、しかし、それでも、一般的にそれを可能とする制度であり、それを前提とした公訴参加が教育思想と矛盾するものであることを否定できないだろう[41]。

ところが、2006年12月31日施行の「第二次司法現代化法」は、被害者の地位を改善するという観点から、少年刑事手続きにおける被害者の公訴参加を再導入した。少年裁判所法旧第80条第3項は「公訴参加は許されない」と規定していたが、それが次のように改正された[42]。

第80条［私人起訴と公訴参加］
(3) 生命、身体の不可侵性又は性的自己決定に対する重罪［最下限が1年の違法行為］によって、又は、刑法典第239条第3項［自由の剥奪］、第239条a［恐喝的な人身奪取］又は第239条b［人質］の定める重罪を犯し、これにより被害者が精神的又は身体的に重く損なわれるか、こういった危険にさらされた者、又は、刑法典第251条の定める重罪［強盗致死］により侵害された者は、この場合、刑法典第252条［強盗的窃盗］又は第255条［強盗的恐喝］と結びついてもよいが、公訴提起に公訴参加人として参加できる。その他、刑事訴訟法第395条第2項1号及び同第396条から第402条はこれを準用する。

連邦政府法案は、従前どおり、少年刑事手続きにおける公訴参加は認めないこととするが、但し、刑事訴訟法第406条dから第406条hの定める被害者の（防御的）情報権、保護の諸権利を認め、もって、被害者保護の利益と少年刑法の要請、特に、教育主義の間に適切な均衡をとろうとしたのであった[43]。これに対して、連邦参議院は、刑事訴訟法第395条第1項と比べると限定された範囲ではあるが、被害者の公訴参加を許容し、但し、教育的理由がある場合に限って、少年裁判官は公訴参加を許さないことができるとしていたのである[44]。連邦衆議院は、参考人意見聴聞会を開催したが、専門家の間の意見の一致が見られず、そこでは、かえって、公訴参加に伴う攻撃的権

---

[41] *Höynck, Th.*, Stärkung der Opferrolle im Jugendstrafverfahren?, ZJJ 2005, 34-41, 39 f.
[42] Zweites Gesetz zur Modernisierung der Justiz (BGBl I 2006 S. 3416ff. vom 30. Dezember 2006).
[43] Gesetzentwurf der Bundesregierung, BT-Drs. 16/3038 (19. 10. 2006), S. 20 und S. 65f.
[44] Stellungnahme des Bundesrates, BR-Drs. 550/06 (Beschluss) (22. 09. 06), Ziffer 13.

利と教育思想の間の緊張関係が浮き彫りになった。連邦衆議院は，この緊張関係を，成立した少年裁判所法第80条第3項の形で，つまり，公訴参加を被害者の重い損害を伴う重罪に限定することによって解決しようとした[45]。しかし，それは仮象の解決にすぎない。というのも，教育的理由からの公訴参加の制限規定が設けられておらず，被害者「利益」が優先されていることは覆いようもないからである[46]。責任調整思想で導かれる一般刑法とは異なり，特別予防，つまり，「行為者指向」の少年刑事手続きにおいては，一方で，協調的―問題解決的手法がとられ，他方で，法治国の形式性が遵守されるという，その間の均衡が図られねばならないが，公訴参加人及びその代理人がいかなる役割を果たしうるのか，そして，果たすべきかという未解決の問題が生ずるのである[47]。

III　オーストリア改正刑事訴訟法における被害者の地位

オーストリアの刑事続きにおける被害者の地位の改善は，1987年の「刑法改正法[48]」，1993年の「刑事訴訟改正法[49]」から始まった。これらの立法は，刑事手続きによる第2次被害を避けるべく，証人としての被害者保護を図ったものである。1999年の「刑事訴訟改正法[50]」は，成人犯罪者に対するダイヴァージョンの導入，及び，精神的外傷を蒙った被害者の私立被害者援助団体による裁判所付き添いに対する国庫補助を導入した。その後，欧州連合の2001年「刑事手続きにおける被害者の地位に関する大綱決議[51]」，性暴力，家庭内暴力の被害者としての子供，女性の世話と取り組んできた「白い環

45　Beschlussempfehlung und Bericht des Rechtsausschusses (6. Ausschuss), BT-Drs. 16/3640 (29. 11. 2006), S. 48.
46　*Stuppi, F.*, Die Änderungen des Jugendgerichtsgesetzes durch das 2. Gesetz zur Modernisierung der Justiz, ZJJ 1/2007, 18-31, 19.
47　*Höynck, Th.*, Zu den Ausweitungen der Opferrechte im JGG durch das 2. JuMoG, ZJJ 1/2007, 76-78, 77; Gesetzentwurf der Bundesregierung, (Fn. 33), S. 65.
48　Strafrechtsänderungsgesetz BGBl 1987/605.
49　Strafprozessänderungsgesetz BGBl 1993/526.
50　Strafprozessnovelle 1999 BGBl I 1999/55.
51　Rahmenbeschluss des Rates der EU vom 15. 3. 2001 über die Stellung des Opfers im Strafverfahren (201/220/JI.).

（Weisser Ring）」（1989年創立）等の被害者支援団体のロビー活動を背景として，オーストリアの刑事訴訟法全面改正作業が進行し[52]，被害者の訴訟当事者として地位を認める等の規定を盛り込んだ「刑事訴訟改正法」が2004年3月23日に可決成立[53]したことをもってその一応の完成を見た。その全面的施行は2008年1月1日であるが，被害者の権利等の一部の規定は既に2006年1月1日に施行されている[54]。

(1) **被害者と私人参加人の概念**　　オーストリア改正刑事訴訟法第10条［被害者の参加］の一般条項は，従前のオーストリア刑事訴訟法で用いられていた，完全に民事財産法上の概念である被害者（Verletzter od. Geschädigter）に代えて，犯罪被害を蒙った人の精神的損害を含む全体状況を際立たせ，刑事不法であることを明確にする新たな被害者概念（Opfer）を使用している[55]。

第10条［被害者の参加］
(1) 犯罪被害者は，第4章の規定にしたがい，刑事手続きに参加する権利を有する。
(2) 刑事警察，検察官及び裁判所は，犯罪被害者の権利及び利益に適切な考慮を払い，被害者のすべての者に，手続きにおけるその重要な権利に関して，並びに，補償又は援助を得る可能性に関して情報提供をする義務を負う。
(3) 刑事手続きに関与する官庁，施設及び人はすべて，被害者に，手続き中，その人の尊厳に敬意を払った対処をし，その一身専属的生活領域を守る利益を顧慮しなければならない。このことは，特に，それほど狭くはない一定範囲の人々の中で人物確認を可能とする写真の回付，説明書の通知に妥当する。但し，これが刑事司法の目的によって命令されるときはこの限りでない。検察官及び裁判所は，手続きの終結に関する決定をす

---

[52] *Jesionek, U.*, Opferschutz in Österreich im Lichte der aktuellen gesetzlichen Änderungen, Der österreichische Amtsvormund 2006, 181-192, 182 u. 183; *Höynck, Th. u. U. Jesionek*, (Fn. 29), 91.
[53] Strafprozeßreformgesetz BGBl 2004/19 (öStPRG)
[54] StPONovelle BGBl I 2005/119 (Nov 2005).
[55] *Jesionek, U.*, (Fn. 5), 186; *ders.*, Das Verbrechensopfer im künftigen österreichischen Strafprozessrecht, in: Festschrift für Manfred Burgstaller, 2004, S. 253-264, 254.; *Höynck, Th. u. U. Jesionek*, (Fn. 5), 91 u. 96. ドイツ刑事訴訟法では，犯罪者―被害者―和解に関する規定において「Opfer」という言葉が使用されているが，それ以外の箇所では，「Verletzter」という言葉が使用され，しかも，その詳細な定義が為されていない。

るに当たって，常に，被害者の恢復利益を調査し，その促進の最大限の努力をしなければならない。

改正刑事訴訟法は，基本的に，被害者（Opfer）と私人参加人（Privatbeteiligter）を区別している（刑訴法第65条）。前者には，故意の犯罪行為により暴力又は危険な脅迫にさらされたか，性的不可侵性の点で侵害されたかもしれない者（1号a），犯罪行為によって死を惹起されたかもしれない者の配偶者，生活伴侶，直系親族，兄弟姉妹，又は，犯罪の証人だったその他の親族（1号b），犯罪行為によって損害を蒙ったか，その他刑法で保護される法益の点で侵害されたかもしれない者（1号c）が属する。後者には，蒙った損害又は蒙った侵害に対する賠償を求めるために，手続きに参加する被害者が属する。この定義規定は，必ずしも民事法上の賠償請求権を行使に関心がないが，しかし，情報や手続き参加に関心のある被害者の一般的利益を考慮している。刑事手続きにおける被害者の主体的地位が損害賠償請求から切り離されているのである。

(2) **被害者の権利**　改正刑事訴訟法第66条第1項1号から8号は，被害者に，私人参加人としての地位とは関係なく，次の権利を認めている[56]。

1　代理してもらうこと，
2　記録を閲覧すること，
3　尋問前に,訴訟対象と自己の重要な権利についての情報を与えられること，
4　手続の進行について知らされること，
5　翻訳援助を得ること，
6　証人及び被告人の反対尋問，鑑定調べ及び現場検証に参加すること，
7　公判中在廷し，被告人，証人及び鑑定人に質問し，自己の請求権について聞いてもらうこと，
8　検察官が打ち切った手続の続行を要求すること。

改正刑事訴訟法第66条第2項は，性犯罪，暴力犯罪の被害者，殺された者の親族，犯罪の証人だった者に，心理社会的観点及び法律的観点からの手続

---

[56] *Höynck, Th. u. U. Jesionek*, (Fn. 52), 97. ドイツ刑事訴訟では，公訴参加人，付帯訴訟の申立人及び私人起訴人という特別の役割を果たす被害者とは異なり，そうでない被害者には刑事手続きにおける正式の参加権は認められていない。刑事訴訟法第406条d以下の定めるいわゆる一般的被害者権利として，情報を得る権利，弁護士や信頼する人による補佐を得る権利が認められるにすぎない。

き付き添い権を認めている。心理社会的付き添いは，本人の手続き及びこれに伴う感情的負担への準備，捜査及び公判手続きにおける尋問への付き添いを包含し，法律的手続き付き添いは弁護士による法的助言及び代理を包含する。

改正刑事訴訟法第67条は私人参加（Privatbeteiligung）に関する規定である。「被害者は，犯罪行為によって蒙った損害又は刑法上保護されている法益の侵害のために補償を要求する権利を有する。損害又は侵害の程度は，刑事手続きの結果又はさらに簡単に調べることで可能である限り，職権で認定されねばならない。傷害又は健康毀損を判断するために鑑定人が任命されるとき，痛みの期間の認定も命じなければならない。」（刑訴法第67条第1項）。被害者は申し出により私人参加人となる。私人参加人は，手続きに参加して，賠償又は補償請求権を基礎づける権利を有する（刑訴法第67条第2項）。改正刑事訴訟法第67条第2項1号から5号は，私人参加人が，．改正刑事訴訟法第66条の定める「被害者の権利を超えて」，さらに，次の権利を有することを定める。

1　証拠調べ請求権，
2　検察官が起訴を取り消す場合には，起訴を維持する権利，
3　裁判所による手続打ち切りに対する不服申し立て権，
4　公判に召喚され，検察官の最終論告の後で自己の請求権を詳述し，基礎づけるための機会を与えられる権利，
5　私法上の請求権のために控訴する権利。

法律的観点からの手続き付き添い（刑訴法第66条第2項）が認められていない限り，私人参加人には弁護士の無償付き添いが認められる。但し，司法のための，特に，私人参加人の請求権行使を実現するための弁護士による代理が，後の民事訴訟を避けるために必用であり，しかも，私人参加人が，必要な扶養経費を削減することなしには弁護士費用を負担できない場合に限られる（刑訴法第67条第7項）。

裁判所は，公判手続きにおいていつでも私法上の請求権に関する和解を調書にとらなければならない。裁判所は，被告人と私人参加人を申し立て又は職権により和解の試みに召喚できる（刑訴法第69条第2項[57]）。

(3)　私人起訴　　オーストリア改正刑事訴訟は，旧法と同じく，ドイツ刑

訴法の私人起訴（Privatklage）に相当する私人起訴（Privatanklage）を維持している。

　第71条［私人起訴人］
　（1）　被害者の請求に基づいてのみ訴追されうる可罰的行為は法律が定める。公判は，これらの場合，私人起訴人の起訴又はこの者の第445条の定める財産法上の命令発付を求める独立の申し立てに基づき，遂行される。捜査手続きは行われない。
　（2）～（4）　省略。
　（5）　私人起訴人は基本的に検察官と同じ権利を有する。しかし，私人起訴人による強制処分の申し立ては，証拠又は財産法上の命令保全に必要な限りでしか認められない。私人起訴人には，被疑者の逮捕又は勾留の開始，継続を申し立てる権利は認められない。
　（6）　省略。
　第72条［補充起訴人］
　（1）　私人参加人は，検察官が訴追を取り消すとき，訴追を補充起訴人として維持する権利を有する。私人参加人は，訴追を維持する申し出により，補充起訴人となる。被害者は，事前にこれに関して，私人参加人として手続きに協働する申し出をしなければならない。
　（2）～（4）　省略。

　実体刑法に「被害者又はその他の関係者の請求に基づいてのみ訴追されうる」犯罪が「私人起訴犯罪」と呼ばれる。私人起訴犯罪に対して，私人起訴が許される（刑訴法第4条第1項2文）。私人起訴犯罪の本質は，その保護法益が専ら又は圧倒的に被害者の私的領域にあり，それ故，職権起訴犯罪とは異なり，刑事訴追をするほどの特別の公的利益が認められないというところにある[58]。

---

[57]　この規定には疑問が提起されている。弁護士に代理してもらわない当事者間の交渉は問題を残す。場合によって後になって生ずるが，しかし，まだ予見できない損害に対する対処がまずい。近時の裁判外行為和解でよく生じていることだが，被害者が他の請求権をすべて放棄し，後に，後精神的外傷が生じても，治療費請求権が失われていることが多いと。*Jesionek, U.*, (Fn. 52), 187; *ders.*, Die Entwicklung der Opferrechte im österreichischen Strafprozessrecht, in: Festschrift für Roland Miklau, 2006, S. 211-227, 225.
[58]　*Eder-Rieder, M. A.*, Der Opferschutz, 1998, S. 93-94; *Janotta, K. E.*, Stand und Perspektiven des österreichischen Privatanklageverfahrens, ÖJZ 1988, 326-337, 326.

私人起訴の対象犯罪は次の通りである。専断的治療行為（刑法第110条），名誉に対する可罰的行為（刑法第111条～第117条，但し，第117条第2項の「授権犯罪」は除く。），信書の秘密の侵害及び信書の隠蔽（刑法第118条），通信の秘密の侵害（刑法第119条），職業上の秘密の侵害（刑法第121条），業務又は営業の秘密の侵害・探知（刑法第122条，123条），信用毀損（刑法第152条），器物損壊，窃盗等の家族内での遂行（刑法第166条），婚姻の欺罔及び婚姻の強要（刑法第193条）等。18歳未満の少年による犯罪については，私人起訴は許されない。

(4) **議論**　オーストリア改正刑事訴訟法は，旧法下において独自の訴訟上の地位を認められない証人にすぎなかった被害者に，様々な権利を有する訴訟主体（Prozeßsubjekt）としての地位を認めている。しかも，私人参加人として参加していない被害者にも訴訟主体の地位が認められているのである。そこから，立法者が，刑法の伝統的目的である特別予防，一般予防と並んで，被害者の心理社会的必要事の修復を重視していることが分かる[59]。このことから，オーストリア刑事法（Strafrecht）が一般的犯罪法（Kriminalrecht）へとその性格を変えたことが指摘される[60]。

オーストリアの刑事手続きは，自由主義の当事者主義と高権的職権審理主義の混合形態をとっているのであるが[61]，オーストリア改正刑事訴訟法は，ドイツ刑事訴訟法に見られる「公訴参加」の制度を導入することはなかった。それは次のような理由による。被害者に検察官の権利に匹敵する権利を認めるなら，被告人は複数の訴追官，したがって，複数の手続き上の「敵」と対峙することになる。そうすると，どっちみち著しい心理的緊張を強いる審理に加えて，審理環境に不都合な感情の高ぶりが生ずることが指摘される。さらに，刑事手続きにおける被害者利益の多層性・相違性及び実に様々な犯罪者―被害者関係に鑑み，被告人に対する敵対的訴追の役割を果たすように被害者を駆り立てることは不適切であり，少なくとも，事柄を単純化しすぎていることも指摘される[62]。

---

[59]　*Jesionek, U.,* (Fn. 10), S. 222.
[60]　*Jesionek, U.,* Die Wiederentdeckung des Verbrechensopfers, juridikum 2005, S. 171-173. 173.
[61]　*Moos, R.,* Die Reform der Hauptverhandlung, l. Teil, ÖJZ 2003, 321-332, 324.
[62]　*Miklau, R.,* Rechtspolitische Anmerkungen zur Stellung des Opfers im

さらに，オーストリア改正刑事訴訟法は，被害者に，罪責問題（特に，無罪判決の場合が問題となる）やそれどころか量刑問題に関する上訴権を認めていない。それは，検察官が上訴をする理由が無い又は勝訴する見込みがないと判断しているときに，被害者の上訴権を認めることは，被告人に耐えられない状況をもたらすことになること，さらに，被害者にも，費用を負担する危険を負わせることになるからである。被害者は自ら尋問することは許されないし，論告求刑の権利も有していない。もっとも，被害者に証拠調べ請求権が認められることがあるが（刑訴法第67条第2項1号），それは，ドイツ刑事訴訟法の定める付帯訴訟（Adhäsionsverfahren）に相当する制度であって，民事法上の請求権を刑事手続きで主張する私人参加において認められるにすぎない。すなわち，犯罪事実認定と損害の種類と損害額の認定に重要である限りで，証拠調べ請求権が認められるのである。又，検察官の打ち切った捜査手続きの続行を裁判所に申し立てる権利（刑訴法第66条第1項8号）が認められているが，これは捜査手続きの性急な終結の是非を検証させるべきことがその理由とされる[63]。

　私人起訴については，ドイツにおけるのと同じく，正当にも，廃止論が有力に主張されている。私人起訴の対象犯罪については，刑罰に頼らない紛争処理が望ましい。これらの犯罪は，多くの場合，私的関係の中で生じ，しかも，不法内容が低いからである。刑事訴追をする公共の利益が無いのに，国の刑罰要求が肯定される。しかし，公の訴追要求が無いとき，公の処罰要求も存在しない，そうすると，公の刑罰も存在しないはずである。私人起訴犯罪にはその犯罪としての性格が欠如しているのであるから，それに見合った和解手続きを整備したほうが良い。和解官庁において，当事者間の話し合いで事件の処理がされる。和解が成立しないとき，事件は区裁判所に移され，罪責認定の後，被害者のための非刑罰的満足措置又は公共施設のための過料支払いが言い渡される。自由刑の宣告は避けられる。私人間の些細な原因か

Strafverfahren, in: Festschrift für Manfred Burgstaller, 2004, S. 293-306, 301f.; *Moos, R.*, (Fn. 28), S. 131; *Hilf, M.*, Opferinteressen im Strafverfahren. Neuere Kriminalpolitische und gesetzgeberische Entwicklungen in Österreich, in: Festschrift für Hans-Dieter Schwind, 2006, S. 57-71, 71.
[63] *Miklau, R.*, (Fn. 15), S. 302.

ら起こった出来事を犯罪とすることは，法に誠実な市民を前科者にすることになり，刑罰目的に反する。なぜなら，応報利益に最大の余地が残され，処罰が訴追者の気分に委ねられるからである。さらに，私人起訴は，その遂行に必用とされる知識及び費用の点で，社会的に恵まれない者には利用しづらいこと，裁判所の負担軽減にも繋がらないことが指摘されるのである[64]。

Ⅳ 終わりに

形式的当事者主義からすると，公訴提起は，民事訴訟との対比から，実体刑法から生ずる検察官のいわゆる「刑罰請求権」の行使ということになる。そうすると，構成要件，違法性及び責任という犯罪成立要件の充足が刑罰請求権を基礎づけ，給付判決としての有罪判決により刑罰が宣告されるということになろう。しかし，これは皮相な当事者主義的見解である。似ているということは必ずしも同じということを意味しないのである。刑事手続きにおいては，実質的法治国の観点からの制限付きの客観的真実の発見（中間目的），これを通した実体刑法の目的の実現，つまり，法的平和の恢復（最終目的）が問題となるのである。このために,国の権力が裁判官と検察官に分割され，さらに，必要に応じて，弁護人が関与するのである。刑罰の宣告，執行は社会的形成行為とも言うべきものである。刑罰において，検察官を満足させることが問題となっているのではない。いわんや，刑罰において，被害者を満足させることが問題となっているのではなく，したがって，又，被害者の満足利益のために，被害者に刑事手続きに直接参加する権利が認められるのは当然だということにもならないのである[65]。

---

[64] Moos, R., Grundstrukturen einer neuen Strafprozeßordnung, in: Verhandlungen des neunten österreichischen Juristentages Wien, 1985, Ⅱ/3 Abteilung Strafrecht, S. 53-148, 74-76, 89-91. 私人起訴犯罪中，その重さ，危険性，特別の非難から刑事訴追の必要な犯罪は職権起訴犯罪に格上げする一方，軽微な不法侵害しかない構成要件は刑法から削除し民事法，行政法に任せるべき，つまり，私人起訴を廃止するべきと論ずる者に，Fuchs, H., Die strafprozessuale Stellung des Verbrechensopfers und die Durchsetzung seiner Ersatzansprüche im Strafverfahren. Verhandlungen des dreizehnten österreichischen Juristentages Salzburg 1997, Ⅳ/1, Abteilung Strafrecht, S. 110.
[65] 参照，吉田敏雄『法的平和の恢復―応報・威嚇刑法から修復的正義指向の犯罪法へ』

被害者の刑事手続き参加権が強化されるのに伴うその弊害を無視してはならない。刑事裁判（判決）の客観性が，被害者の権利行使の有無，その懲罰（復讐・応報）指向の有無・強度によって左右される危険性が高まるのである。したがって，被害者の刑事手続き参加権利の内容が，被告人の，適正な期間内に独立且つ中立の裁判所による公正な裁判を受ける権利を侵害するようなものであってはならない[66]。被告人は，自己に追りくる有罪判決そして刑罰の宣告に対してあらゆる正当な手段を用いて防御できなければならないのである。

刑事手続きにおける被害者の法的地位を真剣に考慮するなら，その先決問題は，被害者の必要事，利益が何であり，しかも，それが犯罪司法システム内において実現されるべき正当性を有しているのか，したがって，正当な権利として創設しうるのかを検証することにある。被害者又はその支援者の視点からはもっともといえる主張であっても，それが刑事司法したがって刑事手続きの基本原則と矛盾するなら，少なくとも刑事手続きにおいては不当な主張として譲歩を迫られざるをえないのである。いやしくも被害者のための権利が被告人の権利を犠牲にして創設されてはならない。被害者の権利創設・拡大の根拠として，（推定上の）犯罪者と（推定上の）被害者は，対等に扱われ，対等の権利を認められねばならないといわれることがある。これは皮相な見解であるといわざるをえない。刑事手続きにおいて，検察官は被告人の有罪立証に向けて全力を尽くす。有罪判決が下されると，被告人はその生命，自由又は財産を失いかねない。被告人は，防御権を行使して，これに対抗する。ここには，被告人と被害者が対等の関係に立つ（べき）か否かというようなことはおよそ問題とならない。しかも，刑事手続き自体が，被告人が真実犯人であり，推定上の被害者が真実被害者であることを認定する手段でもある[67]。

被害者には，刑事手続きにおいて精神的外傷を蒙ることがあるし，期待に反して事実が明らかにならなかったことで満足利益が得られなかったという

2005年（成文堂）190頁以下。
[66] *Jesionek, U.,* (Fn. 55), S. 254; *Höynck, Th., u. U. Jesionek,* (Fn. 29), S. 102.
[67] *Miklau, R.,* (Fn. 62), S. 301.

ことがある。しかし，そのことで，刑事手続きにおいて，定義上，被害者に法的害悪が科せられたということにはならない。被害者には，私人参加や付帯訴訟で損害恢復が実現することはあっても，法的不利益が生ずることはない。簡単に言うと，被告人には失うか否かが問題となり，被害者には場合によって得るか否かだけが問題となる。したがって，刑事手続き上の対等関係というようなことは初めから問題とならない。被害者には，その正当な利益，必要事に応じて，きめ細かく検討したうえで，具体的権利の創設を認めるべきなのである。「この根本思想は，本来，自明の理のはずだが，しかし，──『被害支援者』と他でもなく刑法の領域で大衆迎合主義の傾きのある政策の間の気分が結びつき，膨らみつつある現状に鑑み──明確に述べておかねばならない[68]」。

およそ被害者一般というのは存在せず，個別の被害者の利益，必要事が問題となり，しかもそれは多様である[69]。諸外国の実証研究によれば，被害者の告訴の動機は，後に犯人の処罰を求めてのことではなく，緊急の援助を求めてのことであることが多いのである。又，公判時点において，被害者の多くが有罪判決ないし処罰を望んでいるというものでもない[70]。そして，そもそも，民主主義・自由主義・社会連帯主義体制の下での刑法においては，刑罰は復讐・応報の要素を有してはいけないのである[71]。

公判廷において，被害者に被告人質問権，論告求刑権等の積極的権利を認めることは，被告人の一層の烙印付けのみならず，被害者の第2次被害を招きかねない。しかも，本来，構成要件該当性，不法，責任といった合理的基準によって導かれるべき量刑が復讐・応報的，懲罰的感情によって誤導される危険が生ずる。被害者には，公判廷において自己の被害体験を陳述するのはともかく，量刑に関する意見を述べたり，裁判官に量刑勧告をする権利は認められるべきでない[72]。

[68] *Miklau, R.*, (Fn. 62), 301.
[69] *Kilchling, M.*, Empirische Erkenntnisse aus Kriminologie und Vuktimologie zur Lage von Opfern, DVJJ-Journal, 2002, 14-23.
[70] *Miklau, R.*, Die Stellung des Verletzten im Strafverfahren, in: Gesamtreform des Strafverfahrens. Internationales Christian-Brodas-Symposion 1986, 1986, S. 67-75, 67.
[71] 吉田敏雄・前掲書（注65）。
[72] *Aertsen, I. and K. Beyens*, Restorative Justice and the Morality of Law: A Reply to

IV 終わりに

　犯罪者を処罰することによって，被害者の傷を癒すことができるという命題は，実証的裏づけに欠けている。被害者の保護・救済を真剣に考えるなら，公判廷において被害者と被告人を対決させるという方向ではなく，むしろ，別の道を選ぶべきである[73]。できるだけ，その他の手段，例えば，行為者―被害者―和解という建設的手段によって，被害者の利益が図られるべきであり，それを通して，法的平和が回復されるべきである。ここにおいて，被害者利益に考慮を払うことが刑事手続きにおける犯罪に対するいっそうの人道的解決を可能にすることになる。社会現象としての犯罪から生ずる問題を処理するために，社会は被害者にも犯罪者にも等しく責務を負うのである[74]。

　最後に，日本政府の国会に提出した「犯罪被害者等の権利利益の保護を図るための刑事訴訟等の一部を改正する法律案」（以下，「本法案」）の「被害者参加」の問題点を指摘しておきたい[75]。

　被害者にとっての問題点。本法案は，被害者（以下，その遺族を含む）自ら，直接に，被告人質問をしたり，証人尋問をすることを認めているのみならず，現行の心情等の意見陳述に加えて，事実又は法律適用に関する意見陳述（弁論としての意見陳述。いわゆる被害者「論告・求刑」）の制度を設けた。これによって，

Brochu, in: *Gales, E., Foque, R. and T. Peters* (edit.), Punishment, Rstorative Justice and the Morality of Law, 2005, pp. 101-117, 115 f.; *Cornwell, D. J.*, Criminal Punishment and Restorative Justice, 2006, p. 92. 応報と復讐は別物であり，厳格に区別されるべきであるとの立場からでも，次のように論じられる。「復讐というのは正義と何の関係も無い。復讐は，被害者が自分の蒙ったのと同じ苦痛を与えたいという願望でしかない。もし法制度が，被害者に被告人に科せられる刑罰を選択することを可能にするなら，それは憎しみに支配される制度ということになろう。きわめて重要なことは，そういった野蛮と応報の原理を適切に適用することに違いのあることが理解され，認識されるべきだということである。」 *Lord Justice Laws*, The Future of Sentencing: a Perspective from the Judiciary, in: *Sedgwick, P.* (edit.), Rethinking Sentencing. A Contribution to the debate, 2004, pp. 64-67, 66. 復讐を果たすことで，怒りの気持ちが鎮まるものでもない。*Selby, P.*, Restorative Justice in a Money Culture: Overcoming the Obstacles to a Restorative Rationality, in: *Sedgwick, P.*, (Fn. 8), pp. 68-76, 70.
73 *Kunz, K.-L.*, Zu den Problemen einer opfergerechten Ausübung des Strafanspruchs und zur Suche nach Auswegen, in: Festschrift für Manfred Birgstaller, 2004, S. 541-552, 548 ff.
74 Miklau, R., (Fn. 6),74.
75 参照，堀江慎司「刑事手続上の被害者関連施策について―刑事裁判への『直接関与』の制度を中心に」『法律時報』第79巻第5号（2007年）77頁以下。岩田研二郎「刑事訴訟における被害者参加制度の問題点―法制審議会刑事法部会の審議を中心に」『法律時報』第79巻第5号（2007年）84頁以下。

被害者の精神浄化作用効果が期待されているのかもしれない。しかし，被告人が，被告人質問に黙秘を貫き通すこともあろうし，被告人との間で言い争いが生ずることもあろう。いずれにせよ，被害者は被告人から満足のいく返答が得られない。しかも，被害者の「論告・求刑」に沿う刑の宣告が為されないこともあろう。これらの場合，被害者に「落胆効果」が生じ，そこから生ずる第2次被害は計り知れないであろう。

　被害者の中には，事件の真相を知りたいし，被告人の謝罪を望むが，公判審理に参加したくない者もいよう。おそらく，こういう被害者が多数を占めるであろう。しかし，「法廷で発言する（べき）被害者像」が大衆媒体機関を通して定着すると，被害者は皆公判審理に出席することが期待されることになろう。そうなると，静かにしておいてもらいたい被害者はつらい立場に立たされよう。被害者の中で法廷出席をめぐって意見が割れた場合，いっそう深刻な事態が生じよう。本法案は，いわゆる「強い被害者」定型だけを対象として，大多数のいわゆる「弱い被害者」を放置しているのである。

　被告人にとっての問題点。被害者は，被告人自身から，なぜ自分が被害者とならねばならなかったのかや，被告人の心境などを知りたいし，憎悪・怒りの感情をぶつけたいし，被告人の説明に反論もしたい。これを制度的に保障したのが被害者の「被告人質問」である。しかし，これは，場合によって，被告人の「黙秘権」行使を制約することに繋がりかねず，被告人の権利行使に対する萎縮効果を生じさせよう。あるいは，被告人は，逆に，押し黙るかもしれない。いずれにせよ，公判審理における「敵対状況」の中で，被告人が率直に自分の「心情」を吐露し，真摯に「悔悟」するとは到底思われない。

　それどころか，被告人は，検察官と「被害者参加人」と常時対決することから，実際上，2人の訴追官と対峙していると感ずるだろう。そうすると，被告人は，重罰を宣告された場合，それは被害者のせいだと感ずるだろうし，被害者に報復感情を抱きかねない（連鎖的報復感情）。それは，被害者にとって望ましいことではないのみならず，被告人自身の社会化にも大きな負因となるのである。

　刑事司法にとっての問題点。本法案は，被害者に証人尋問，被告人質問を認めることによって，公判審理に間断なく「私的感情」が流れ込むことを可

Ⅳ 終わりに

能にしている。それのみならず，本法案は，被害者の「論告・求刑」を認めている。なるほど，現行の「心情等の意見陳述」と異なり，それ自体を量刑資料とすることは許されていない。それは検察官による論告・求刑と同じように扱われるのである。しかし，このような屋上屋を架する制度の正当性根拠は見当たらない。検察官には，証明された事実に基づき，公益の観点から論告・求刑することが期待されている。証拠状況の全体を把握しているわけでもない被害者に，このようなことを期待するのは無理であり，仮に，期待できるとしても，重ねて同じ事を繰り返す必要性も無い。おそらく，この制度に期待される機能は，検察官による「公益観点」からの「厳罰要求」が，被害者の「生の怒り・憎悪感情，応報・報復・復讐感情」によって補強されるということであろう。「被害者が(も)厳罰を望んでいる」。これは確実に「感情刑法」への第一歩である。確かに，被害者の発言は厳格な制約の下にある。したがって，これは杞憂に終わるという反論があるかもしれない。それならば，逆に，なぜ，被害者の生の感情をぶつけられないような制度が必要なのか，その存在根拠が問われることになろう。

　結局，本法案は，本法案作成者が，大衆迎合的刑事政策を推進する上で，犯罪被害者を利用したという謗りを免れないであろう。裁判員制度との関係で言えば，被害者参加制度は，裁判員が被告人側の情状証人に共感することを阻止する上での必要不可欠の手段と位置づけられることになろう。とどのつまり，被害者も被告人も救われず，ただ，厳罰化だけが粛々と実現することになろう。少なくとも，その傾向を押しとどめることは期待されてはいない。本法案の「被害者参加」制度を，現行の当事者主義から逸脱していないという法形式論理だけで正当化することは到底できない。

　被害者，その遺族にとってもっとも必要なことは，情報提供，損害賠償，慰謝料，心理的・精神的支援，経済的支援，そして安全感を抱ける生活支援である。刑事裁判への「被害者参加」を急ぐ必要性があるとは到底思えない。「被害者参加」のあり方については，なお議論が尽くされていないのである[76]。最後に，社会・経済政策の貧困を刑事政策で補う「社会・経済政策の

---

[76] 公訴参加制度をとらないアメリカ合州国における「被害者(遺族)衝撃陳述」についても，次のような問題点が指摘されている。「被害者(遺族)衝撃陳述」の問題性が先鋭

刑事政策化現象」が肥大しているように見受けられる今日，被害者保護・救済政策の犯罪法上の意義・位置づけを考究するに当たって，その社会・政治・経済的視点からの検討も不可欠であることを指摘して，ひとまず本稿を閉じる[77]。

化するのは，法定刑に死刑の定めのある謀殺罪の場合である。「被害者（遺族）陳述」が裁判官，陪審員の量刑判断において死刑の方向へ決定的影響を与えているという調査結果は無いようである。そうすると，「被害者（遺族）衝撃陳述」の「精神浄化作用」，つまり，「治療効果」も怪しくなる。なぜなら，被害者遺族は厳罰による「治療効果」をもてなくなるからである。そのことは，むしろ，被害者遺族に破壊的効果をもたらすことに繋がる。死刑ではなく，終身刑の宣告によって，被害者遺族は恥辱感を抱きかねない。そもそも，「被害者（遺族）衝撃陳述」が被告人によって被害者の「性格」等について反駁されることにでもなれば，それによる恥辱感も相当なものである。さらに，被害者遺族の間に，死刑の適用をめぐり，賛否両論に分かれると，各被害者遺族に精神的葛藤，特に，死刑反対の者のそれは不可避である。さらに裁判所によっては，死刑の適用に反対の被害者遺族には，法廷侮辱罪をもって，その意見を陳述させないところもあるとか，又，死刑に反対の被害者遺族には法廷にその座席を用意しない検察官もいるとの報告もある。いっそう悪いことに，「被害者（遺族）衝撃陳述」が，個々の被害者（遺族）を配慮するというよりは，懲罰的「法と秩序」，「復讐の帰還」を促進するために利用されている。つまり，こういうことである，「被害者（遺族）衝撃陳述」の象徴的効果は巨大である。国が国の目的だけのために死刑を執行することに，不愉快な気持ちを抱く市民は多い。しかし，これよりも，死刑執行者を，殺人の被害者遺族の個人的使用人として思い浮かべることのほうがいっそう安らぎを与えると。*Acker, J. R.*, Hearing the victim's voice amidst the cry for capital punishment, in: *Sullivan, D. and T. Larry* (edit.), Handbook of Restorative Justice. A Global Perspective, 2006, pp. 246-260, 253-254. 吉田敏雄『犯罪司法における修復的正義』2006年（成文堂）21頁-27頁，45頁-58頁。

[77] 思えば，今からおよそ20年も前に，被害者支援運動のいっそうの充実が望まれるのであるが，しかし，アメリカ合州国，カナダその他の国の現状を見ると，他面で，その危険性もますます明らかになってきていること，それを放置することによって，被害者支援運動が政治的目的のためにつけ込まれることが指摘されていたのである。*Fattah, E. A.*, Prologue: On Some Visible and Hidden Dangers of Victim Movements, in: *Fattah, E. A.* (edit.), From Crime to Victim Policy, 1986, 1-14. この指摘は今日の日本社会にも基本的に妥当する。その危険性とは次のようなものである。

第1は，犯罪者たたきの危険である。被害者の必要事の重視，被害者関係的刑事手続きへの動きが「法と秩序」と密接に連動し，厳しい刑事政策と連動している。被害者支援者の要求は，被害者の権利憲章の制定にとどまらず，厳罰方向へと走っている。かくして，被害者の貴重な主張が抑圧された復讐欲求を爆発させる口実に利用されたり，犯罪者に対する攻撃を活性化する言い訳として利用される。かくして，被害者支援運動が犯罪者たたきに転換し，不断の努力の払われてきた刑事政策と刑事司法システムの人道化が逆転させられる。

第2は，社会統制網の拡大の危険である。ダイヴァージョンとか社会奉仕命令に見られるように，如何にそれが善意に担われて開始されても，公的社会統制網の拡大が生ずるように，被害者支援にもそのような現象が見られる。例えば，被害者証人の保護政策は，被害者に協調できる雰囲気を作り，訴訟への参加を可能にするという代わりに，公的機関の

必要事・視点と効果的犯罪統制に組み込まれる道を開くように見える。さらに，被害者が政治的目的のために利用され，日和見主義的政治家や刑事司法実務家のための道具として役立つ。主たる目的が別にあって，間接的にしか被害者支援をしない被害者支援団体が数多くある。これらの団体は，被害者の必要事を調査したり，それに関心を払ったりしない。選挙目当てのためにこういった団体が設立されることが多い。

　第3は，根源に迫ることなく，うわべだけの措置にとどまる危険である。被害者支援運動は，注意をそらし，人的・物的資源を効果的犯罪統制と見込みのある犯罪予防戦略に使えないようにしている。被害者支援が，専ら，被害者化の結果を除去することだけにその関心を集中している。しかも，被害者支援運動は，応報的刑事司法を支持することによって，懲罰政策の実現にかかる費用を増大させ，犯罪予防効果を犠牲にしている。犯罪の根源に迫る政策をとることが阻害される。国の被害者支援政策は，犯罪減少を目指すといいつつ，実際には逆効果しか生み出していない。

　第4は，伝統的犯罪が強調されすぎることによって，その他の重大な社会的害悪を惹起する行動が無視される危険。直接の，目に見える被害者のいる犯罪，例えば，殺人，強姦，強盗といった伝統的犯罪に焦点が合わされすぎ，その他の，社会に大きな害悪を及ぼす行為，それが犯罪である場合もそうでない場合もあるが，例えば，環境破壊行為，企業の不正・犯罪行為，人種差別行為，国によるテロ行為，政治・経済権力者の濫用行為が，その影響度において巨大であるにもかかわらず，真剣に対処されることが無い。

　第5は，犯罪への不安感を増大させ，被害にあう恐れを高める危険である。社会的支援・共感を得るために，被害者支援運動は，被害者になることの危険と結果，そして現実に被害を蒙った者の窮状を強調するが，このことが，犯罪への不安を増進し，被害にあう恐れを高める。このことは，特に，女性や年配者といった被害を受けやすいと思われている「弱者」にいえる。つまり，これらの者の潜在的被害者感覚が強まる。犯罪への不安感が強まるほど，自分も被害にあうのではないかと恐れて，現実に被害を蒙っている同胞市民を救済する意思が弱くなる。

　第6は，紛争を解決するよりはむしろ強める危険である。被害者の保護・救済が必要なことは誰も否定しない。しかし，そこには過大な干渉に通ずる危険がある。被害者支援運動は，反目する当事者を仲直りさせるというのではなく，その間の溝を広げ，紛争を解決するのではなく，増大させるのである。例えば，被害者支援団体によっては，家庭内暴力の被害女性が処罰の意味を持たないようなその夫との和解，示談に応じないように圧力をかけることがある。ここには，被害者の「最善の利益」ではなく，当該団体の「イデオロギー」が問題となっている。被害者支援運動の提唱するその刑事司法における被害者支援策にも同じことが言える。しかし，仮釈放決定の段階での発言権は，拘禁の不必要な長期化，社会復帰の遅延に繋がる。被害者衝撃供述は拘禁刑の増大，その代替手段の減少に繋がる。司法取引に被害者を関与させることは，司法手続きを遅延させ，今以上に手続きの効率を悪くする。

　第7は，被害者を烙印付けし，被害者定型像を作り上げる危険である。犯罪学の貼付手法論は，犯罪者を社会の敵と烙印付ける効果を明らかにしたが，しかし，被害者を，支援，配慮と共感を必要とする，弱く，傷つきやすい人と分類するのも，一種の貼付づけであり，それは，社会福祉の受益者が蒙る社会的烙印と共通性を有している。被害者の烙印付けを避けるためには，窮状ではなく，権利を，弱さでなく，強さを，傷つきやすさでなく，危険を強調したほうがよい。他方で，被害者の弱さ，傷つきやすさ，無力さ，窮状を強調することは，犯罪者を排斥する危険を伴う。捕食者と餌食，外部の者と内部の者といった対立関係を際立たせることによって，そして，害を与える者の罪と害を受ける者の無実，前者の邪悪さと後者の徳を誇張することによって，全体主義国に見られる「もっとも極端な分割形態」の実現が危惧される事態に陥る。犯罪者は人間以下であり，残酷，非人間的，

きわめて抑圧的措置の対象となるにふさわしい。
　第8は、社会的絆を弱め、社会福祉への依存性を強める危険である。社会福祉国は福祉に依存する者を大量に出したとして批判される。この批判の当否は別論としても、これらの受益者がその社会的責務を免れることによって、社会的絆が弱まった。他の市民もその社会的責務を免れる。被害者の支援は専ら国の問題と意識されることになる。支援を受ける被害者は、国の非人格的配慮の対象であり、「客」であり、「福祉の受益者」となる。被害者は「人」としてではなく、「数」として非人道的に扱われ、恥辱感にさいなまれることになる。
　第9は、被害者が自然に癒される過程を遅らせる危険である。一般に、過剰な注意、過剰な関心、過剰な配慮は、人を弱い、依存しがちな、恐れを抱く受身で、引きこもりやすくするものである。集中的そして／又は過剰な介入は自然の癒しの過程を遅らせかねない。犯罪被害から生じた苦痛、精神的外傷を引き伸ばし、犯罪状況と被害にあう危険についての過度の不安を引き起こし、現実の被害者、潜在的被害者の間にある不信を助長しかねない。
　最後に、第10は、満たされないあるいは満たされるはずのない期待を生じさせる危険である。被害者支援運動の高まりとともに、被害者の期待は膨らむが、しかし、それがいかに正当な期待であろうとも、現実には、完全に実現されることはない。賠償金を得られる事例はそれほど多くない。加えて、国の財政的状況から、被害者支援の潤沢な財政的裏づけは無理だからである。

第3章　「新たな懲罰性」の問題
―いっそう厳しい制裁に犯罪予防効果はあるのか―

I　序　論

　近時，ドイツの犯罪学においてもその他の国の犯罪学においても，次第に問題とされるようになってきたのは，人々の制裁に関する意識ないし公的統制・制裁機関の制裁行動がどの程度厳しくなってきたのかに関するものである。人々の制裁要求が，少なくとも，性犯罪者や（少年）暴力犯罪者といった特定の犯罪者群に対するそれが厳しくなったこと，特に，裁判所も，いっそう厳しくなった法律の背景もあって，いっそう長期の自由刑を科したり，執行緩和ないし仮釈放に関して今までよりも控えめな態度をとっているという調査結果の得られることが多い (vgl. Kury 1999; 2007; 2008; Kury u. Obergfell-Fuchs 2006; Kury u. a. 2004; Yoshida 2008)。人々は，社会の発展，犯罪及び国内の安全に関する議論を背景に，ここ数十年間ますます敏感になってきたのである。要求，競争状況，例えば労働の分野でのそれが著しく増大するとともに，同時に，労働者の満足度，積極的意欲が減退してきた (vgl. IFAK-Lnstitut 2008)。「政治に対する嫌気」とでもいえる現象が増大してきたが，それは，ここ数年，大きな国民政党からの党員脱退者が増えていること，選挙投票者が減少しているところに現れている。2008年7月のドイツ第一テレヴィジョン放送（ドイツ公共ラジオ放送局連合体）の「ドイツの傾向」に拠れば，ドイツ人の62％が，将来，お金が足りなくなるとの不安を抱いている。不安が「重大な今日的問題」になったのだと (www.deutschlandtrend.de)。「雰囲気はひどく悪い。ドイツ人のほぼ半数が，自分の10年後の経済的状況は今より悪くなると考えている。4分の3が連邦政府の施策に不満を抱いている。ほぼ80％

の者が，連邦政府の政策は今日的問題，つまり物価上昇といった問題に対してあまりにも不十分な対策しか講じていないと非難している」(*Schönenborn* 2008)。フリードリッヒ＝エーバート基金（2008年）から委託された最近の研究から分かったことは，16歳以上の質問対象者ドイツ人2,500人の約3分の1の者が現在の民主主義の形態に満足していない。西ドイツ人（旧連邦州）の約20%，東ドイツ人（新連邦州）の40%が，ドイツの社会秩序は支持するに値しないと考えている。26%の者が生活において不正な扱いを受けていると感じている。23%の者が人生の完全な負け組みないしどちらかというと負け組みに入ると思っている。政治，経済の問題に関する議論，例えば，将来，年金を支払ってもらえるのか，保健制度あるいは職場の確保といった問題が議論されることにより，結果として，例えば，犯罪学の分野においては，調査研究で「犯罪不安」として測定される側面に影響を与える心理的動揺が生じている (vgl. *Kury u. Obergfell-Fuchs* 2008a)。

　経済的地位，政治的信念，住居・労働状況に関する範型がますます一様でなくなっているところに認められる，ますます変化を増す生活世界，これによって不安定な状態が生じていることが，ポストモダンの脱連帯化された社会との関係において，多くの人々に過大な要求をする原因となっているように思われる。生活状況の変化がますます速くなっているし，これにより適応行為の必要性がいっそう大きくなり，これが今度は「引き離されている」，繋がりを失っているという気持ちを強めやすくしている。特に少年の間では，それぞれがますます自分自身に連れ戻され，同定確認の可能性がますますその輪郭を失い，信用ができなくなっている。これに伴い，困窮状況にある人を受け止めうる，ないしそもそもこういった状況に陥らせないようにしうる安定した社会構造がますます弱くなっている。以前には支えのように拘束力のあった役割像，これに相応する社会構造から解放されたこと，ないしそれを失ったこと，これと相即して，その間に，誰もが自分自身に責任を有すること，誰もが自分自身で「自分がどこにとどまっているのか」を見なければならないといった指針がおそらく支配的になってきたといってよい。動揺がそして犯罪への不安も生じているという状況の中に，繰り返し，例えば，女性解放運動や犯罪学の側から「新しい」犯罪分野が「発見」され，厳しい処

I 序 論 71

罰が要求されるといった展開も組み込まれうるのかもしれない。例えば，女性，子どもに対する（性的）暴力，家庭内暴力，はたまた，ドイツでも最近問題になっている付きまとい（ストーキング）を考えてみれば分かるだろう。今までは等閑視されることの多かったこういった犯罪分野が指摘され，これに普通伴っているのが，救済，もっと予防，とりわけ，いっそう厳しい，徹底した行為者処罰といった要求である。犯罪被害者の「再発見」には，被害者をもっと保護すべしとの要求の伴うことが普通であるが，その場合，保護というのは千年もの歴史のある範型に従い先ずは行為者の厳しい処罰を意味するのが普通であり，これにより，行為者ばかりでなく，一般予防的に潜在的犯罪者も威嚇できるとの期待がこめられている。公に又は表面には出てこない厳しい制裁要求，これは受け入れられる行動と受け入れられない行動の間に明確な線を引き，社会における「秩序」をもたらそうともするのだが，こういったことを背景に，政治も，特に選挙戦において，厳しい処罰といった主題を発見し，これをますます利用するようになった。これがはっきり現れたのは，例えば，2008年初頭のヘッセン州の州議会選挙戦においてである。州民の支持率の低下していた現職候補者がミュンヘンのとある地下鉄駅での少年らによる重い犯罪事件を背景に，いっそう重い処罰を，特に少年の暴力犯罪者に対するそれを主張し，特に重い事案では刑事未成年の子どもにも少年刑法を適用すべきことを主張したが，そこには，選挙民を自分の陣営に引き込む思惑があったのである。少なくとも一部ではあるが，ますます厳しい制裁をといった批判力のない要求が大衆媒体によっても支持されている。

　威嚇思想を刑事政策の行為基準として採用すべきとの主張が改めて強くなったことも今日の徴候と理解してよいかもしれない。すなわち，各人が自分自身に対して責任を負うのと同じ程度に，国も各人の過ちに責任を負う必要はない。各人は「費用」（刑の重さ）を見込んで，自己答責的に，道を踏み外す決断をしたからであって，この見方は連邦裁判所の責任理解とうまく調和している（BGHSt 2, 200）。この「合理的選択」という研究・実践手法に従う理解は非決定論的人間像に従っているのである。つまり，はるかに多くの責任を行為者に負わせ，社会，環境又はその他の，行為者の外にありうる要因にはそれほど責任を負わせないのである（vgl. hierzu auch Kunz 2004）。経済学

的研究・実践手法は，犯罪者をそれほど「甘やかしたり」，「華奢に」扱ったりしないで，いっそう素朴に，実用的に，そして「実生活に即した」扱いをするようにとの要望を反映しているのかもしれない。ポストモダンが人間をちりぢりばらばらに，そして，自己関係性において見ることは犯罪行為のこのような功利的且つ計算的整序に対応する。

Ⅲ 行刑分野における現在の(法律の)進展状況から見た威嚇とその他の刑罰目的

刑罰警告を重くすればそれに応じて威嚇効果が高まるという考えは一応説得力があるように思える。ほぼ20年も前に，フィルスマイアー (1990) がこの仮説を精緻な実証研究で検証した。そこで証明できたことは，3年ないし5年の自由刑に対して刑罰警告を重くしても威嚇効果を1％すら高めることはできないということである。このことの意味は，無期自由刑であっても，3年ないし5年の自由刑の威嚇効果と比較しても，その威嚇効果は1％以下しか高まらないということである。しかも，この場合，一般予防の考えのために，潜在的行為者は刑罰警告の程度に関する情報を刑法典から得ていること，捕まる可能性についても考慮している，ということが前提となっている。すなわち，威嚇効果は単純な計算法則に，例えば，単純なモデル「ますます重い刑罰—ますます高まる威嚇効果—ますます減少する犯罪」に相応しているとは到底いえない。しかし，まさにこの計算法則が有効であるとの考えが人々に刑事政策や大衆媒体の相応の要求によって吹き込まれている。本当のところ，刑罰警告の威嚇効果は最大限5年の自由刑で「高止まり」するのであって，それ以上の刑罰警告が予防効果を高めるものではない。このことはまた，中世の想像もつかない残酷，残虐な刑罰ですら，重い犯罪を犯す用意と能力のある者にはことにそうであるが，もしあるとしても，きわめて限られた犯罪予防効果しかなかったことの説明にもなる (*Schild* 1980)。アイスナー (2001, S. 83) によれば，きわめて厳しい制裁にもかかわらず，中世の西洋5地域（イングランド，オランダ／ベルギー，スカンジナヴィア，イタリア及びドイツ／スイス）の殺人率は今よりも25倍も高かったのである。しかし，同時に，

Ⅱ 行刑分野における現在の(法律の)進展状況から見た威嚇とその他の刑罰目的　73

多くの場合，行為者は公開で車刑，斬首刑，火あぶりの刑，絞首刑，溺死刑に処せられたのであり，これらは当時の数え切れないほどの制裁態様のほんのわずかな例にすぎない。

　法による有罪宣告の社会状況への，最終的には刑の執行状況への（再）配置が具体的になるほど，ますます法学者も立法者もそれに注意を払わないようになる。早くも，有罪宣告に続く量刑において困難なことが始まる。学問においては――法学教育は別として――量刑はきわめてわずかな位置価値しか有しない。政治の側から，犯罪との戦いにおいて法定刑を上げよとの要求が「機会のあるごとに」為され，しかも大衆迎合的に為されることが多いのである。

　刑量も，行刑の分野において，自由刑において下されるべき構成については一言も触れていない。これを下すのは，刑の宣告をそれによって定められた期間に関してのみ遵守しなければならない行刑当局だけである。刑事施設の構成がどうあるべきかに関しては，(少年)行刑の分野では完全に行刑当局に委ねられている。但し，応報，一般予防といった一般的刑罰目的は行刑法第2条に定められている再社会化（行刑法第2条第1文），さらなる犯罪からの公衆の保護（行刑法第2条第2文）とは両立せず，それ故，通説によれば，行刑構成の指針として用いられてはならないのである（Callies/Müller-Dietz 2005, §2 Rn. 8）。これによって，一方で，行為責任に基づいて量定された自由刑の期間（刑法第46条第1項第1文）と，他方で，行刑内において行為者にのみ向けられる社会化目的と間に緊張関係が生ずる（vgl. hierzu insbesondere Callies/Müller-Dietz 2005, §2 Rn. 10 sowie Walter 1999, Rn. 60）。

　最近またもや，犯罪に対する保護と「撲滅」の処置としての属性をもつものとしての刑罰がはっきりと正面に躍り出てきた（Hassemer 2006）。刑罰のこの「目的」をはっきりさせているのが近時の行刑分野での立法，特に少年行刑のそれである。

　少年行刑には最近まで独自の行刑法がなかった。周知のごとく，連邦憲法裁判所の判断では，この状態は憲法違反であり，2007年中には解消されなければならないのである（BVerfG, 2 BvR 1673/04 vom 31. 5. 2006）。連邦裁判所の課したこの義務を，一般行刑の規制課題と同じく，州立法者は果たさなけれ

ばならなかった。

　基本法第74条第1項第1号に規定されていた「及び行刑」という文言は，2006年9月1日に発効した2006年8月28日の基本法改正法（BGBl. I, S. 2034）によって削除されたのであって，これにより，連邦は行刑全般の，つまり，少年行刑も含めて，競合的立法権限を失ったのである。基本法第70条第1項は行刑規制の管轄は州にあることを定める。連邦が，2006年8月31日まで存続する行刑分野の立法権限に基づき，法律を公布した限りにおいて（たとえば，上記の行刑法），これらの法律は，基本法第125条a第1項の新規定により，州法が新たに制定されるまで有効である。独自の州行刑法を有する州にあっても，行刑法第109条ないし第122条は依然として有効である。それは周知のごとく，連邦において有効な手続法は連邦制度改革によっても手がつけられなかったからである。

　2008年5月21日までに，バイアーン，ハムブルク及びニーダーザクセンの諸州が一般（成人）行刑法を整備した（行刑における及び行刑をめぐる近時の動きについての情報は，www.strafvollzugsarchiv.de）。

　つい最近まで，刑法システムのおそらくはもっとも慎重な扱いを要する対象である少年行刑については，法律がなくともうまくやっていける，という前提から出立していたように思われる。すくなくとも，相応の立法処置は再三引き延ばされたのである。そのため，特に欠如していたのは，少年行刑を教育という観点から整備するということである。少年行刑に関する州法の初版がどういうものになるのか，その準備段階においてさまざまな観点から関心が寄せられたといってよい。特に，現時点での犯罪学研究の総括を州法に反映させることができたからである。それはことに犯罪学と法がほかでもなく少年刑法において特に密接に絡まりあっているからである（vgl. *Kaiser u. Schöch* 2006, Kap. 2, Rn. 1）。そうすれば，国の刑罰の歴史に新しい1章が開かれることになり，それが少年行刑に最初の法律で定義された容貌を与え，少年行刑の今後の発展史にこの出発点から持続的な影響をあたえることになろう。しかし，州法制定者としての立法者が，近時，むしろ厳格且つ抑圧的雰囲気の中におかれている時代に，これらの州法が「誕生」したということ——法律もその時代の子である——このことはこれらの法律に多くの長所が含

Ⅱ 行刑分野における現在の(法律の)進展状況から見た威嚇とその他の刑罰目的

まれることを予期させるものではなかった。これとは対照的に，1976年の行刑法制定当時の刑事政策の「雰囲気」は自由主義的構成という観点で有利であったことは紛れもない。自由と安全との間の均衡の重点は近時明らかに後者に移っているが，それは2001年9月11日の遠隔効果や国際的テロリズムをめぐる議論の影響によってだけ生じたとは到底いえない (vgl. *Prantl* 2008)。幾度も議論されている懲罰性の増加傾向，つまり，法違反者を刑法上もっと厳しく扱うという傾向は，すでにそれ以前から紛れもない事実だったのであり，テロの危険に対する感受性の増大といった側面だけで見てはならないのであり，又，安全要求の現われといった側面だけで捉えてはならない (下記参照)。懲罰性の増加もポストモダンの徴表と理解できるかもしれない (vgl. *Lautmann u. Klimke* 2004, S. 9ff.)。いずれにせよ，人道主義的，再社会化・行為者指向行刑という過去の遺産を配慮すること，少なくとも相応の明文規定を配慮する充分の理由がある。もっとも，規定の実践的適用は遅々として進んでいないのだが。

この点での徴候となったのが2007年6月27日にバーデン＝ヴュルテムベルク州議会で可決され，連邦州全体で初めて施行された少年行刑法 (Drucksache 14/1454 des Landtags Baden-Würtemberg 2007) である。ハッセマー (2006) のいう刑法・刑事訴訟法の消極・予防的充電がここ少年行刑法においてまさに現れている。

ほとんどの州で今なお有効な一般行刑法第2条第1文から，受刑者一般のための法的に定義された行刑目的がどこにあるのかが分かる。「自由刑の執行において受刑者は，将来社会的責任をもち，犯罪をしない生活を送れる能力をもたなければならない (行刑目的)」。このことは，教育というレッテルの張り付けられている，従来唯一の少年行刑の任務を定める規定――少年裁判所法旧第91条第1項――にも現れている。「少年刑の執行によって，被有罪者は，将来，誠実かつ責任感のある生き方を送れるような教育を受けなければならない」。これに続いてようやく，(一般) 行刑法の行刑目的の法定義の外に，行刑法第2条第2文は，「自由刑の執行はさらなる犯罪から公衆を保護するのにも仕える」と定める。

ここで一例として紹介するバーデン＝ヴュルテムベルク州少年行刑法で

は，改革，つまり関連規定の体系的位置の変更によって，優先順位の変化が生じている。ここで注意しなければならないことは，対象者が少年であり，教育思想が——ともかく従来——行刑構成の指針となるべきだということである。バーデン＝ヴュルテムベルク州行刑法では，適用範囲の規定（バーデン＝ヴュルテムベルク州少年行刑法第1条）のすぐ後に，同法第2条第1文に「犯罪予防任務」——同法第2条の表題がそうなっている——として安全が真っ先に明記されている，「少年行刑の犯罪予防任務は少年犯罪から市民を保護するところにある」。続いて，同法第2条第2文はこう定める，「少年行刑はバーデン＝ヴュテムベルク州における内的安全,同州における法的平和及び」——後で，しかしそれでも——「少年を国と社会に組み入れることに仕える」。この第2文の後置文言，つまり，添え物のところで初めて，従来は，一般行刑法において3つの最小限原則の1つとして真っ先に規定されていたもの（つまり行刑法第3条第3項——「社会への統合原則」）が表現されている。しかし，他の2つの行刑原則（行刑法第3条第1項——「近似原則」及び同法第3条第2項——「対抗制御原則」）にはまったく言及がない。バイアーン州及びハムブルク都市州の少年行刑法もバーデン＝ヴュルテムベルク州の例に従い，行刑の任務として真っ先に少年の（さらなる）犯罪から公衆ないし市民を保護することを強調している。これと異なるのが，ヘッセン州，ノルトライン＝ヴェストファーレン州，ニーダーザクセン州及びその他の州のいわゆる10州群であり，これらは被拘禁者の教育ないし再社会化を，少なくとも傾向として，よりはっきり正面に打ち出している（vgl. *Höynck u. a.* 2008）。

　バーデン＝ヴュルテムベルク州少年行刑法第2条ではなく——同条は（ほとんどの州でなお有効な）一般行刑法に対応するのだが，しかし，上述したように，安全という利益が強調されている——同法第21条においてようやく「教育任務」という表題の下に，行刑法第2条第1文にほぼ正確に対応する文言が見出される，つまり，「少年行刑においては，少年被拘禁者は社会的責任をもち犯罪行為をしない生活を送れるように教育されるべきである」。すなわち，成人は最終的には「犯罪行為をしない生活を送ることが「できる」べきだが，少年はそのために「教育される」べきである。処遇と教育の基本原則はバーデン＝ヴュルテムベルク州少年行刑法第22条に規定されている。いまや少年

Ⅱ 行刑分野における現在の(法律の)進展状況から見た威嚇とその他の刑罰目的

行刑法内部で教育任務の位置づけに変化が生じ，それによりその意義が相対化されてしまう点が多くの批判者の論議を呼んだのである。例えば，ドイツ少年裁判所及び少年裁判所援助連合——バーデン＝ヴュルテムブルク州支部——は，すでに準備段階において，つまり2007年2月27日に，法律草案に次のような意見を表明した，「少年被拘禁者に犯罪行為をしない生活を送れるように教育するという行刑目的を法律の冒頭に明記することが望ましい。草案第2条の一般条項のような規定振りでは教育目的が効果を失いかねない危険がある。現行少年裁判所法第91条第1項ももっぱら被有罪者の教育を行刑目的として定めている。こういった規定が，少年行刑には憲法上の再社会化義務が課せられていることを強調する2006年5月31日判決に最もよく適うことも，こういった規定が支持されるべき理由となる」。しかし，草案へのこういった評価されるべき批判も影響を与えなかったようである。従前の行刑法における被拘禁者の再社会化に関する諸規定の実務上の実践がまったく遅々として進まなかったという事情を考えれば，新しい法律が発効すれば，行刑の再社会化にやさしい構成という観点での政治的圧力がいっそう低下することになるかもしれない，特に，公衆の間に一部見られる制裁態度の高まりが背景にあるとすればなおさらである。もっとも，他でもなくこの公衆が依然としてかなりの程度同時に再社会化思想を強調していることに注目しなければならない(vgl. Kury u. a. 1996, S. 319 ff.)。ここに特にはっきりしたことは，行刑が社会の発展と態度の投影面としての意味をもちうるということである (*Müller-Dietz* 2006)。

　法律の規定すら，被拘禁者にその認められた権利を拒否するないしそれを縮小することを防止できないようである。法律上の指針が実践できない一例として，法律には（なお）通例行刑として定められた開放執行を挙げることができる（行刑法第10条）。通例として開放施設収容が実践されているというようなことは，今日に至るまで，とてもいえるような状況ではない。逆に，数字上，逆の発展傾向にあることがはっきりしている。2003年から2006年まで，受刑者数は微増したにもかかわらず，開放執行に収容された被収容者の絶対数は減少し，それに応じて，ますますもって受刑者全体に対するその割合も減少した（図1参照）。

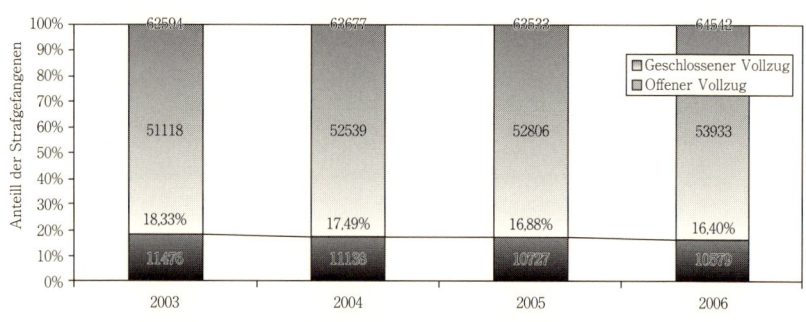

図1 自由刑, 少年刑および保安監置執行施設における開放執行に収容されている者の割合

さらに,開放執行に関しても,州少年行刑法のほとんどについていえることだが,行刑法第10条と比較して意味づけでの違いが鮮明になる。例えば,ブレーメン都市州少年行刑法を見るとはっきりする。同法は最初に成立した,しかし,バーデン゠ヴュルテムベルク州少年行刑法の後に施行された州少年行刑法である。ブレーメン都市州少年行刑法第13条の表題は「閉鎖及び開放執行」となっているのに対し,行刑法第10条の表題では,開放執行が閉鎖執行の前におかれている。さらに決定的なのは,ブレーメン都市州少年行刑法第13条第1項は受刑者の収容されるべき2つの執行形態だけを一文で規定している。そこでは,両執行形態は同列におかれていることになるが,連邦立法者は行刑法第10条第1項において,開放執行が通例執行となるべきことを明文化していたのである。まさにこの点に関して,犯罪学の所見(暴力と抑圧の低下,副次文化形成の危険性の低下,最後に,再犯率の低下)は開放執行を明確に支持するものであり(*Diemer, Schoreit u. Sonnen* 2008, § 13 JStVollzG, Rn. 2 m. N.; auch schon *Albrecht u. a.* 1981; zum Bereich des Jugendstrafrechts *Frankenberg* 1999),今までの通例―例外関係から決別するという考えを許さなかったであろう。逆のことしか考えられないであろう。すなわち,法律で規定された,歓迎すべき,しかし,実務では軽視された開放執行の優先性を,持続的に実現するということを真摯に追求してもよかったであろう。アーレックス(2006)は行刑法草案の準備段階におけるこの及びその他多くの慨嘆すべき展開に関する記事を,週間新聞「ディ ツァイト」紙に掲載したが,その見出しは「行刑法 貧弱さの競争がとどめもなく進行している」というものである。有罪

判決を下す際に流れ込む鋭敏な感覚というものからは，行刑の段階まで，つまり，もっぱら国の刑罰装置が法違反者にとって初めてそして長期に渡り感じられるまさにその場所に至るまで，ほんの少ししか免れられないように思われる。国内の及び外国の確実な犯罪学の知見に反して，政治の側から，人々の動揺を背景にそして安全要求の高まりを利用して，全体として，もっと多くの刑罰を，もっと少なく再社会化をとの主張がなされるのであり，したがって，これで犯罪を減少させることができるとの見せ掛けの確信を生じさせるのである（vgl. *Sherman u. a.* 1998; *Beckett u. Sasson* 2004）。

執行の面では，行刑当局にほとんど文句のつけられない自由がある。刑執行裁判所の裁判は，行刑当局により，ためらいがちに，不十分に，不確かなやり方でしか，あるいは，まったく実行に移されないことが多々ある。このことは，刑執行裁判所が行刑当局に課するあらゆる種類の新決定，例えば，引率の許可にも，又，裁判所の下した，したがって法的に拘束力のある義務，例えば，受刑者を施設外の病院へ移送することにも言える（diese und weitere Beispiele in *Feest et al.* 1997）。権力分立というような基礎となる法治国原理（基本法第20条第3項）が行刑の分野で突然処分可能になっているのである（vgl. hierzu auch *Gruß* 2007）。

特にいらだたせるのは，刑執行裁判所の裁判を実行に移さないという憲法に違反する，しかし，まったく当たり前になっている行刑実務である。こういうことが実際に行われるのは，特に，刑執行裁判所の裁判が行刑当局の評価に相応しないとか，むしろその「方針」に相応しない場合である。このことが犯罪者に最大の影響をもたらすのは，刑執行裁判所が犯罪者に利益となる，例えば，執行の態様，期間に関する裁判を行うが，これが行刑当局によりあっさりと無視される場合である。例えば，犯罪者を早期に釈放すべきとか，緩和執行に移すべきという裁判が，実行に移されないことが多いが（実行しないという不作為の範囲を確定するのは難しい。S. *Feest et al.* 1997），この場合，フェースト等（1997, S. 11）が論述するように，その説明にかかる不作為の事例において，客観的に実行不可能といえるのはただのひとつもなく，むしろ，世論を顧慮しているとか，費用の要因とか，対応する「反抗的」被拘禁者を懲戒したいとかに起因するものであって，もとよりこれらはすべて裁判結果

の実現を拒否する理由とはなりえないものである。さらに,「第1に,『暗域』を,第2に,被拘禁者を移送したり,ためらうことで釈放まで偽装する行刑当局の不服従を見込まざるをえない」(*Kamann u. Volckart* in Feest 2006, §115 Rn. 85)。フェーストら (1997 S. 11) は,「行刑当局の反抗的態度が証明されたことは,裁判の結果が執行できないことを明らかにするばかりか,全面的施設における権利保護といった問題にふさわしい特殊な点のあることも示している」と総括している。

　この状況は,それ自体として重苦しい気分にさせるが,それでも,犯罪者に行刑当局の抵抗に抗して,刑執行裁判所の裁判結果を強制的に実現させる上訴に訴える道が残されておれば相対化されうることになろう。このことは,実際,行刑における被拘禁者の地位や苦情申し立て権が弱いことを背景にすると重要な意味をもつことになろう。しかし,通説によると,上訴の道はなおさら認められない。しかし,行刑法に裁判の結果を執行するための規定が欠如しているため,カマンとフォルカート (2006) が論ずるように,すくなくとも,強制賦課金を課することのできる行政裁判所法第170条,第172条の準用を許すべきである。さもなければ,被拘禁者のために憲法が命令する権利保護が存在しないことになろう。裁判所が今まで行政裁判所法第170条,第172条の適用を拒否するに当たり理論的説明をせず,行刑当局は,きわめて稀な場合を別とすれば,裁判の結果を実行するものであり,それ故,勤務状況監督苦情申し立て,請願権で十分であるとの理由を持ち出しているとき,上記の学説はそれだけ強く支持せざるをえない (*Kamann u. Volckart* in Feest 2006, §115, Rn. 81 unter Zitierung von OLG Karlsruhe ZfStrVo 2004, 315; *Kamann* 2006; *Lesting u. Feest* 1987)。この考えは,上記の研究所見から,反駁されたものと認められるべきであり,それ故,基本にある法治国原理に引き続きそれにふさわしい効力のあることを否定したくないなら,行政裁判所法第170条,第172条の定める強制処分の適用を拒否する余地はもはや存在しない。

　要約すると,行刑の領域では,立法,行政および司法の面で悲惨な状況にあるといえる。

III 刑事政策の進展状況における大衆媒体の役割

　人々の制裁意識が厳罰に傾くように「煽る」際に重要な役割を果たしているのが大衆媒体である。民間テレヴィジョン放送局の出現，大衆媒体の途方もない拡大によって，視聴率の向上，定期購読者の拡大をめぐる競争がいっそう激しくなっていることは紛れもない事実である。うんざりしている受け手の注意を惹きつけるためには，いっそうセンセーショナルで「2度とない」出来事が報道されねばならなかった。周知のように，「性と犯罪」は，古来，人々の注意を惹きつける題材であるから，人々は特に（重い）犯罪事件の報道に飛びつくものである。このことは新しいことではなく，書籍印刷技術の発明後すぐにいわゆる「パンフレット」が大量に出現したのである。それは，新聞のさきがけといえるのであり，16世紀初頭にはもうそう呼ばれていて，同じ「市場法則」に従っていたのである。これらの公刊物には様々な日々の問題についての意見が開陳され，特に，事故，自然災害および犯罪行為も報道されたのである (vgl. Staatsbibliothek zu Berlin, S. 130 ff.)。

　例えば，2006年秋には，被害者が10歳の時にオーストリアはヴィーン近郊で1人の男に誘拐され，8年間も地下牢に閉じ込められ，ようやく逃げ出せたというナターシャ・カムプス事件が国際的耳目を引いたが，この若い女性の最初のテレヴィジョン・インタヴュウはものすごく高い視聴率に達したし，それに続き，事件の分析と解釈が報道され，その後も，何週間にもわたり報道された。この事件報道がようやく「止まった」のは，2008年4月に，またもやオーストリアで発覚した「フリッツル事件」後のことである。この事件は，父親が，自分の娘を24年以上も地下室に監禁し，近親相姦から数人の子を生み，そのうちの1人も地下牢で成長せざるをえなかったというものである。報道される犯罪事件の選択は当然のことながら極めて恣意的であり，「知らせ」，つまり，突出していること，センセーショナルであることそして異常であることだけが報道される。「悪しきニュース」はこの意味でほとんどの大衆媒体には「良きニュース」である。毎日起きること，つまり，日常的犯罪は面白くなく，「2度とないもの」が探される。受け手は，このその

都度「2度とないこと」が繰り返し出現することで,結局は,「日常的なこと」,「普通のこと」,「現実」であるとの印象を容易に得るのである (vgl. *Kerner u. Feltes* 1980)。例えば,ドイツでは,14歳以上のテレヴィジョン放送の平均視聴時間は,2000年には185分であったが,2005年には220分にもなっている。これにラジオ放送の聴取時間を加算することができる (vgl. *Schwind* 2008, §14 Rn. 1)。「怪物」,「獣」はたまた「妖怪」に対して適用された又は適用されるべき刑罰に関する報道もますます増加し,したがってまた,刑事訴追機関,特に,刑事政策者にも圧力がかかる。人々の大部分は犯罪に関する他の情報源をほとんどもたない,ないし利用できないのであるから,ここに,犯罪の実態に関する途方もない歪められたイメージが生まれる。特に目立つ逸脱行動は,人々が犯罪について思い描くものを代表しているうえ,犯罪を統制するためにどう対処するべきかを代表しているものと捉えられる (vgl. *Schwind* 2008, §14; *Kerner u. Feltes* 1980; *Beckett u. Sasson* 2004, S. 73ff.)。

　西欧,北欧工業諸国における制裁の心的傾向は,例えばドイツもそうであるが,なお比較的穏健であるが,旧ソヴィエト諸国での意識調査を見ると,旧ドイツ民主共和国でも依然として同じことが言えるのだが,人々は厳しい制裁を要求している。その原因はおそらく,人々はこういった厳しい制裁の中で育ち,厳しい制裁で犯罪を統制できるし,統制しなければならないことを「学習した」ところにある (vgl. etwa zu Aserbaidschan *Kury u. a.* 2006)。例えば,旧ドイツ民主共和国でも,約21年前にようやく――正確には1987年7月17日に――死刑の廃止がエーリッヒ・ホーネッカーによって布告され,最後の死刑執行は1981年6月26日に国家公安省大臣ヴェルナー・テスケに対して行われた。テスケは,ドイツ連邦共和国に逃げる意図があった廉で,前もって知らされることもなく,不意に後ろから頭部を狙われ射殺された (*Haase* 2007)。したがって,一国の制裁伝統というものは,国内の安全を保障するために,何が必要と考えられるのかについて,市民の意識にも影響を与えるものである。犯罪が増加すると,それが実際にそうであろうと,認知件数であろうと,大衆媒体で報道される件数であろうと,この手段の増強,つまり,もっと多くの,もっと厳しい制裁が要求されるのである。

　カイザーの報告によると,1882年当時のドイツ帝国において,ドイツの裁

判所に起訴された犯罪者の76.8％が実刑に処せられた。この割合はその後何十年にもわたって恒常的に減少し，今日，約5.5％ないし6.0％になっている。1882年当時，制裁全体の22.2％が罰金刑であったが，早くも1990年代中頃には85％に達している。このことは制裁範型がこの百年で完全に変化したこと，この関連で人々の意識も，多くの場合，時間的に遅れながら変化したことを意味している。刑事制裁は過去何百年にもわたって，それにかかる途方もない費用，それに特に文明の発展を背景に温和になったが，この数十年間，西側工業諸国においても一転していっそう厳しい刑罰，いっそう厳しい法律を求める動きが，ドイツのほかに，ポーランド（*Kossowska u. a.* 2008; *Krajewski* 2006），スペイン（*Serrano-Maillo* 2006），アメリカ合州国（vgl. unten），グレートブリテン（*Green* 2008）そして日本（*Yoshida* 2008）でも顕著になっている。この発展は大衆媒体の報道の影響でもある。

　正当にも，再三指摘されることだが，他でもなく西側工業国であるアメリカ合州国においても，刑事制裁は比較的厳しいのであり，このことは，――予期したように，しかし，したがってとは言わないまでも――人々の意識にも妥当する。例えば，今日に至るまで，アメリカ合州国の大統領選挙戦では候補者の死刑への態度が決定的役割を果たしている。最近では，43歳の男性が犯した事件が想起される。この事件は，1998年にルイジアナ州で起こった事件で，自分の8歳のまま娘を残酷な方法で性的凌虐を行い，緊急手術でようやく救命できるほどの傷を負わしたというものである。2008年6月25日に，アメリカ合州国最高裁判所は，5対4の僅差で，当該行為は死刑判決を正当化しないこと，こういった犯罪に対する死刑は，均衡がとれなく残虐であるから，憲法違反であるとの判断を下した。これにより，アメリカ合州国における死刑に改めて一線が引かれたのであるが，しかし，判決の実践的意義はそれほど大きくないと見ることができる。周知のように，子どもに対する強姦に対して，アメリカ合州国で極刑が言い渡されることは極めて稀だからである。しかし，この話題が感情，興奮を高める内容を有しているため，目下の大統領候補者の2人ともが最高裁判所の判決に直ちに反応した。マッケインとオバーマの双方とも――驚いたことにあるいは当然ながら――判決は理解できないと述べた。過去16年のすべての民主党大統領候補者と同じく，オ

バーマも死刑賛成論者であることを公言している。ミシェル・デユカーキスは，大統領候補者としては，民主党の最後の死刑反対論者であり，そして，選挙戦で敗北した。アメリカ合州国の「歴史的な新しい始まり」を宣伝しているオバーマは，おそらく熟慮した上で，古い「処方箋」にとどまっている。2人の大統領候補者ともに直ちに死刑支持を打ち出したのは偶然ではない。今まで一連の裁判で死刑問題を扱ってきた最高裁判所も死刑に賛成なのか反対なのかについての態度を明確にしていない。こういった事情が背景にあることからすると，間もなくアメリカ合州国でも死刑は廃止されるなどというようなことはどうも問題外のようであって，廃止されることになるという見解はおそらくむしろヨーロッパの希望的観測といえよう (vgl. *Günther* 2008a; 2008b)。

　以下では，実証的犯罪学研究及び統計に基づき，ここ数十年一般の人々から，そして，特に，政治家からもますます要求されている厳しい刑罰が，犯罪の減少にどの程度役立つものなのかについて考察したい。厳しい刑罰を科する昔の制裁範型に戻ることが，自由主義的，処遇指向的刑事政策をさらに発展させることと比較して，犯罪防止の点でどの程度より効果があるのだろうか。本論考では，特に，アメリカ合州国，フィンランド，ポルトガル，日本及び最後にドイツについての調査結果に触れることにしたい。最終章では，それまでの詳論を基礎に，合理的刑事政策の観点に論及したい。

Ⅳ　厳しい制裁によって犯罪は減少するか？

　刑事政策は，ドイツばかりではないのだが，合理的刑事政策から期待されてもよいような程度には，犯罪学の知見をまったく利用していない (vgl. *Schumann* 2003)。刑事政策自体が自らの措置によって，特に法律の改定によって生み出すデータは「生活に最も近い」実証データである。刑事政策は，自分だけが回す義務を負い，回す権能を有し，回すことの可能であるヴォルトすべてへの通路とヴォルト用の道具をもっている。他の国における刑事政策措置のアウトプットに直接かかわるデータそのものは，刑事政策の実施される多面的状況に対して，犯罪学研究が刑事政策の領域の外で行いうるより

も，いくつかの点でより近い位置にある。政治家は多くの抗いがたい強い圧力と打算，特に政党の政策上のそれにさらされており，大衆媒体の手中にあって，その大衆媒体の自己法則に「適応」せざるをえない（上記）。所与の形の中でのみ，政治家は，自律的機構を有する大衆媒体構造を，自分の主張を公表し普及させるために利用できる（参照，内部から見た啓発的論文，*Hoffmann-Riem* 2000）。少なくとも，こういった「かく乱要因」のほとんどを，犯罪学者はその実証研究において，例えば，制裁研究において実際は無視してきたが，しかし，そのことは，（学問の）独立性という理由からも初めから誤りであるとはいえないかもしれない。しかし，いかなる理由から実施されたかとは関係なく，現実に行われた政治的措置を一瞥することは，常に少なくとも，この政治的措置がある状況に包み込まれている，つまりそこにおいてのみ政治が行われるないし行われうる状況に包み込まれている限りでも興味深い。この状況は，上記のかく乱要因すべてを有しているが，この状況でとられた措置はもはや理論的思考遊戯ではなく，刑事政策の現実にきわめて近いことも明らかにしている。犯罪発生率への刑事政策措置の影響を測定するに当たって，研究対象としての犯罪発生率は現実の一部でもある。犯罪の量を適切な——最終的にはできるだけ低い——水準に落とすことは，結局のところ犯罪学者一般にとっての研究の重要な契機となっている。他の国の刑事政策措置も，法，大衆媒体，政党の打算，そして又伝統，文化等の緊張領域の中に埋め込まれている。国内の政治家は，外国の政治家が刑事政策の舞台から登場させ，うまくいくことの実証された「自然」実験の好成績を，まだ「前線」において好成績の実証されていない結果よりも，容易に売りこむことができるのであって，その点で，他の国における刑事政策措置の影響に関する研究はドイツの政治家にとっても関心を抱かせうるものである。その際，個別の刑事政策措置，例えば，（厳しい）制裁は巨額の費用を要することも考慮されなければならない。それがあまりよい成果を現さないとき，財政的観点からも，費用対効果の勝る解決策を急いでとるよう推奨されるのである。

　こういったことを背景に，以下では，現実の刑事政策の状況の外で，蓋然的な又は推測される刑罰効果に関して，犯罪学指向の学問分野で行われる議論はすべて素通りして，実証を基礎に，諸外国の目的的制裁政策措置の効果

に焦点を当てたい。

1 アメリカ合州国の例

　アメリカ合州国の人々の間では広く，西欧諸国と比較して，厳しい制裁態度が支配的である。このことは，ギャラップがすでに1936年に行った1回目の世論調査を見れば明らかである。この世論調査では，死刑に対する意識調査も行われている（「謀殺罪で有罪を宣告された者に対する死刑を支持しますか」）。過去70年にわたる死刑に対する意識を比較すると（参照　図2），支持が1960年代中頃から1970年代中頃まで比較的低かったこと，1回限りの例外として，それどころか50％以下にまで低下したことが目に付く。ギャラップの世論調査によると，1966年には，死刑支持が42％，これに対し，死刑反対が47％となっていた（意見なしが11％）。こういった結果が得られることは2度となかったのであるが，それは当時国際的批判の的となったチェスマン事件と関係があるのかもしれない。この事件は，死刑囚チェスマンが死刑監房で長年死刑執行に抵抗し，この関連で自ら法律の「専門家」にまでなったが，結局処刑されたというものである。これに対し，1980年代後半と1990年代最初の頃には，死刑支持が80％を超えた。2005年は，支持が64％であるのに対し，2007年は，それが69％となり，またも上昇傾向にある（上述も参照）。

　断然厳しい制裁態度が背景にあることからして，──ドイツでは重い犯罪

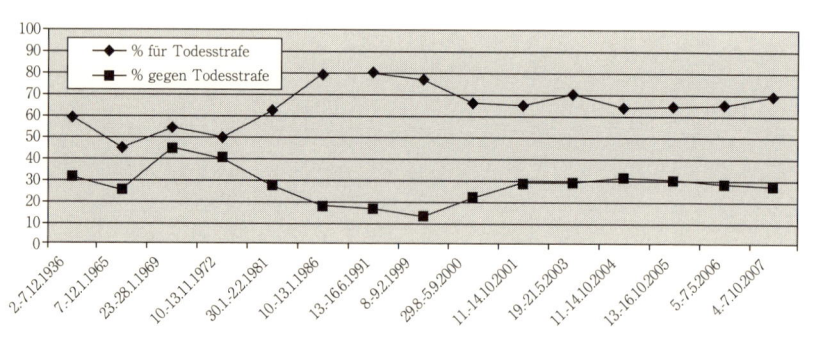

図2　アメリカ合州国における死刑意識に関するギャラップ世論調査の結果（「謀殺で有罪を宣告された者に対する死刑に賛成ですか反対ですか？」）
（情報源：Gallup-http://www.gallup.com/poll/1606/Death-Penalty.aspx）

に対する死刑の支持はこの数十年来人々の約3分の1にすぎない——アメリカ合州国における刑事制裁も諸外国と比較して厳しいのも驚くに値しない。アメリカ合州国の36州では重い犯罪に対する死刑が存置されており（www.deathpenaltyinfo.org)、ここ十数年、多くの州が、「忍耐零（Zero Tolerance）」、「刑の全部執行（Truth in Sentencing）」はたまた「三振（Three Strikes）」に関する議論を背景にいっそう厳しい刑罰規定を導入したが、これが厳しい量刑を伴った結果、2008年現在、アメリカ合州国は、被収容者率（人口10万人当たりの被拘禁者数）で751人を数え、人口比で見ると世界で1番多くの受刑者を抱えており、これが連邦、その他個々の州財政に大きな負担をもたらし、可能な限界ぎりぎりの負担をもたらしている場合もある。1992年には収容率はまだ505人だったが、2001年には685人に上った。全体として、アメリカ合州国では2006年に、約225万9000人が拘禁され、これに約9万3000人の少年受刑者、国外退去者収容施設の約1万4500人、軍刑務所の約2000人が加わる（vgl. King's College London: International Centre for Prison Studies)。

　厳しい制裁政策、例えば、特にニュー・ヨークにおいて実践されているモデル「忍耐零」は、ヨーロッパでも、例えば、ドイツでも議論された。ドイツでも、どの程度、厳しい対処方法が、特に、少年犯罪を食い止める上で必要かといった問題が、最近では、例えば、ヘッセン州の選挙戦で取り上げられた。しかし、ヤシュ（2003）は、その緻密な分析の結果、一方で、ニュー・ヨークの（暴力）犯罪は1993年に忍耐零計画が導入される3年前にすでに低下し始めていたこと、他方で、この計画を導入しなかったアメリカ合州国の他の大都会でも、ニュー・ヨークと同じく、その後、犯罪減少が顕著になったことを証明した。このことは、少なくとも当時大いにもてはやされた犯罪予防計画の効果に明らかに疑問を投げかけるものであって、特に、これに伴う費用を考慮するときなおさらそうである。

　自由刑（死刑も同じだが、下記参照）を科する規模はアメリカ合州国の州によってかなり異なる。アメリカ合州国で2004年に有罪を宣告された受刑者の数を人口1万人当たりで見ると、全体としては486人（ジェイルは含まない）だが、北東部の州では平均295人、中西部では378人、西部では425人そして南部では540人を数える。ルイジアナ州は816人を数え、すべての州の中で最高の収

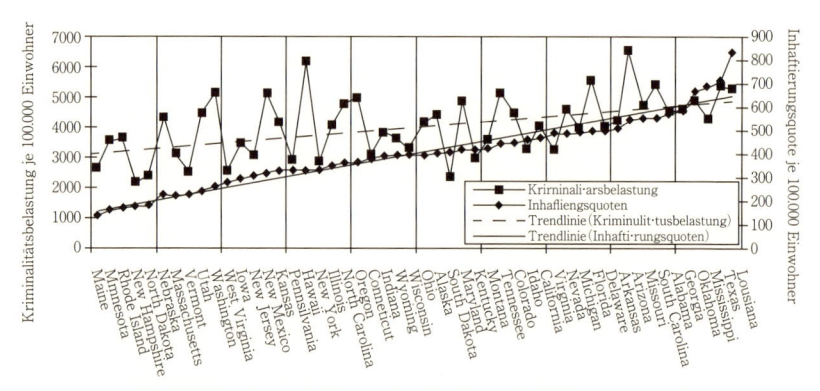

図3 アメリカ合州国の州ごとに見た2004年の収容率と犯罪発生率。収容率で並べてある
(情報源：Bureau of Justice Statistics: http://www.ojp.usdoj.gov/bjs/)

容率を数え，これに続くのがテキサス州で694人である。これに対し，下位に位置するのが，メイン州で148人，ミネソタ州が171人である。

個々の州の収容率を犯罪発生率と比較すると，当然のことだが，犯罪発生率の高い州の方が収容率も高い傾向にあり，この点で一定の関連がある。その関連は一様ではないが，それでも犯罪発生率と収容率の相関関係はr＝.50である（参照 図3）。

顕著な違いも判明する。例えば，ルイジアナ州は，2004年に816人という最高の収容率を数えるにもかかわらず，犯罪発生率は5098と高いが，ノース・カロライナ州では，ルイジアナ州と比較して半分以下の収容率（357人）であるが，それにもかかわらず，犯罪発生率は4721とルイジアナ州よりも低い。ユタ州は246人ともっと収容率が低く，犯罪発生率も4452とかなり低い。メイン州の収容率は148人を数えるに過ぎないが，犯罪発生率は2656である。テキサス州の収容率（694人）はワシントン州のそれ（264人）と比較して著しく高いが，このことで，テキサス州の犯罪発生率の方がワシントン州のそれ（テキサス州5190。ワシントン州 5107）よりも低くなるというような効果を示していないことは明らかである。テキサス州もワシントン州も犯罪発生率はほぼ等しいのである。

同じくらいの犯罪発生率でありながら収容率が著しく異なる例が，ミシガン州（3874-483人），ロウド・アイランド州（3589-175人），ワイオミング州

(3581-389人), ミネソゥタ州 (3535-171人), モンタナ州 (3513-416人) 及びアイオワ州 (3448-288人) である。犯罪学の知見から, 犯罪の発生は地域の都市化と関係のあることははっきりしているが, このことはここでも当てはまる。アメリカ合州国の犯罪発生率は全体として4118.2であるが, 人口の80％が住んでいる首都周辺地域では4409.1, 他の都市 (人口の8%) では4524.0, 農村地域 (人口の12%) では1908.7にすぎない。殺人以外の犯罪でも, 農村地域の犯罪発生率はより低いのが一般であるが, 殺人罪は例外であって, 農村地域の犯罪発生率は確かに首都周辺地域 (その発生率はダントツに高い) よりも低いのであるが, しかし, その他の都市地域よりも高い。このことは犯罪の複雑な条件構造を示唆しているのである。制裁の厳しさは, 犯罪予防に関して, もしあるとしても, わずかな影響しか及ぼさないようである。社会構造的, 経済的要因, 社会的近接領域における市民の生活条件等などの方が犯罪発生にはるかに大きな影響を及ぼしている (vgl. beispielweise Rose u. Clear 1998)。

　他の州よりも高い犯罪発生率を有する州は, 上述したように, 平均してより高い収容率を示す。このことの意味は, 州の認知犯罪件数が増えるほど, 予期されるように, 有罪を宣告され, 自由刑に処せられる行為者がますます増えるということである。しかし, 他方で, 収容率が高くなるにつれて, 威嚇効果が上がり, 多少の時間差はあっても, 犯罪発生率は下がるものと考えられるかもしれないが, しかし, これはどうも確認できない (ドイツについては, 下記参照)。犯罪発生率の比較的低い州では, 特に厳しく処罰し, 多くの者を収容しているが故にそうなのだ, とはどうもいえそうにもないし, 同様に, 比較的厳しく処罰し, 多くの者を収容する州では, だからといって犯罪発生率が特に低いというわけではない。無数の犯罪理論が強調していることだが, 犯罪の発生は社会構造的条件に依存するところがはるかに大きいのに対して, 制裁構造にはほとんどあるいはまったく依存していない。

　オースティンとフェイビロ (2004, S. 2) は, アメリカ合州国における犯罪発生率は1990年以降減少してることを強調している。「皮肉なことだが, 刑務所の利用いかんにかかわらず, すべての州で犯罪発生率の減少傾向が見られる。同時に, 州の財政危機, 減少しない矯正費用が今度は教育, 福祉予算を制約する。ますます明らかになってきたことは, 刑務所システムへの出費

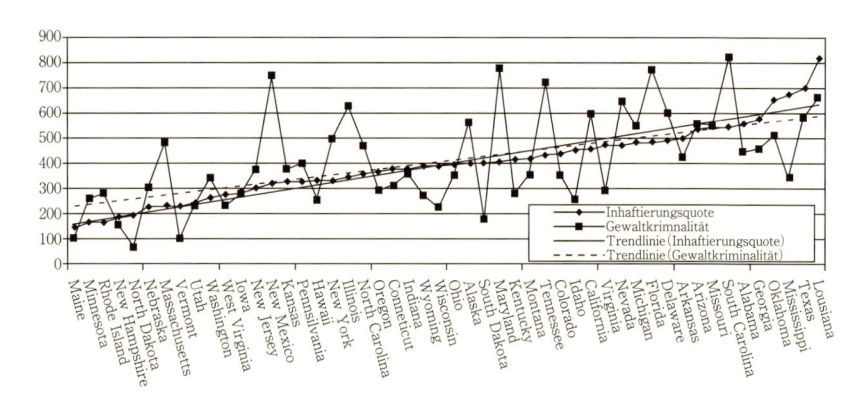

図4　アメリカ合州国の州ごとの2002年における暴力犯罪に関する犯罪発生率と収容率
(情報源：Bureau of Justice Statistics: http://www.ojp.usdoj.gov/bjs/)

がますます増大しているが、刑務所システムには犯罪を威嚇する効果はそれほどないということである」。政治の側からは、「犯罪問題」が公にしきりに議論されるにつれ、その沈静化のために、あまりにも性急に（もっと）厳しい刑罰が、とくに立法府ではそうなのだが、容易に実現できる措置の約束がなされるが、しかし、同時に、変化しつつある犯罪発生の本来的社会的背景要因から目がそむけられている。政治の側は、厳しい法律の制定、厳しい刑罰の実践で断固たる行動を証明し、特に人々を安心させようとする。

犯罪発生率と制裁の厳しさの間にありうる関連に関して犯罪全体について証明できたことは、暴力犯罪に関してもいえる。この場合も、収容率は暴力犯罪の発生率とともに増加しており、認知暴力犯罪の規模は、州を個別に見ても、収容率の影響をほとんど受けていない（参照　図4）。

もっとも厳しい制裁、つまり、死刑の威嚇効果についてみると、アメリカ合州国の死刑存置州と死刑廃止州を犯罪発生率との関連で比較すると、疑わしくなる。例えば、1990年の殺人発生率（人口10万人あたりの認知殺人件数）を見ると、死刑存置州では9.5であるのに対し、死刑廃止州では9.16（その差3.6%）である。したがって、比較的小さな差が見られるが、このことはもっとも厳しい刑に犯罪減少効果のあることを示唆するものではなく、むしろ逆のことを示唆する。その後2004年まで、死刑存置州でも死刑廃止州でも殺人発生率

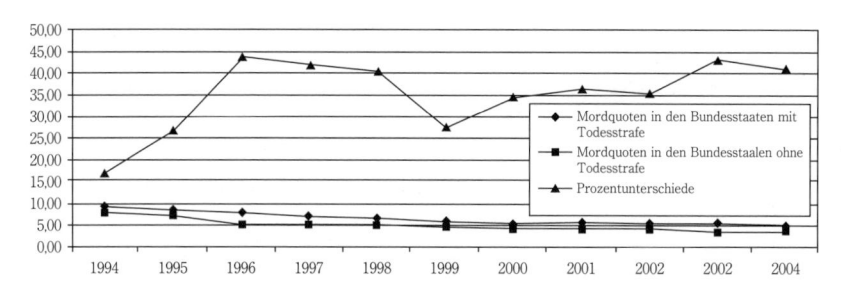

Ⅳ 厳しい制裁によって犯罪は減少するか？　91

```
50,00
45,00
40,00
35,00
30,00                                      ◆ Mordquoten in den Bundesstaaten mit
25,00                                        Todesstrafe
20,00                                      ■ Mordquoten in den Bundesstaaten ohne
15,00                                        Todesstrafe
10,00                                      ▲ Prozentunterschiede
 5,00
 0,00
     1994  1995  1996  1997  1998  1999  2000  2001  2002  2002  2004
```

図５　アメリカ合州国における死刑存置州と死刑廃止州における殺人発生率の推移及び両者間の百分率の差 (情報源：Death Penalty Information Center 2006)

は著しく減少し，前者では5.71，後者では4.02になった。したがって，死刑廃止州の殺人発生率は死刑存置州のそれよりも著しく低い。ともかく，2004年における死刑廃止州と死刑存置州の差は42％になっている（参照　図５）。

　さらに，死刑宣告数が1998年（300件）から2004年（125件）にかけて著しく，つまり，半分以下に減少した事実も指摘されなければならない。しかし，死刑に威嚇効果があるなら，本来予期できたのだが，それとは異なって，死刑存置州の殺人発生率の増加効果は見られなかった。殺人発生率は，同じ勢いではないにせよ，引き続き減少したのであり，このことは地面効果の働きで説明できる（vgl. *Death Penalty Information Center* 2006）。

　アメリカ合州国の各地域における2001年から2006年までの殺人発生率（人口10万人あたりの殺人件数）を比較するとわかることだが，南部諸州は6.6ないし6.8と最高の発生率を示すと同時に，1976年から901件という最高の処刑数を示す。中西部諸州の殺人発生率は5.5ないし5.8で，処刑件数は127件である。西部諸州の殺人発生率も5.5ないし5.8で，処刑件数は67件である。北東部諸州の殺人発生率は4.1ないし4.5で，処刑件数は４件にすぎない（www.death-penaltyinfo.org）。ここからも，もっとも厳しい刑罰の犯罪減少効果を決して導くことはできないのである。

　死刑，しかし，他の制裁に関しても，もう１つの，きわめて重大な事情が付け加わる。すなわち，再三証明されたことだが，黒人に対する適用率が均衡を失するほど異常に高く，ここ十数年来今日に至るまで変わっていないということである。

92 第3章 「新たな懲罰性」の問題

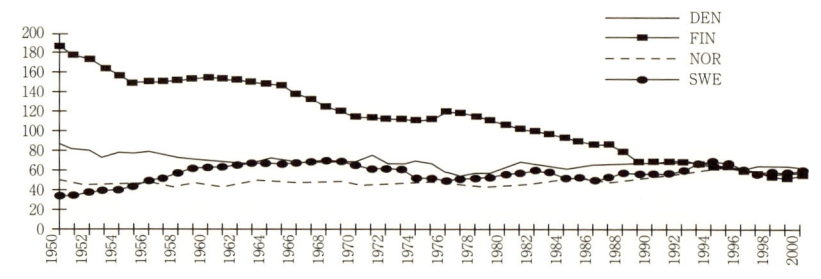

図6 北欧4カ国，フィンランド，デンマーク，スウェーデン及びノルウエーの1950年から2000年までの収容率 (Lappi-Seppälä 2007; vgl. a. Lappi-Seppälä 2008; Falck et al 2003)

2 フィンランドの例

　フィンランドの収容率は，第2次世界大戦直後，他の北欧諸国と比較して180人（人口10万人当たり）と比較的高かったのに対して，デンマーク，スウェーデン及びノルウエーのそれはおよそ60人と，フィンランドの3分の1にすぎなかった。フィンランド政府は，その後，財政的理由からも，収容率を顕著に減少させるための改革を断行し，それが実際にも成功したのである。その後40年間，収容率はほぼ60人にまで下がり，その他の北欧諸国の水準に達したのである。それに比して，その他の北欧諸国の収容率は，同じ期間，ほとんど変化がなく，スウェーデンは上昇し，デンマークは減少した。1990年代末の上記4カ国の収容率はほぼ60人である（参照　図6）。
　これまでと比較して，驚く無かれ，フィンランドでは，有罪宣告を受けた犯罪者の3分の1しか収容されなかったということになる。このような収容率の顕著な減少が見られる場合，制裁の厳しさが犯罪発生率に影響を及ぼすのであれば，犯罪発生率も顕著に増加するものと予期できよう。認知犯罪件数は，同じ期間，フィンランドでは事実数倍増加したのである。但し，この犯罪増加はすべての西ヨーロッパ工業諸国，特に，他の北欧3カ国にも見られることであり，この3カ国では，上述したように，収容率にほとんど変化がなかった（参照　図7）。他の3カ国と比較して，フィンランドにおける増加はむしろ平均以下である。犯罪の増加はどうも生活条件における全社会的変化と関係があり，制裁の厳しさとは関係がないかほとんど関係がないよう

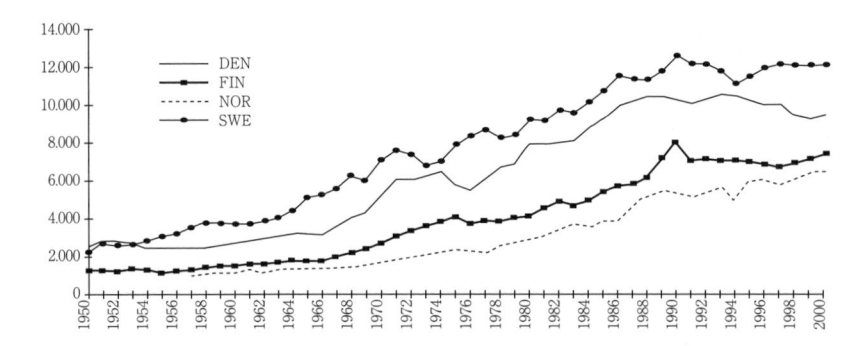

図7 北欧4カ国，フィンランド，デンマーク，スウェーデン及びノルウェーの1950年から2000年にかけての犯罪発生率 (Lappi-Seppälä 2007; 2008; Falck et al 2003)

である。

3 ポルトガルの例

　（厳しい）刑事制裁が犯罪発生率に及ぼす効果に疑問を生じさせるもうひとつの印象深い例を提供してくれるのが，今度は薬物犯罪の分野であるが，ポルトガルである (vgl. Agra 2008; Quintas 2006; Quintas u. Agra 2008)。違法薬物及びその撲滅はすべての西側工業諸国においてといってよいのだが重要な役割を果たしている。ポルトガルは1990年代末に違法薬物に関して深刻な問題を経験していた。1999年の薬物死者数は369人を記録した。これに比して，ドイツでは1812人の死者数を数えたが，但し，ドイツの人口はポルトガルの人口の約7.5倍である（8230万人対1100万人）。ポルトガルの薬物死者数をドイツの人口で推測すると，2768人となる。ポルトガルの薬物死者数は，このことを背景にすると，ドイツの死者数の約1.2倍となる。加えて，ポルトガルの死者数は——ドイツもそうなのだが——前年よりも増加した（1998年：ポルトガル　337人，ドイツ　1674人）。薬物使用による感染（特に，エイズウイルス）に関しても，ポルトガルでは，感染者が1995年の434件から1999年の611件に増加した。この数値もヨーロッパ全域で見ると比較的高い方である。多くの都市で，又，農村部でも，薬物が浸透していたのである。

　ポルトガル議会は，こういったことを背景に，従来の予防措置，特に，刑

事制裁は違法薬物に対して役に立たなかったとの結論に至った。1998年に，国際科学委員会は，違法薬物に対する建設的対処方法を策定するようにとの委託を受けた。早くも9カ月後に，特に，次のような提言を含む研究報告が提出された：あらゆる薬物の自己使用及び限定的所持の非犯罪化，包括的予防計画と危険最小化措置の実践，治療措置及び社会復帰措置網の拡大，この分野における科学研究の充実と実施措置の厳格な評価。

　この委員会の提言に従い，ポルトガルのその後の薬物政策は劇的転換を見た。2001年11月29日に，ポルトガル議会は法律（2000年11月30日）を可決し，これは2001年7月に施行された。この法律によれば，あらゆる薬物の，ヘロインといったきつい薬物を含めて，使用と自己使用のための所持は，所持する量が約10日分の自己使用の量を超えないとき，もはや犯罪ではない。薬物使用は，法的問題としてよりは，むしろ医療の問題として扱われ，重点は処罰より治療に移された。新法によると，自己使用ための少量の所持を秩序違反として過料（25ユーロないし150ユーロ）を科すことはできるが，猶予できる。したがって，薬物依存者に「すぎない」者に刑法上の措置をとることはできないが，もとより，薬物売人には依然として可能である。

　ポルトガルは，この新しい規制方法についての議論及びその後のその導入との関連で，例えば，アメリカ合州国とかグレートブリテンから厳しく批判され，ポルトガルは「薬物依存者の楽園」になるだろうとの警告を受けた。新しい規制方法の効果に関する徹底的評価がなされた（vgl. Agra 2008; Quintas 2006）。その結果は，薬物使用の推移に関して，問題の構造と次元に変化の生じたことを明らかにした。ヘロインとコカイン，つまり，きつい薬物の使用は減少し，同時に，大麻と覚せい剤の使用が増加した。但し，この変化は，新しい規制を導入する前にすでに現れていたのであり，又，他のヨーロッパ諸国でも同じ傾向が見られるのである。しかし，ポルトガルは，決して「薬物依存者の楽園」にはならなかったのであり，まったくその逆に，他のヨーロッパ諸国と比べて，ポルトガルは「先頭の位置」を失ったのであって，これは大麻についてもいえることである。ヘロインの生涯使用率はポルトガルでは2.5％（1999年）から1.8％（2003年）に低下した。薬物犯罪の廉での有罪判決数は，新法の導入後，65％の減少を見たし，2000年と2004年の間に，薬物

Ⅳ 厳しい制裁によって犯罪は減少するか？ 95

	1998	1999	2000	Gesamt (Mittelw.)		2001	2002	2003	Gesamt (Mittelw.)	
Infekt.（HIV）	605	611	528	1.744	（581）	505	433	271	1.209	（403）
Todesfälle	337	369	318	1.024	（341）	208	156	152	516	（172）

表1：ポルトガルにおける違法薬物が原因となった感染数と死亡事例数（1998年から2003年）

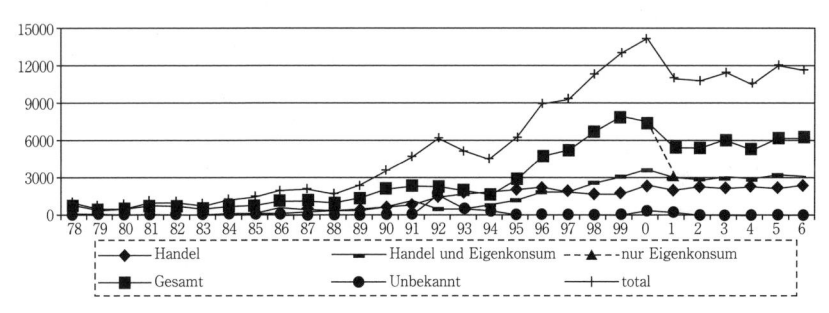

図8　ポルトガルの態様・年次別に見た薬物犯罪。売買，売買及び自己使用，自己使用のみ，不明及び全体に分類してある（1978年-2006年）（Quintas 2006）

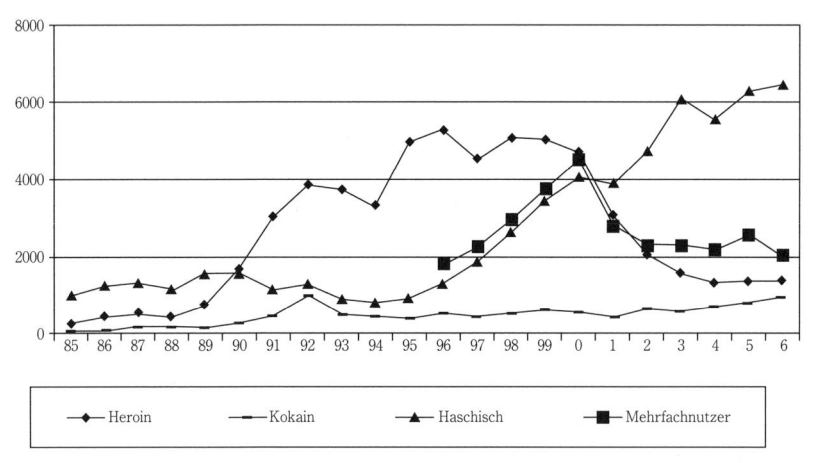

図9　ポルトガルの薬物の種類と年次別に見た薬物犯罪　1985年-2006年（Quintas 2006）

犯罪分野での自由刑宣告数は50％減少し，刑罰は全体として60％減少した。ポルトガルの寛容政策は，特に，ヨーロッパ会議加盟国の中で，1998年以降，薬物使用と自己使用のための薬物所持を増加させなかった唯一の国であるとの効果をもたらしたのである。刑事制裁が科せられたのは，とられた措置のわずか6％にすぎない。保健省内の委員会が推移を，特に，予防と援助措置に関する発展を追跡した。感染と死亡事例数の減少も顕著になった（参照 表1。Agra 2008; Quintas 2006）。但し，死亡事例数は，他のヨーロッパ諸国でも減少したのであり，例えば，ドイツでは2000年の2030人から2006年の1296人に減少した（参照　図8，図9）。

　グヴィンタスは，意識調査から見て，薬物非使用者は依然として薬物に対する対応に関して懲罰的態度を維持しているが，薬物使用者の方は新法を歓迎していることを指摘している。薬物使用に関する定型的な見方は文化に根ざしていて短期間で変わるものではない。薬物使用者の大多数は，法律が根本的に改められたこと，薬物使用がもはや犯罪ではなくなったことをまったく知らなかった。これによれば，薬物使用者は多かれ少なかれ法規定とは関係なく薬物を使用していることになり，このことは，またもや，刑罰ないし刑罰警告の効果の相対性を示唆している。収容された薬物使用者数はここ数年予期できたように顕著な減少を示している。

　この結果が証明していることは，薬物使用者に対して厳しい刑法上の追及と制裁で対処しても薬物依存問題の減少にはほとんど効果がないようだということである。これによれば，薬物使用は刑法上の措置によってはほとんどないしまったく影響を受けないということであって，むしろ，そのことによって新たな問題が生ずるということである。すなわち，ほとんど効果のない措置に無駄な投資がなされているようであり，薬物依存者の収容は高くつくばかりか，薬物依存者に新たな問題を生じさせるのである。刑罰をもって臨むことは薬物依存者をまさに薬物調達にかかわる犯罪に駆り立てるのであり，又，闇市での価格も犯罪化によってより高くなり，このことが反転して又薬物調達にかかわる犯罪に大きな影響を与える。困ったことに，この循環は，刑事司法機関がその任務を忠実に履行するほど，ますますその効果を高めるのである。収容が徹底した治療を伴うことでもあれば，制裁システムも

実際に援助的介入になりうるが,しかし,ドイツの成人通常行刑では,治療をする体制にないため,そういうことにはならないことが多い。加えて,薬物使用者を取り巻く社会環境,例えば,自分の家族へ害悪をもたらす遠隔効果が深刻な問題を生じさせるものである。このことは,特に,家庭のある女性に当てはまるのであり,他ならぬ女性被収容者の多くの者は薬物犯罪又は薬物調達にかかわる犯罪の廉で自由刑に処せられたのである (*Gies* 2007; *Martmüller* 2008)。いくつかの施設では薬物依存女性の割合が60％を超えている (*Panier* 2004)。ポルトガルの結果を背景にすると,こういった制裁政策には問題があるといわざるをえない。

4 日本の例

ここで比較のために日本の状況を見ておこう。日本は,一面で,その経済的諸条件からして西側の工業諸国に似ているし,他面で,広範にわたって異なった文化的,社会的背景を有している。後者の面に,日本が他国と比べて低い犯罪発生率を有する原因があると思われる。

2000年の「国際犯罪及び被害者調査」結果によると,日本は西ヨーロッパ諸国と比較して人々の制裁意識に厳しいものがある (vgl. *Kesteren u. a.* 2000)。1989年から始まった今回4度目のこの大規模な被害者調査において,21歳の再犯者が今度は住居侵入窃盗を働いてカラーテレヴィジョンを盗んだという設例で,制裁方法に関する5個の選択肢の回答が求められた。その制裁方法というのは,罰金刑,自由刑,公共に役立つ労働,刑の猶予及び何らかの他の制裁というものであった。カタロニア／スペインでは被質問者の6.9％しか自由刑を選択しなかったが,イタリアでは22.4％,アメリカ合州国では55.9％だった。ドイツはこの調査には参加しなかったが,しかし,同じ方法で2005年に実施されたヨーロッパ連合「国際犯罪及び被害者調査」には参加した。この調査では,19％（1989年　13％）が自由刑を選択した（スペイン：17％。1989年　27％）(vgl. Dijk u. a. 2007)。2000年の「国際犯罪及び被害者調査」によると,日本では,51.0％もが若い住居侵入窃盗犯に対して自由刑を選択した。調査に参加した23ヶ国の中で,日本は第4位の厳しさを示している。懲罰性を犯罪者に対する罰金刑の支持率で計ると,この場合も日本は比較的制裁指

向の強いことが分かる：スペインでは23.1％，ノルウエーでは23.0％，日本では16.9％が罰金刑を選択したが，他のどの国ももっと低い（Kesteren u. a. 2000. S. 218f）。スペインでは比較的多くの人が罰金刑を選択したが，同時に，24.4％が公共に役立つ労働を選択したし，それどころかノルウエーでは47.0％がこれを選択したのに対して，日本ではわずか18.9％がこれを選択したにすぎない。但し，重要な要因として，日本刑法には自由刑に代わるものとしての公共に役立つ労働という反作用がないということが考慮されるべきである。この制裁形態は人々の間でも議論されることがなく，それ故，人々は犯罪へのこの反作用形態を考えたことすらないということになり，これが今度は質問に対する相応の回答として現れることになる。「国際犯罪及び被害者調査」の結果からさらに明らかになったことは，日本の人々は，少年犯罪の予防に関して他国の人々よりも厳しい刑罰を要求しており，このことは重い犯罪に対して特にいえるということである。日本では，49.1％が少年暴力犯罪に厳しい制裁を要求しており，ポーランドではこれが42.2％であるが，カナダでは27.6％にすぎない（Yoshida 2004）。

　内閣総理大臣官房広報室が個別面接聴取法で実施した世論調査からも日本の人々の厳しい制裁意識が明らかとなる。これによると，ここ数十年の死刑支持率が明白且つ継続的に上昇している，すなわち，1980年の62.3％から1989年の66.5％，1999年の79.3％，そして2004年には81.4％と過去の最高値に達している。死刑存置の理由として被質問者が挙げた理由は次の通り（多重回答可能）：

　　応報（「凶悪な犯罪は命をもって贖うべきだ」。1980年＝26.9％。1989年＝56.0％。1994年＝51.2％。1999年＝49.3％。2004年＝54.7％）。
　　威嚇（「死刑を廃止すれば，凶悪な犯罪が増える」。1980年＝46.2％。1989年＝53.1％。1994年＝48.2％。1999年＝48.2％。2004年＝53.3％）。
　　危険な犯罪者の無害化（「凶悪な犯罪を犯す人は生かしておくと，また同じような犯罪を犯す危険がある」。1980年＝23.4％。1989年＝37.9％。1994年＝33.9％。1999年＝45.0％。2004年＝45.0％）。
　　被害者の満足（「死刑を廃止すれば，被害を受けた人やその家族の気持ちがおさまらない」。1989年＝39.7％。1994年＝40.4％。1999年＝48.5％。2004年＝50.7％）。

　この関連で注目に値することは，ここ数十年にわたって日本の人々の46.2

%から53.3%，つまり，約半数が，死刑には重い犯罪に対して一般予防の意味で威嚇効果があると思っているということである。さらに目立つことは，被害者の満足感を死刑維持の理由としてあげる日本の人々がますます増えていることである（1989年＝39.7％。2004年＝50.7％）。ここに，日本においても近年途方もない高まりを見せている被害者運動の影響を見て取ることができる（*Yoshida* 2008）。シェヒ（1990年）は既に数十年前に，行刑緩和を例にとって制裁の構成に関して状況によっては問題のはらむ被害者運動の役割を指摘していた。行刑緩和は再社会化を効果有らしめる上で重要であり，危険が残ることは避けがたいのであり，緩和措置をブロックすることは潜在的被害者への危険を結局減少させるよりも増加させかねないと。シェヒは正当にも，「白い輪（Weißer Ring）」の委託で，人々の行刑緩和への批判的態度を証明する意図から実施されたアンケート調査を批判した（*Lakaschus* 1990）。「白い輪」は当時，被害者補償法を改定して，「執行緩和又は拘禁休暇中の受刑者又は被収容者が犯した故意の犯罪で被害を蒙った者は……場合によっては被害者補償法によって認められる給付の他に，慰謝料及び生じた物的・財産損害に対する補償」を得られるようにすべきだと要求した。これが実現することにでもなれば，決定機関にはいっそうの圧力がかけられることとなり，そうすると，今でも既にそうなのだが，行刑法に明文で定められている再社会化措置の運用がもっと抑制的になろう。

「国際犯罪及び被害者調査」の結果，アメリカ合州国でギャラップが実施した調査結果（上記4・1）及び日本で内閣総理大臣官房広報室が実施した死刑意識アンケート調査結果の比較からまったく明らかになることは，日本の人々はアメリカ合州国の人々と並んで断然懲罰的であり，西ヨーロッパ諸国，とりわけドイツよりも厳しい制裁を要求しているということである。このことは人々の間に交わされている議論及びとりわけ刑事司法機関の制裁実務とも関係している。

日本の例が明らかにしていることは，制裁意識というものが一国の認知犯罪件数，したがって，一般に知られている犯罪発生率ともほとんど関係がないし，また，犯罪不安感もこれとは関係がないということである。日本の突出した厳しい制裁意識は，その背景を犯罪発生率の高さ及び人々の間にある

第3章 「新たな懲罰性」の問題

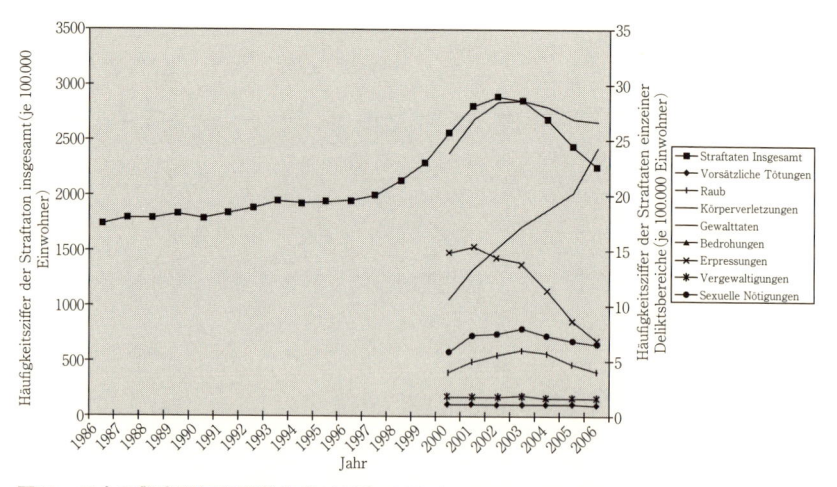

図10　日本の警察認知犯罪発生率1986年-2006年　(情報源：犯罪白書1987年-2007年)

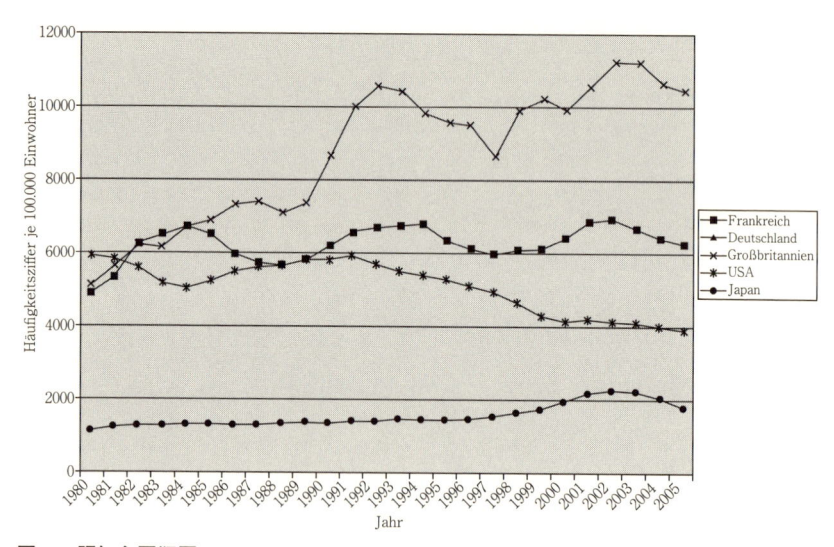

図11　認知主要犯罪　1980-2005。人口10万人当たりの発生件数（アメリカ合州国：放火を除く指標犯罪。グレートブリテイン：報告犯罪。ドイツ：交通犯罪及び国家保護犯罪を除くドイツ刑法上の犯罪。フランス：交通犯罪を除く重罪及び軽罪。日本：交通関係業過を除く刑法犯）(情報源：犯罪白書　2007年)

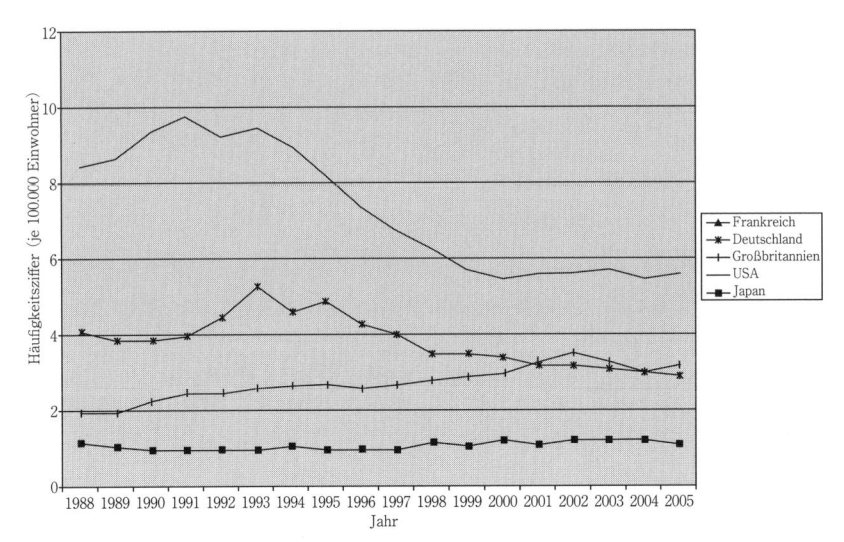

Ⅳ 厳しい制裁によって犯罪は減少するか？

図12 殺人 1988年-2005年。人口10万人当たりの発生率（アメリカ合州国：謀殺及び故殺。未遂を除く。グレートブリテン：謀殺，故殺，嬰児殺及び謀殺未遂。ドイツ：謀殺，故殺，要求による殺人及び嬰児殺。フランス：殺人及び殺人未遂。日本：強盗及び強盗殺人）（情報源：犯罪白書2007年）

大きな不安感に求めることができると推測させるかもしれない。しかし，むしろ逆が真実である。すなわち，日本の犯罪発生率は，他の，西ヨーロッパ諸国と比較して，断然低い。警察の犯罪認知件数（明域）に関しては，日本においては，他の工業諸国においてもそうなのだが，過去20年の間，顕著な増加傾向が見られる。人口10万人あたりの犯罪発生件数を見ると，1986年から2002年まで間断なく増加したが，しかし，2003年からは減少傾向にある。個別の犯罪群，特に，重い犯罪を見ると，故意の殺人，強姦，脅迫，強盗，強制猥褻といった犯罪領域の犯罪発生率はここのところほとんど変化がない，つまり，これといった増加はまったく見られないし，比較的低水準で推移している。顕著に増加したのは，但し，依然として比較的低水準であるが，認知凶悪犯罪の件数だけである（参照，図10）。

既に触れたように，日本の犯罪発生率は西側の工業諸国と比較して依然として非常に低い水準にある。過去20年の認知主要犯罪の10万人当たりの件数

第3章 「新たな懲罰性」の問題

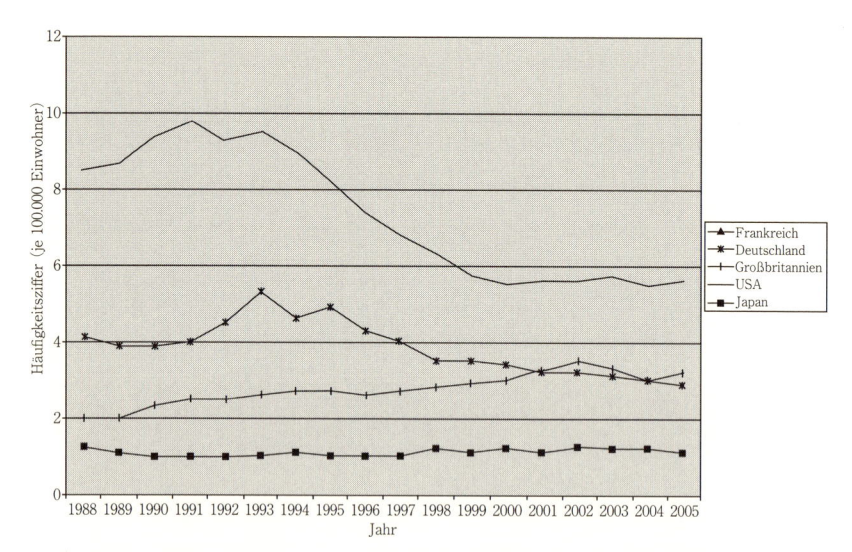

図13 窃盗 1988年-2005年。人口10万人当たりの発生率（アメリカ合州国：窃盗，自動車盗及び不法行為目的侵入。グレートブリテイン：窃盗及び不法行為目的侵入。ドイツ：単純窃盗及び加重窃盗。フランス：強盗及び盗品隠匿等を除く盗罪。日本：窃盗（情報源：犯罪白書2007年）

を見ると，グレートブリテインが断然1位であり，これに対して，日本はずっと下に位置する。グレートブリテインの2005年の犯罪発生率は日本と比較すると586％も高い（参照，図11）。

人口10万人当たりの殺人罪を見ると，アメリカ合州国が最上位にあり，これに対し，日本は最下位にある。2005年で見ると，アメリカ合州国の殺人発生率は日本と比較して509％も高い（参照，図12）。

人口10万人当たりの窃盗犯罪件数を見ると，日本はまたもや最も恵まれている。この犯罪群に対するグレートブリテインの犯罪発生率は日本と比較して2005年には368％も高い（参照，図13）。したがって，他の主要な西側工業諸国（フランス，ドイツ，グレートブリテイン及びアメリカ合州国）と比較して，日本の内的安全が最もいいことは明らかであり，しかも同時に，何年にもわたって比較的安定している。「巨大都市」に数えられねばならない東京のような大都市においてすら，西側の都市と比較して著しく安全に感じられるのである。これは，いたるところにある交番に見られるように，警察網が密である

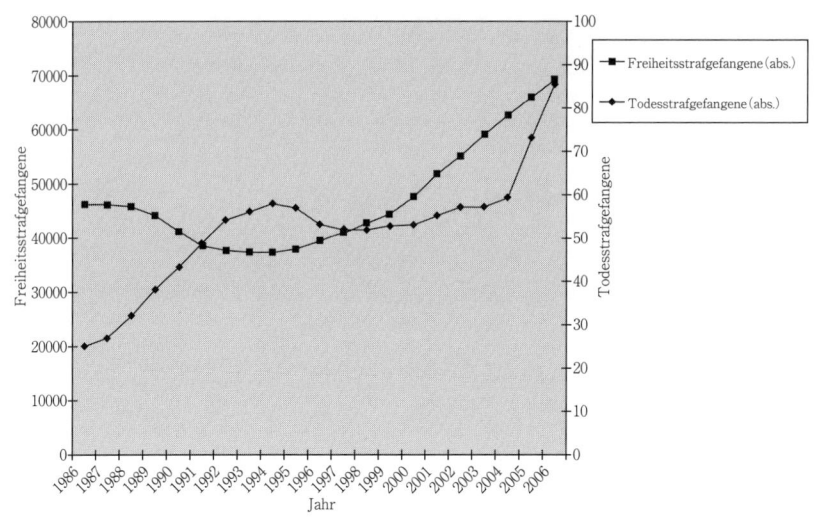

Ⅳ　厳しい制裁によって犯罪は減少するか？

図14　日本の被収容者数　1986年-2006年（情報源：矯正統計年報1986年-2006年）

ことと日本の社会においては行為規範が一般的に拘束を有していると見られ効力があるということと関連しているのかもしれない。

　日本の犯罪発生率が断然低いにしても，とりわけ刑事法の改定にも現れているように，懲罰性が増大していることを背景に，いっそう厳しい制裁が言い渡され，収容率が増加することになった。ますます長期の自由刑が宣告され，同時に，刑期の執行期間の割合も長くなっている。したがって，受刑者が増えるばかりか，刑の執行期間も長くなっている（Yoshida 2008）。矯正統計年報によると，1986年にはまだ1日平均46,107人の自由刑被収容者を数えていたが，20年後の2006年にはこれが69,301人にものぼり，150.3％増となった。被収容者数は過去20年間に1.5倍に膨れ上がった。ここで注意すべきなのは，1986年から1992年にかけて被収容者数は減少していたということである。1996年から2005年にかけてほぼ2倍になったわけである。死刑を言い渡された者も1999年以来間断なく増え続け，とりわけ2004年から急激に増加した（参照，図14）。10年前にはこういった増加をほとんど予測できなかったといえよう。

　日本の場合も，厳しい制裁，とりわけ自由刑や死刑が犯罪予防効果を有す

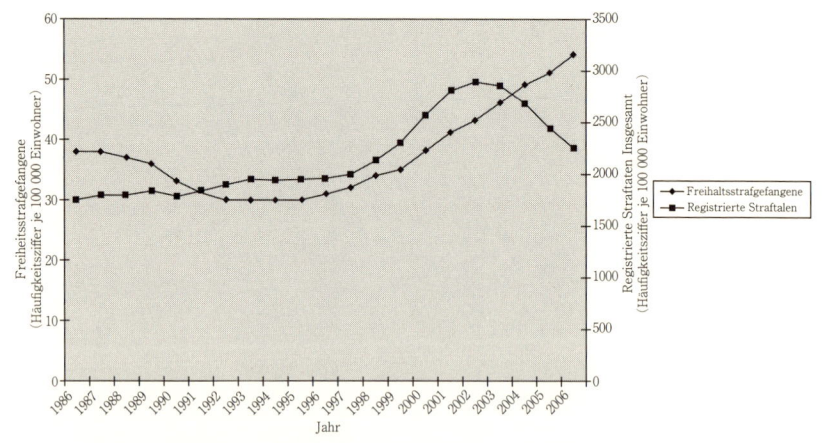

104　第3章 「新たな懲罰性」の問題

図15　日本の自由刑受刑者と認知犯罪　1986年-2006年（人口10万人当たりの頻度数）
（情報源：矯正統計年報　1986年-2006年）

るということに関して，説得力のある事態はほとんど見られない。なるほど，1986年から1991年にかけて人口10万人当たりの被収容者数は減少し，同時に，1986年から1994年にかけて人口10万人当たりの認知犯罪件数は増加したということから，厳しい制裁の減少が犯罪発生率の増加に繋がったというように見ることもできるかもしれない。しかし，1990年代中頃から2000年代初頭にかけて犯罪発生率も被収容者率も明らかに増大したのである。被収容者率が増加すると犯罪発生率は減少すると予期できてもよさそうだが，しかし，犯罪発生率の減少はようやく2003年から見られるのであり，他方，被収容者率は引き続き増加傾向にある(参照，図15)。ここで注意しなければならないのは，ここのところすべての西側工業諸国といっていいのだが，認知犯罪発生率が減少していることであり，日本もそうである。この減少を厳しい制裁に起因させようとするなら，それはまったくの憶測に基づくものであり，その前の期間においても制裁の厳しさと犯罪発生率の関連が証明できていないことからもそういえる。この結論から明確に引き出せることは，一国の犯罪発生率は，厳しい制裁を科するよりも，おそらくはむしろ社会経済的要因，人々の生活条件の影響を受けているのだろうということであり，このことはほとんどすべての犯罪理論が主張していることでもある。

5 ドイツの例

　ドイツ連邦共和国の犯罪の推移を過去数十年の収容率と比較して考察すると，同じような結果が得られる。すなわち，自由刑—これは西ドイツでは1949年以降，最も重い刑罰であるが—が犯罪の発生に与える影響はないも同然か，いずれにしても明白な影響はないも同然といえるのであって，このことは少なくとも公的認知犯罪に言える。図16から分かることは，警察の認知犯罪件数が1960年代初頭から1990年代初頭まで継続的に増加したということである。1980年代終わりから1990年代初頭までは，この傾向から外れているが，西ドイツと東ドイツの再統合，及び，これによって必要になった警察犯罪統計の切り替えに起因するのかもしれない。この関連で，西ドイツと東ドイツにおける犯罪の把握と記録にかなりの不正確さが発生せざるをえなくなったのであり，この期間の数字は慎重に解釈されるべきであり，この期間の警察統計にもこのことはいえる。

　犯罪発生率は1990年代前半までは継続的に増加したが，被収容者数は，波はあるものの，長期的傾向としては1990年前半まで減少した。1960年代末から1970年代初頭にかけての減少はおおよそのところ法律の改定に起因する。1970年代初頭まで，受刑者数は減少したが，しかし，このことが統計上の犯罪発生率の上昇に影響を与えているとはっきりいうことはできない。1970年代初頭から1980年代中頃まで，反転して，被収容者数が継続的且つ明確に増加したとき，つまり，もっと多くの自由刑が科せられるようになったときでも，犯罪発生率への影響はないか，あってもわずかな影響しかない。もし厳しい刑罰が犯罪予防効果をもっているとしたら，逆のことが予期できたといえよう。1980年代中頃から1990年代初頭までまたも被収容者数の減少が見られるが，その明確な影響は見られない。

　犯罪発生率は，ヨーロッパにおける巨大な社会的変化，特に，国境がかなり透視的になったこととの関連で，増加したが，その後，安定した。ドイツ連邦共和国ないし合併後の統一ドイツにおいては，犯罪発生率は収容者数の動きとはかなり関係なく推移している（参照　図16）。被収容者率と認知犯罪者数の両曲線間の相関関係は，ここ数十年で見ると，r = − .263となり，こ

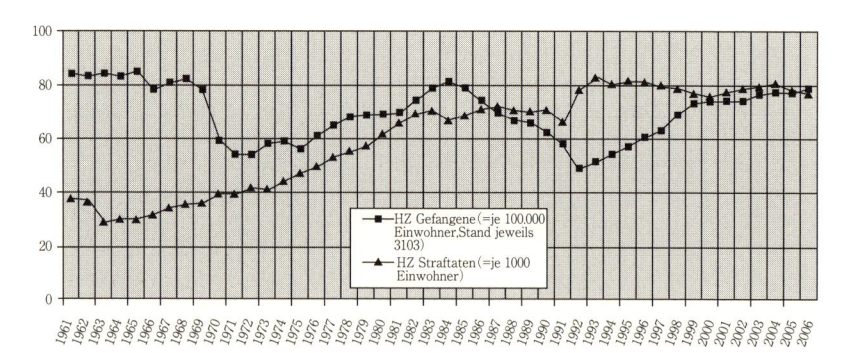

図16 ドイツ連邦共和国の1961年から2006年までの人口10万人当たりの受刑者数（被保安監置者を含む）と人口10万人当たりの犯罪発生件数（情報源：Statistisches Bundesamt, www.destatis.de; Polizeiliche Kriminalstatistik, www.bka.de/pks）

のことは，自由刑の犯罪減少効果の点でわずかな，しかし，有意とはいえない（p=.077）影響しか与えていないことを示唆しているのかもしれない。しかし，短期間の時間幅を取り出すことに応じて，このことも又逆のことも「証明」できる（s. a. *Tonry* 1999）。

Ⅴ （厳しい）制裁の犯罪予防効果？

最近の犯罪学の関心事は，「新たな懲罰性」の背景理由として何が考えられるのかということに集中している。議論の対象は，特に，アメリカ合州国に向けられているが，しかし，次第に，グレートブリテンやドイツといったヨーロッパ諸国にも向けられている。例えば，ガーラントは，「統制の文化」とか「犯罪発生率の高い社会の文化」といった表現を用いて，いわゆる「懲罰的変遷」の原因となった可能性のあるたくさんの要因を指摘している。出立点は，ここ数十年，多くの国で，刑法の強化（「厳しく当たる（get tough）」），犯罪者に対する，特に，暴力犯罪者，性犯罪者に対する厳しい対処を伴いいっそう厳しくなった制裁政策を確認することにある（vgl. *Scheingold* 1999; *Tonry* 1999; 2004）。この制裁政策は人々の意識に影響を及ぼしうる。このことは，特に，アメリカ合州国，グレートブリテン，日本といったさまざまな

国にいえるが，ドイツにはそれほど当てはまらない。但し，ドイツでも，その間，特に，性犯罪者，少年暴力犯罪者といった個別犯罪者群に厳しく対処する一般的傾向がはっきり見られるようになって来た。シュレーダー (*Schroeder*, S. 231) がこの関連で顕著になったこととして強調していることは，「1970年代のドイツ刑事立法では，刑法の縮減，『非犯罪化』への傾向が支配的だったが，それ以降」，シュレーダーが挙げる若干の例外は別とすると，「刑法の膨張しか起こっていない」ということである。他の大陸ヨーロッパ諸国からも，ここ数十年に起こった刑法の強化に関する報告がなされている (vgl. *Serrano-Maillo* 2006; *Kossowska u. a.* 2008; *Krajewski* 2006; zu Japan: *Yoshida* 2008)。過去35年間の「新たな懲罰性」との関連で，ガーランドばかりでなく，他の多くの学者 (vgl. etwa *Tonry* 2004) も，この発展に影響を及ぼしたといわれている，以下にあげる要因の多くを議論の対象としている。但し，大方は，アメリカ合州国とグレートブリテンの状況が議論の中心であって，大陸ヨーロッパ，例えば，ドイツとか，日本の状況にはそれほど関心が向けられていない (vgl. zu dieser Blickrichtung *Brown* 2006, S. 288)。

　犯罪が次第に政治の問題となったこと，ないし，政治の目的のため，例えば，選挙戦勝利のために利用されるようになったこと（上記参照）。この関連で，特に，「犯罪不安」，ないし，犯罪不安の下で理解され，一般に行われる意識調査項目において測定される事柄も重要な役割を果たしており，又，人々の憶測上の又は実際の制裁願望に関する質問紙票調査も重要な役割を果たしている（質問紙票調査結果の信頼性について，*Kury* 2008)。ブラウン (*Brown* 2006, S. 288) はこの関連で「不安を誘発する犯罪統制レトリック及び政治目的のための行動」という表現を用いている (vgl. etwa *Beckett* 1994; 1997; *Beckett u. Sasson* 2004; *Caplow u. Simon* 1999; *Parenti* 1999; *Jacobs u. Helms* 2001; *Smith* 2004. ドイツとアメリカ合州国の選挙戦については上記参照)。

　犯罪統制との関連で次第に価値と結びついた象徴的レトリックが用いられるようになった。このこともますます「象徴的立法」に繋がっている (vgl. *Currie* 1998; *Lyons u. Scheingold* 2000)。

　社会的，構造的及び制度的次元における社会階級間ないし人種間の絶え間のない対立。これはまさにアメリカ合州国の伝統的問題といってよいが，似たような対立は，ますます西ヨーロッパ諸国でも見られるようになっている。例えば，オランダ，グレートブリテン及びフランスを見ればわかる。これ

らの国では，ここ数年，異なった民族間の対立が顕在化したのであり，フランスでは，2006年に各地でまさに市街戦にまで発展した（アメリカ合州国に関しては，vgl. etwa Liska u. a. 1985; Caplow u. Simon 1999; Smith 2004）。ドイツでは，又日本でも，ここ数年，次第に，収入層の２極分解，中間層の「消滅」ないし明白な減少といったことが議論されるようになった。企業コンサルタントの評価によると（www.mckinsey.de），経済成長率がこのまま低すぎる状態で推移すると，2020年のドイツでは，1990年代よりも減少して，千万人が中間層に属することになりそうである。1990年代は，人口の62％が所得から見て中間層に属したが，今では早くも54％しか中間層に属していない。安定した中間層のもつ「国を支える」機能という点で，このような発展が続くと，社会が不安定になりかねない。

高度の，「社会的無秩序」及びいわゆる「モラル・パニック」に関して人々の不安が一般化していること（vgl. Tyler u. Boeckmann 1997; Chiricos 1998; Smith 2004; Kury u. a. 2004）。政治は懸案の問題をもはや解決できないという気持ちが，不安感を，特に，政治に対する嫌気を増大させているのであって，このことは，低い投票率に現れている（上記参照）。例えば，ドイツでは，ドイツキリスト教民主同盟，ドイツ社会民主党といった大きな国民政党がここ数十年間その党員数を著しく減らしている。

大衆媒体の犯罪報道が絶え間なく不安の念を起こしていること（vgl. etwa Chermak 1995; Sasson 1995; Beckett 1997; Beckett u. Sasson 2004）。（重大）犯罪ニュースは昔から大衆媒体が好んで取り上げる題材である。ニュースが刺激的に扱われれば扱われるほど，そのニュースは読者の注目を惹きつけ，販売部数や視聴率の増加に結びつく（このことにつき上記参照）。そこでは，大衆媒体はますます多くの犯罪情報を流すばかりでなく，「望ましい」制裁ないし「より良い」刑事政策に関して圧力をもかけるのである。日本では，人々に強力な情緒的反応を引き起こした1999年４月の２重殺人事件が好例である。光市で23歳の主婦とその11月の娘が殺害され，主婦は死後犯人により性的陵辱を受けた。犯行当時18歳だった犯人に，2008年４月，死刑判決が下された。

経済領域における２極分解化と実利主義の増大（vgl. Reiman 1984; Currie 1998; Caplow u. Simon 1999; Vaughan 2002）。ドイツでも，ここ数十年間，貧者と富者の分解現象が見られる。ますます多くの人々が，例えば，失業や低所得のため，ますます貧困に陥っており，支払い不能者の数が増大した。他方で，富者の数も増加した（上記参照）。リーマンはすでに20年も前にアメリカ合州国の状況をうまく表現している，「富者はますます富み，貧者は刑務所に入る」。特に，少額で，長期的には安定しない収入によって，生活設計に変化が生ずる。富

有層と貧者層に教育の面での差異が顕著になってくる。
ドイツと比較して，日本では，強力な被害者運動，特に，犯罪被害者のための（おそらく）最大の団体（あすの会）が刑事実務や刑事立法に影響を及ぼしていることは明らかである。日本でも経済の発展状況がよくないが，これと関連して，犯罪が次第に「脅威」と感じられるようになり，人々は，社会生活において，以前ほど安心感をもてず，この不安感を犯罪に関しても抱き，これが政治的にも支持されている。というのも周知のように，人々は単純な処方箋で対処できるような「敵」を見出したからである。市民は，「悪事を働いた人」に対する厳しい対処を約束されることで，簡単に宥められ，満足させられうるという点で，刑事政策は「容易な」政策である。社会条件の悪化はどうも日本でも制裁意識に好ましくない影響を与えたようである。犯罪者に対する寛容の態度が相応の大衆媒体の報道と関連して後退したのである。これは，その間に，厳格な司法ばかりでなく，厳しい立法をも叫ぶ，制裁指向の被害者運動によって明確に支援されたのである。かくして，ここから，例えば，次のような議論がなされることになる，つまり，その間に平均寿命がのびたことを顧慮すると，今までのような自由刑の科し方では威嚇効果が失われるのであり，それ故，拘禁刑は市民の平均寿命の延びに適応させなければならないと（vgl. *Yoshida* 2008）。
厳しい制裁を，特に，特定の行為者群に，例えば，暴力犯罪者や性犯罪者に科する制度も懲罰性の上昇を証明している。アメリカ合州国では，例えば，「強制的量刑」，執行猶予に付された犯罪者の厳しい監視，薬物使用，その他の社会的逸脱行動の犯罪化の拡大に見て取れる。ドイツでは，特定の犯罪者群，特に，性犯罪者に対して，保安監置命令の可能性が拡大されたし，一定の条件の下で，少年犯罪者に保安監置を科する制度も創設された。拘禁された受刑者の場合には，執行緩和や釈放に当たり，危険性に関する予後鑑定の要求されることが多く，このことがさらなる障壁となっている。決定機関は，人々の圧力を感じ，決定に当たりいっそう慎重になり，このために，例えば，執行緩和ないし仮釈放が控えめになり，宣告刑の大部分を服役しなければならない結果に繋がっている。

政治の決定機関は厳しい法定刑の導入にあたり世論や人々の間の不安定感，犯罪不安感の増大を盾に取ることが多い。但し，指摘される要因の中で，人々の意識の役割及び人々の「実際の」懲罰性，犯罪への不安感といったものは特に問題をはらんでいる（vgl. die Beiträge in *Kury* 2008）。例えば，アメリ

カ合州国では過去20年間，人々の死刑意識に関して，1990年代の前半に支持率の若干の減少が見られたことを別とすれば，おおよそのところ変化が見られない。人々の意識は，この期間，数値が比較的高水準にあるものの，より懲罰的になったとはほとんどいえないが，しかし，犯罪・刑事政策はより懲罰的になった。ドイツでは，死刑の支持者は，1950年以来，特に，1970年代初頭から今日に至るまで，明らかに減少した。死刑支持は，1970年代後半にのみ，特に，1997年に顕著に増加したが，これは左翼テロリスト（RAF）の犯行との関連で見るべきであり，その後反転して，またもはっきりと減少した。最近では，1990年代の中頃に，死刑支持が増加したが，これは，おそらく特に，一般的不安，大衆媒体の選択的報道に起因するものと見ることができる。その後，死刑支持は，東ドイツでも西ドイツでもまたもや減少した。ドイツでは，今日，人々の３分の１が死刑を支持しているが，質問紙票調査結果の言明力については吟味を要する（vgl. *Kury u. Obergfell-Fuchs* 2008a）。これに対して，日本では，死刑支持者の割合が過去一貫して増加しており，1980年の62.3％から2004年の81.4％へと，25年間で19.1％も増加した（*Yoshida* 2008）。したがって，国際的に見れば，ドイツの人々の懲罰性は比較的低いのであるが，刑法，したがってまた，制裁もはっきりと強化された。制裁の強化は，大衆媒体において広く報道され，激情を引き起こし，重大事件の犯罪者に対し「そろそろ」厳しく対処せよとの要求に繋がる個々の重い犯罪と関連することが多い。個々の領域，例えば，性犯罪では，多くの場合，被害者組織ないし女性団体が役割を果たすが，刑法を強化することで「問題」を減少させる試みにはつとに疑問が出されていたのである（vgl. etwa *Schöch* 1990）。

犯罪不安に関して言えば，ドイツでは，政治的転換から1990年代中頃まで増加していたが，その後今日に至るまで減少傾向にある。その際注意を要すべきことは，通常の方法で測定される，犯罪の被害者になる不安といったものは，最近の実証調査研究によると，どうも著しく過大評価されているということである（vgl. *Farall u. a.* 1997; 2000; *Kury u. a.* 2004a; 2004b; 2004c; 2005; *Kury u. Obergfell-Fuchs* 2008b; *Gray u. a.* 2008）。

さらに，特に注意を要するのは，「懲罰性」とか「犯罪不安」というのは

きわめて複雑な構成概念であり，その信頼できる測定はまだ初期段階にあるということである。正当にも，ブラウン (*Brown* 2006; S. 288) は，アメリカ合州国の事情について，「犯罪統制に関する人々の見解が複雑であり，相対的には穏健であるとの証明があるにもかかわらず，懲罰的政策の興隆を抽象的『アメリカの公衆』の責めに帰し，一般化することが続いている」と指摘している (vgl. a. *Cullen u. a.* 2000; 2002)。マシュウズ (*Mathews* 2005) も，懲罰性の概念に関する明確な構想が欠如していること，世論と人々が実際に何を望んでいるのかに関する基礎のしっかりした言明がほとんどないことを批判している (vgl. a. die Beiträge in *Kury* 2008)。アメリカ合州国においても，人々の制裁意識はほぼ同じであるが，個々の州によって制裁政策にはっきりとした違いのあることがわかる。バーカー (*Barker* 2006, S. 25) が強調しているのだが，1960年代の終わり頃，アメリカ合州国は刑事政策において大きな挑戦，例えば，犯罪の増加とか人種問題に直面していた。州によって対応はまちまちで，さまざまな構想をもった対応があった。「州によっては，キャリフォーニア州もそうなのだが，排除に基づいた新しい社会秩序をもたらすために，大衆迎合主義に走り，とくに，（政治・経済の）反国家統制，拘禁への信頼強化に向かった。州によっては，ニュー・ヨーク州もそうなのだが，実利主義に執着し，政治活動家による統治をその限界まで引き伸ばし，そして，最小限の力と最大限の正統性をもって社会秩序を回復するべく拘禁の戦略的使用方策を採用した。対照的に，ワシントン州は参加型統治への傾向を強め，州の力を放棄し，活動的市民参加を社会秩序の維持と緊密に結びつけたのであり，その帰結は拘禁への信頼度の低下であった」。今日に至るまで，犯罪発生率は，これら3州によって著しく異なり，収容率もまたそうである。キャリフォーニア州は3州の中で収容率が最も高いが，犯罪発生率が最も低いというわけでは決してない。ニュー・ヨーク州は犯罪発生率が最も低いが，収容率は明らかにより低い。ワシントン州は収容率が最も低く，同時に，犯罪発生率が最も高い。したがって，一様な関連のあることが認定できず，関係はことのほか複雑である。

　ガーランド (*Garland* 2001, S. 148) は，今日の犯罪と社会秩序と関連した「統制の文化」に関する理論的考察において，「専門職中間階層」，「自由主義思

想をもつエリート，最良の教育歴のある中間階層及び公営企業の専門職」の社会統制に対する意識が強まり，このことが懲罰性の増大に繋がったという仮説から出立した（vgl. zur Diskussion a. *Kaiser* 2006; *Sack* 2006; *Ferdinand* 2006）。ブラウン（*Brown* 2006）はアメリカ合州国「一般社会調査」のデータを基にこの仮説の検証を試みた。その結果，ブラウンはガーランドの仮説を確認できなかった。それによると，上記の階層の人々の制裁意識がその他の層の人々と比較して年々著しく強まった，ないし，その発展が異なった推移を示したとは決していえないということである。アメリカ合州国の人々の制裁意識は，ここ数十年間相対的には同じ水準にあり，「専門職中間階層」もこの点で重要な違いがあるわけではない（*Smith* 1990; *Warr* 1995; *Flanagan* 1997; S. 12; *Scheingold* 1999; *Cullen u. a.* 2000, S. 5; 2002）。ブラウン（*Brown* 2006, S. 303）は，さらに，アメリカ合州国民の制裁意識はここのところ一定の状態にあるのみならず，ほどほどに懲罰的であるにすぎない（"only moderately punitive"）と言うが，後者の言明は，西ヨーロッパ，例えば，ドイツとの比較では確認できない。ブラウン（*Brown* 2006, S. 306）は，この関連で，アメリカ合州国民は，その懲罰的態度と並んで，犯罪者の治療，その社会復帰も常に支持していると主張する（vgl. *Cullen u. a.* 2002）。このことも懲罰性という概念の複雑性を示唆するのである。ドイツの被質問者も厳しい制裁と並んで同時に行為者の社会復帰，援助に賛成する。おそらく，被質問者はそのつど異なった行為者群を思い浮かべているのであり，このことは特に釈放の可能性のない終身拘禁に賛成する場合にはそうであるに違いない。というのも，この場合，社会化措置というのはもはや意味をなさないからである。したがって，「懲罰的意見と自由主義的意見」は同時に存在しうる（*Doble* 2002）。ブラウン（*Brown* 2006）はそれほど厳しくない制裁に賛成する傾向があるというが，それは（いまだ）説得力がまったくない。死刑に代わって釈放の機会のない終身拘禁(Live Without Parole-LWOP) に賛成するということが，それほど厳しくない制裁意識を示すものだ，とはまったく言うに及ばない。

　チェザロニとドゥーブは，カナダの事情について，「財政―教育エリート」は，1988年と19993年の調査によると，他の人々よりも懲罰的ではないと証明できたが，このことはアメリカ合州国では証明できなかった。反対に，ア

メリカ合州国では，この層の人々は，科せられる刑の重さに関する意識に関して，1998年もそれから10年後もより懲罰的で一貫して保守的傾向にあった，(*Brint* 1994, S. 99)。アメリカ合州国では，「エリート」はいつも中間層よりも懲罰的だったのであり，年ごとに懲罰的になったのではない。したがって，アメリカ合州国の様々な層の懲罰性は，年の経過とは関係なく，相対的に一貫していたのである。

　人々の制裁意識に関する質問紙票調査の結果も過大評価してはならない。懲罰性の定義も操作化も，上述したように，依然として漠然としており，これまた実証研究が様々な結果をもたらす原因となっている。例えば，懲罰性というのが，他の人格特徴と関連して，個々人の意識に関係している，したがって，特殊の意識次元なのか，つまり，一般的世界観をあらわしているのか (vgl. *Robbers* 2006)，又は，裁判所，立法者，刑事政策の制裁行動，つまり，「国の行動，態度」一般に対する物差しなのか否か，それが依然として不明確である (*Brown* 2006, S. 309; vgl. hierzu a. *Kury u. a.* 2004; *Sporott* 1999; *Frost* 2004)。かくして，マシュウズ (*Mathews* 2005, S. 178) は正当にもこう強調している，「『懲罰性』という用語が学界で広く用いられているが，それを定義したり，脱構築する試みがほとんどない。その結果，懲罰性は『実質のない』，理論化の未発達な概念にとどまっている。しかし，その大部分が未分化の性質，それにまつわる一般的曖昧さといったものがそれを採用する妨げとなるものではない」。マルーナらが見出したことは，懲罰性は，特に，社会的変化を背景とした一般的不安感および不安定感の影響を受ける意識型ないし世界観であり，犯罪問題への合理的答えとはなっていない。用語すらもが定まっておらず，外国の文献を見ても，「punitiveness」とか「punitivity」とか「punitive views」とかいった用語が用いられ，その反対概念としては「leniency」とか「tolerance」が用いられている (vgl. die Beiträge in *Kury* 2008)。

　個々の国，例えば，日本を別とすれば，過去35年間，人々の意識が注目に値するほどより懲罰的になったとはいえないとすれば，このことはアメリカ合州国や他の西側工業国の質問紙票調査の結果によって裏打ちされるのであり，しかも，ドイツのように，この期間，懲罰性が減少した国もあるとすれば，どの程度，「刑罰大衆迎合主義 (penal populism)」という概念がまだ維持

できるのかが問題となる。厳しい制裁政策の実践，特に，アメリカ合州国のそれ，近時はドイツのそれは人々の懲罰性に起因すると言えるのだろうか。マシューズ（Mathews 2005）は，人々の間に懲罰性が高まっている（といわれる）ことに関する議論が増しているが，それはますます誇張してなされていると述べている。マシューズによれば，懲罰的社会統制をめぐる議論は新しい現象ではないが，しかし，次第に「厳しく当たる方針（get tough policies）」に狭められ，そのため，犯罪問題の代替解決策があまりにも遠くに後退させられたと論ずる（vgl. a. Braithwaite 2003）。それと並んで，「人々が厳しい犯罪統制への傾向を促進する上で決定的役割を果たしたとの主張は，……その論拠がかなり弱い」と（Brown 2006, S. 308）。

ブラウン（Brown 2006, S. 308）は，人々の懲罰性と最近顕著になってきた刑事司法機関の制裁の厳しさの間の関連があまり重要ではない理由として，次の諸点を指摘している。

> 人々の政治的な関与が全体としては低いこと（vgl. Putnam u. Goss 2002），
> 犯罪や犯罪統制の問題について一般の人々が得られる情報水準は低いのが一般的であること（vgl. Cullen u. a. 2000），
> 一般の人々は一般に厳しい制裁ではなく，むしろ，創造的解決策を強く望むが，選挙とその結果に縛られる政治家には，犯罪者に対しそして刑事政策において厳しい態度を示す傾向が増していること（vgl. Roberts u. a. 2003; Tonry 2004），
> ここの所ずっと政府，政治の側で責任を引き受ける姿勢が一般的に後退していること（vgl. Jacobs u. Shapiro 2002），
> 立法機関が，少なくとも高度の次元で，大衆媒体や利益団体ともつコミュニケーションの関係，ここで得られた情報は世論と同値され，同時に人々との直接の接触が軽視されるし，政治家は党内政治の力学の影響の下に内的下位グループで意見を形成すること（vgl. Herbst 1998; 2002），
> これと関連して，一般の人々が犯罪統制に関して実際に何を考えているのかに関して，政治指導者が誤った認識をもっていること（Cullen u. a. 2002; Doble 2002; vgl. Neuerdings Elffers u. de Keijer 2008; de Keijer u. a. 2008）。

ブラウン（Brown 2006）は，特に，アメリカ合州国の状況と関連付けている。但し，多くの点で似たような展開を見せる萌芽はその間にドイツでも見られる。ライネマン（Leinemann 2005）は，そのドイツの政治舞台の分析において，

いかにも彼らしく「政治家の現実離れした世界」という言い方をしているし，プラントル (*Prantl* 2008) は「政治は不安感をどう扱うのか」という問題を議論している。ブラウン (*Brown* 2006, S. 308) は，その実証的調査結果及び批判的分析を背景に，「たとえ一般の人々が政治から切り離されたり政治家から無視されるのが一般的である場合でも，懲罰的社会統制措置の興隆を」，それでもなお一般の人々の責めに帰しうるのかという問題を最後に提起している。ここで問題となっているのは，制裁政策や刑事罰についての世論は多くの影響要因のひとつにすぎない複雑な関連である。一般の人々及びその意識は，政治の側からは，再選されたい限りで「承られる」。ここに生ずる力学は大きな選挙戦で，アメリカ合州国でもドイツでも，ますます明らかになっている。政治家は，選挙で勝利する（再選する）見込みを高めることを計算して，刑事政策の発言をする（参照，上記のアメリカ合州国の選挙戦の例）。

　一般の人々は，犯罪と制裁実務について，まったく表面的且つ歪められた情報しか与えられないのであり，近くで起こった事件を別とすれば，おおよそのところ大衆媒体を通してしか情報を与えられない。重い且つセンセーショナルな個別事件が大衆媒体によって，特に，それ自身のために街頭売り大衆新聞やそれほど批判力のないテレヴィジョン放送局によって，注目を集めるような形で報道されることにより，多くの場合相応の制裁が示唆されるのだが，こういった事件に関して一般の人々の間に厳しい制裁願望が呼び起こされるのである。こういった個別事件は一般化されることが多く，個々の行為者の区別はもはやなされず，「性犯罪者」という見出し語だけでももう相応のきわめて重い犯罪を思い起こさせるのである。この状況で，例えば，質問紙票調査において厳しい制裁願望が表明され，「測定」される。

　これに対応して，大衆媒体が厳しい制裁を要求するないし個々の重い犯罪に関して一般の人々が驚愕していることを背景に，政治の側からの反応はほぼもっぱら，法律ないし制裁を強化するという約束であり，この約束はこういった場合ほぼいつも支持されるのである。刑事政策はこの意味で凡庸な政策である。人々がなにを問題と考えているのかを知ることで，常に約束されるのは「同じものをもっと多く」であり，提供された「解決策」の効果を検証する義務はなく，又その要求もなされない。というのも，厳しい制裁には

効果があるというのは自明の理であり，評価の必要性はまったくないと考えられているからである。新しい法律の制定はほぼ「費用中立的」でもある。法律家は法律の効果の経験的検証を学んでこなかった。これとは異なり，他の領域における政治的案件はまったく複雑である。例えば，ドイツでも他の国でも，長年，保健政策や労働市場政策の改善について争われているが，一致した，一般の人々からも受け入れられる解決策の見込みがない。これに比して，刑事政策ははるかに簡単である。人々の願望は明白であり，相対的に容易に承れ，選挙戦のための道具として利用できるのであり，時に，象徴的行為によるものであってもそうである (vgl. *Hoffmann-Riem* 2000)。直接の当事者，つまり，制裁を受ける者は苦情を申し立てる力をほとんどもたない。何かを警告する学者は，ほとんど聞いてもらえず，さらに，自制的であるのが普通であるし，政策の短所を内輪で議論し，大衆に声をかけることもない。専門家やその見解は政治家によって次第に必要とされなくなり，代わりに，いかに疑問があっても世論調査が利用されるのである。

　拘禁刑の増大，特に，拘禁の長期化，とりわけ重い犯罪を犯した者に対するそれによって，犯罪の減少効果はほとんど期待できないのだということは，アメリカ合州国，又，ヨーロッパ諸国，例えば，フィンランド，ポルトガル，ドイツ，そして日本の経験から分かることである。このような制裁政策はきわめて高くつく。その間に，アメリカ合州国の諸州も財政問題の深刻化を背景に代替策を考えている。専門家の間ではほぼ意見の一致が見られるのだが，過剰な拘禁に出費するよりも（1次）予防措置に出費する方が，内国の安全という観点で，現在実践されている刑事政策よりも大きな効果を有する。アメリカ合州国連邦最高裁判所判事アンソニー・M・ケネディは，2003年8月14日に開かれたアメリカ法曹協会年次大会で講演をし，「国の資源が誤った使われ方をしている。刑罰は厳しすぎる。刑罰が長すぎる」と述べた (*Austin u. Fabelo* 2004, S. 2)。オースティンとフェイビロォウ (*Austin u. Fabelo* 2004, S. 3) は正当にも，「十分に的を絞った中間的制裁，治療の選択，短期拘禁期間及び特別の監督のほうが，公共の安全という観点で，拘禁を拡張し続けるのと比べて，同じかもっとよい効果をもたらしうるし，しかも，より安価にこれをなすことができる」と論じている。

被収容者数を減少させることが課題とならざるをえず，アメリカ合州国の州によってはこれを行っているところもあるが，西ヨーロッパ諸国とはほとんど比較できないほどの「高水準」から開始されている。「こういう率先的取り組みは，先ず，危険かつ暴力的受刑者を拘禁することで，公共の安全を確保するためであり，次いで，非暴力的犯罪者を刑務所に収容せず，代替的社会復帰・制裁プログラムにまわすことや収容期間を短縮することで刑務所人口と費用を減らすためである」(Austin u. Fabelo 2004, S. 3)。犯罪者は，慎重に選ばれた上で，且つ，拘禁された後できるだけ早く，社会復帰にとって重要な特別の社会化措置を利用できなければならないのである。費用は査定され，資金はよりよく投資されなければならない。危険な行為者は当然ながら拘禁され，その危険性が容認できる程度に減少するまで，確保されなければならない。ミュラー＝ディーツ (Müller-Dietz 2006, S. 402) は，制裁と行刑の拡大に関連して正当にも「この逃げ道が安全状況に鑑み優先に値するのか否か，そしてその程度はいかんといった現今の刑事政策論議は，一般の人々の間での犯罪に対する不安の広がりを考慮すると，妨げになるとは言わないまでも，不十分である」ことを強調する。この方向へのより効果的な刑事政策は犯罪被害者，特に，重い犯罪の被害者の面倒を見なければならないのであり，特に，一般の人々に客観的情報を提供し，改革計画のために一般の人々の支持を取り付けなければならない。単に行為者を厳しく処罰するよりも，むしろ被害者をもっと救援しなければならない。犯罪学もその要請にこたえなければならない。というのも，犯罪学はこの分野を担当する学問だからである。

　社会における法的平和を維持ないし恢復しようとするとき，行為者を単に処罰し，被害者を証人として「利用」する状況というのはほとんど役立たない。この点で，行為者——被害者——和解といった方法が利用されなければならないし，法的平和の恢復過程にできるだけすべての行為関係者を含めるようにしなければならない。他ならぬ行為者——被害者——和解に見られる結果は大いに期待を抱かせるものである (vgl. etwa Hoyle u. Young 2002, 少年刑法の領域については，Dölling u. a. 2002)。こういった結果が生ずるということは，関係者だけが，自分たちの間に争いを生じさせた事柄について知っている点

で，大いに考えられることである。処罰は，行為関係者の自然に与えられる非公式の資源を利用して紛争をできるだけ解決することの妨げとなるのであり，刑法は紛争解決の仲立ちをするよりもむしろそれを大きくするのである。犯罪者を社会から取り除いて何年も拘禁することは，犯罪者にとり普通は刑務所ボケによる脱社会化を意味すること，犯罪者は社会から疎外されること，特に，治療がないときはそうなるのが普通であること，こういったことはあまり知られていない。目指すべきは，犯罪者を犯罪行為にでない市民として社会へ（再）統合することでなければならない。犯罪者を拘禁という手段を通して社会から遠ざける道のりを，最後には犯罪者とともに戻って行かねばならない。かかる措置は極端に費用がかかり，危険な犯罪者を別とすれば，社会にもっと多くの安全をもたらすものではない。特に，長期拘禁は，永続的に危険な犯罪者というそれほど多くない事例を別とすれば，ほとんど意味がなく，とりわけ，長期拘禁が社会化措置のために利用されず，被拘禁者が時間を「座ってすごす」にすぎないときはそうである。重い犯罪の場合でも，一般の人々は，比較的短期間で制裁への関心を失うことが多いもので，特に，行為者と被害者の情報をもっと多く得たときにはそうである。刑事政策は，合理的で，犯罪学の成果に裏付けられたものでなければならず，政治的関心によって動かされ，実践されるべきではない。このことは，特に，こういった合理的政策が明らかに出費も少なくてすむということを背景としてもいえることである（vgl. *Aos* 2003; *Sherman u. a.* 1998）。

Ⅵ 結　び

　長期拘禁にはほとんど効果がない。長期拘禁の警告は一般予防効果に関しても疑わしいといわざるをえない。比較的少数の危険な犯罪者を別とすれば，犯罪を犯した人を単に何年も社会から切り離して閉じ込めることは，犯罪予防の上でほとんど効果がなく，ほとんど意味がない。但し，この期間を社会復帰のために利用するなら別であるが，しかし，普通はそうなっていないのが現状である。単に社会から切り離して閉じ込めること，せいぜいよくても単調な仕事をさせることには，もっとよい使い方もあろう金がかかるし，お

VI 結 び

まけに，被拘禁者を再社会化するよりも脱社会化し，害する。いわゆる長期刑囚は，収容後の数年は座って過ごすのが普通であり，その後，そもそもあればの話だが，社会化措置が提供される。しかし，例えば，デリング（*Dölling* 2004）が証明できたように，立直りの動機というものは，傾向として，最初の1，2年は高まり，持続し，その後，単に処罰されたにすぎないという経験を背景に，4，5年目から減退し，次第に，欲求不満とあきらめが生ずる。おまけに，行刑における処遇も先ず常に行刑であり，それ故，社会化効果ははじめから非常に限られた範囲でしか生じえない（vgl. *Ortmann* 2002）。

　周知のごとく仮釈放は次第に制限されているので，被拘禁者は拘禁刑のかなりの部分を服役する。被拘禁者にできるだけ早く社会化プログラムを提供し，協働し，犯罪行為にでない社会復帰の努力をすれば，早期釈放の見込みが高まることを約束する方が意味がある。このことの方が，先ず数年は服役し，それから社会復帰のための援助措置が考えられうるのだという示唆を与えるよりも，動機づけの点で勝る。したがって，早期釈放の可能性は，被収容者に立ち直りと社会化プログラムの協働への動機づけを生じさせるという目的を明確にし，運用されるべきであり，しかも最初からそうあるべきである。こういったことを背景に協働する者には，犯罪予後が良好な場合，もっともこれはむしろ予期できることだが，早期釈放の可能性が与えられるべきである。この意味で，平均的拘禁期間は延長ではなく短縮されるべきであり，このことはまた行刑施設の負担軽減に繋がりうるのである。早期釈放，そして開放執行も，この意味で制限されるべきでなく，拡大されるべきである。開放行刑を通例執行形態と宣言することにより，行刑法第10条は閉鎖執行に対して開放執行を―今なお―優先している（vgl. a. *Höflich u. Schriever* 1998）。この指図は執行段階で持続的実践を見なかったばかりでない。事は逆であり，しかも，その間に，執行段階ばかりでなく，立法の段階でも押し戻された。制裁，たとえば，自由刑は，受刑者への再社会化の働きかけという点で，重要な役割を果たしうるといえるのだが，しかし，それは処遇の提供を伴う場合である（参照，特別予防の上で効果のある処遇措置について，*Heinz* 2007）。もっぱら社会から切り離し閉じ込めること，特に，それを何年も続けることに，社会化効果はほとんど期待できない。

《参考文献》

I～Ⅲ

Albrecht, H. -J., Dünkel, F., Spiess, G. (1981). Empirische Sanktionsforschung und die Begründbarkeit von Kriminalpolitik. Monatsschrift für Kriminologie und Strafrechtsreform 64, 310-326.

Alex, M. (2006). Strafvollzugsrecht: Der „Wettbewerb der Schäbigkeit" schreitet unaufhaltsam voran. Strafverteidiger 26, 726-728.

Beckett, K., Sasson, T. (2004). The politics of injustice. Crime and punishment in America. Thousand Oaks et al.: Sage.

Callies, R. -P., Müller-Dietz, H. (2005). Strafvollzugsgesetz, 10. Aufl. München: Beck.

Diemer, H., Schreit, A., Sonnen, B. -R. (2008). Jugendgerichtsgesetz mit Jugendstrafvolzugsgesetzen. 5. Aufl., Heidelberg: C. F. Müller.

Eisner, M. (2001). Individuelle Gewalt und Modernisierung in Europa, 1200-2000. In: Albrecht, G., Backes, O., Kühnel, W. (Hrsg.), Gewaltkriminalität zwischen Mythos und Realität. Frankfurt/M. : Suhrkamp.

Feest, J. (Hrsg.) (2006). StVollzG-Kommentar zum Strafvollzugsgesetz, 5. Aufl., Neuwied: Luchterhand.

Feest, J., Lesting, W., Selling, P. (1997). Totale Institution und Rechtsschutz: eine Untersuchung zum Rechtsschutz im Strafvollzug. Opladen: Westdeutscher Verlag.

Frankenberg, H. -M. (1999). Offener Jugendstrafvollzug, Vollzugsbedingungen und Legalbewährung von Freigängern aus der Jugendstrafvollzugsanstalt in Rockenberg/Hessen, Frankfurt a. M. u. a. : Peter Lang Verlag.

Green, D. A. (2008). Political Culture and Incentives to Penal Populism. In: Kury, H. (Ed.), Fear of Ctime - Punitivity. New Developments in Theory and Research. Bochum: Universitätsverlag Brockmeyer, 251-276.

Gruß, M. (2007). Missachtung von Entscheidungen der Strafvollstreckungskammern durch die Justizverwaltung. Der Wettlauf der Schäbigkeit hat längst begonnen. in: Müller-Heidelberg, T., Finck, U., Steven, E., Assall, M., Micksch, J., Kaleck, W., Kutscha, M., Gössner, R., Engelfried, U. (Hrsg.), Grundrechte-Report 2007. Zur Lage der Bürger- und Menschenrechte in Deutschland. Frankfurt/M. : Fischer, 142-145.

Haase, A. (2007). Der Scharfrichter kam von hinten. Dpa-Bericht v. 15. Juli 2007. http//www.stern.de/politik/historie/592953.html

Hassemer, W. (2006). Sicherheit durch Strafrecht. Strafverteidiger 26, 321-332.

Höynck, T., Hagemann, N., Kapteina, B. -M., Klimaschewski, K., Lübke, V., Luu, N., Riechey, F. (2008). Jugendstrafvollzugsgesetze der Länder. Eine Auswahl wichtiger Regelungsbereiche in synoptischer Darstellung. ZJJ-Zeitschrift für Jugendkriminalrecht und Jugendhilfe 19, 159-166.

IFAK-Institut (2008). Motivation und Engagement am Arbeitsplatz sinken. Erste

Ergebnisse des IFAK-Arbeitsklima-Barometers 2008 vorgestelt. Taunusstein: IFAK-Institut.

Kaiser, G., Schöch, H. (2006). Kriminologie, Jugendstrafrecht, Strafvollzug, 6. Aufl, München: Beck.

Kamann, U. (2006). Anmerkung zum Beschl. V. 7. 12. 2005 des LG Gießen—2 StVK-Vollz 1591/05. Strafverteidiger 26, 260-262.

Kerner, H. -J. u. Feltes, T. (1980). Medien, Kriminalitätsbild und Öffentlichkeit. Einsichten und Probleme am Beispiel einer Analyse von Tageszeitungen. In: Kury, H. (Hrsg.), Strafvollzug und Öffentlichkeit. Freiburg: Rombach, S. 73-112.

Kossowska, A., Rzeplinska, I., Wozniakowska, D., Klaus, W. (2008). Criminal Policy based on Fear of Crime - Case of Poland. In: Kury, H. (Ed.), Fear of Crime - Punitivity. New Developments in Theory and Research. Bochum: Universitätsverlag Brockmeyer, 371-392.

Krajewski, K. (2006). Punitivität der polnischen Gesellschaft. In: Obergfell-Fuchs, J., Brandenstein, M. (Hrsg.), Nationale und internationale Entwicklungen in der Kriminologie. Festschrift für Helmut Kury zum 65. Geburtstag. Frankfurt: Verlag für Polizeiwissenschaft, 485-506.

Kunz, K. -L. (2004). Kriminologie - Eine Grundlegung. 4. Aufl. Bern u. a. : Haupt Verlag.

Kury, H. (1999). „Zur Entwicklung der Strafmentalität (Punitivität) in Deutschland". (In: Bonguni, L. (Hrsg.): Ksiega Pamiatkowa Ku Czci Profesora Jozefa J. Wasika. Wroclaw, 167-191).

Kury, H. (2007). Mehr Sicherheit durch mehr Strafe? Das Parlament - Aus Politik und Zeitgeschichte 40-41, 30-37.

Kury, H. (Hrsg.) (2008), Fear of Crime - Punitivity. New Developments in Theory and Research. Bochum: Universitätsverlag Brockmeyer.

Kury, H., Dörmann, U., Richter, H., Würger, M. (1996). Opfererfahrungen und Meinungen zur Inneren Sicherheit in Deutschland. Wiesbaden: Bundeskriminalamt.

Kury, H., Obergfell-Fuchs, J. (2006). Punitivität in Deutschland. Zur Diskussion um eine neue „Straflust". In: Felte, T., Pfeiffer, C., Steinhilper, G. (Hrsg.), Kriminalpolitik und ihre wissenschaftlichen Grundlagen. Festschrift für Professor Dr. Hans-Dieter Schwind zum 70. Geburtstag. Heidelberg: C. F. Müller Verlag, 1021-1043.

Kury, H., Obergfell-Fuchs, J. (2008a). Measuring the Fear of Crime. How valid are the Results. In: Kuly, H. (Ed.), Fear of Crime - Punitivity. New Developments in Theory and Research. Bochum: Universitätsverlag Brockmeyer, 53-84.

Kury, H., Kania, H, Obergfell-Fuchs, J. (2004). Worüber sprechen wir, wenn wir über Punitivität sprechen?Versuch einer konzeptionellen und empirischen Begriffsbestimmung. Kriminologisches Journal 36, 8. Beiheft, 51-88.

Kury, H., Keller, M., Mitter, U., Rahmati, N. (2006). Verbrechensfurcht, Punitivität und

Einstellung zur Polizei – Ergebnisse einer Umfrage in Aserbaidschan. in: Kury, H., *Karimov, E.* (Hrsg.), Kriminalität und Kriminalprävention in Ländern des Umbruchs. Beiträge einer Internationalen Konferenz in Baku/Aserbaidschan. Bochum: Universitätsverlag Dr. N. Brockmeyer, 415-486.

Lautmann, R., Klimke, D. (2004): Punitivität als Schlüsselbegriff für eine Kritische Kriminologie. In: *Lautmann/Klimke/Sack* (Hrsg.): Punitivität. Weinheim: Juventa, 9-29.

Lesting, W., Feest, J. (1987). Renitente Strafvollzugsbehörden – Eine rechtstatsächliche Untersuchung in rechtspolitischer Absicht. Zeitschrift für Rechtspolitik 11, 390-393.

Prantl, H. (2008). Der Terrorist als Gesetzgeber. Wie man mit Angst Politik macht. München: Droemer.

Schild, W. (1980). Alte Gerichtsbarkeit. Vom Gottesurteil bis zum Beginn der modernen Rechtsprechung. München: Callwey.

Schönenborn, J. (2008). Preis-Galopp macht Deutschen Angst. www. deutschlandtrend. de.

Schwind, H. -D. (2008). Kriminologie. Eine praxisorientierte Einfünrung mit Beispielen. 18. Aufl. Heidelberg: Kriminalistik.

Serrano-Maillo, A. (2006). Punitivität und Gesetzgebung – Die Situation in Spanien. In: Kury, H.. (Hrsg.), Kriminalität und Kriminalprävention in Ländern des Umbruchs. Bochum: Universitätsverlag Brockmeyer, 245-252.

Sherman, L. W., Gottfredson, D., MacKenzie, D., Eck, J., Reuter, P., Bushway, S. (1998). Preventing crime: What works, wkat doesn't, what's promising. College Park: University of Maryland.

Staatsbibliothek zu Berlin – Preußischer Kulturbesitz (Hrsg.) (2000). Ex Bibliotheca Regina Berolinensi. Schöne und seltene Bücher aus der Abteilung Historische Drucke. Wiesbaden: Dr. Ludwig Reichert Verlag.

Vilsmeier, M. (1990). Empirische Untersuchung der Abschreckungswirkung strafrechtlicher Sanktionen. In: Monatsschrift für Kriminologie und Strafrechtsreform 5, 273-285.

Walter, M. (1999). Strafvollzug. Stuttgart u. a. : Boorberg, 2. Aufl.

Yoshida, T. (2008). Problems Associated with Harsher Sanctioning. Trends in Returning to more severe Punishment in Japan. in: Kury, H. (Ed.), Fear of Crime – Punitivity. New Developments in Theory and Research. Bochum: Universitätsverlag Brockmeyer, 393-424.

Ⅳ 1 ~ 3

Agra, C. da (2008). Requiem pour la guerre a la drogue: l'experience porugaise de decriminalization. Porto: Unveröff. Manuskript.

Austin, J., Fabelo, T. (2004). The diminishing returns of increased incarceration. A blueprint to improve public safety and reduce costs. Washington D. C.: The JFA

Institute.
Death Penalty Information Center (2006). Death Row inmates by state and size of death row by year. www. deathpenaltyinfo. org.
Falck, S., von Hofer, H., Storgaard, A. (2003). Nordic Criminal Statistics 1950-2000. Stockholm: Univewrsity, Department of Criminology, Report 2003/3.
Gies, J. (2007). Eine empirische Untersuchung im Frauenstrafvollzug. Freiburg: Psychologisches Institut der Universität, unveröff. Diplomarbeit.
Hoffmann-Riem, W. (2000). Kriminalpolitik ist Gesellschaftspolitik. Frankfurt/Main: Suhrkampf.
King's College London: International Centre for Prison Studies; www. kcl. ac. uk.
Lappi-Seppälä, T. (2007). Penal Policy in Scandinavia. In: Tonry, M. (Ed.), Crime and Justice: A Review of Research. Vol. 36. Chicago: The University of Chicago Press, 217-295.
Lappi-Seppälä, T. (2008), Trust, welfare, and political economy. Explaining National Differences in penal severity. In: Tonry, M. (Ed.), Crime and Justice: A Review of Research. Vol. 37. Chicago: The University of Chicago Press, in Print.
Martmüller, R. (2008). Frauenstrafvollzug. Die Folgen der Inhaftierung für die Frau selber und ihre familiären Beziehungen. Landau: Psychol. Institut der Universität, Univeröff. Diplomarbeit.
Panier, K. (2004), Die schlimmsten Gitter sitzen innen - Geschichten aus dem Frauenknast. Berlin: Schwarzkopf & Schwarzkopf.
Quintas, J. (2006). Regulacao legal do consume de drogas: Impactos da experiencia Portuguesa da decriminalizacao. Porto: Unöffentl. Dissertation.
Quintas, J., Agra, C. (2008). Criminalisation et decriminalization de la consummation des drogues au Portugal. Universität Porto, Rechtswissenschaftliche Fakultät, Lehrstuhl für Kriminologie: Unveröffentl. Ms.
Rose, D. R., Clear, T. R. (1998). Incarceration, social capital, and crime: Implications for social disorganization theory. Criminology 36, 441-479.
Schumann, K. F. (2003). Ist der Traum von einer rationalen Kriminalpolitik ausgeräumt? In: Kunz, K. -L., Besozzi, C. (Hrsg.), Soziale Reflexivität und qualitative Methodik - zum Selbstverständnis der Kriminologie in der Spätmoderne. Bern: Haupt Verlag, 189-211

IV 4 〜 VI

Austin, J., Fabelo T. (2004). The diminishing returns of increased incarceration programs. In: Kury, H., Obergfell-Fuchs, J. (Eds.), Crime prevention. New approaches. Mainz: Weißer Ring, 413-442.
Barker, V. (2006). The politics of punishing. Building a state governance theory of American imprisonment variation. Punishment and Society 8, 5-32.

Beckett, K. (1994). Setting the public agenda: "Street crime" and drug use in American politics. Social Problems 41, 425-447.
Beckett, K. (1997). Making crime pay: Law and order in contemporary American politics. New York: Oxford University Press.
Bekett, K., Sasson, T. (2004). The politics of injustice. Crime and punishment in America. Thousand Oaks et al. : Sage.
Braithwaite, J. (2003). What's wrong with the sociology of punishment? Theoretical Criminology 7, 5-28.
Brint, S. (1994). In an age of experts: The changing role of professionals in politics and public life. Princeton, NJ: Princeton University Press.
Brown, E. K. (2006). The dog that did not bark. Punitive social views and the 'professional middle classes'. Punishment and Society 8, 287-312.
Caplow, T., Simon, J. (1999). Understanding prison policy and population trends. In: Tonry, M., Petersilia, J. (Eds.), Prisons. Crime and Justice: A review of research. Vol. 26. Chicago, Il: Chicago University Press, 63-120.
Chermak, S. (1995). Victims in the news: Crime and the American news media. Boulder, CO: Westview Press.
Chiricos, T. (1998). The media, moral panics, and the politics of crime control. In: Cole, G., Gertz, M. (Eds.), The criminal justice system: Politics and policies. Belmont, CA: Wadsworth, 58-76.
Cullen, F., Fisher, B., Applegate, B. (2000). Public opinion about punishment and corrections. In: Tonry, M. (Ed.), Crime and Justice: A review of research. Vol. 27. Chicago, IL: Chicago University Press, 1-80.
Cullen, F., Pealer, J., Fisher, B., Applegate, B., Santana, S. (2002). Public support for correctional rehabilitation in America: Change or consistency. In: Roberts, J., Hough, M. (Eds.), Changing attitudes to punishment: public opinion, crime and justice. Cullompton: Willan, 148-186.
Currie, E. (1998). Crime and punishment in America. New York: Henry Hillt & Company.
Dijk, J. van, Manchim, R., Kesteren, J. van, Nevala, S., Hideg, G. (2007). The Burden of Crime in the EU. Research Report: A Comparative Analysis of the European Crime and Safety Survey (EU ICS 2005). Brussels: Gallup Europe.
Doble, J. (2002). Attitudes to punishment in the US-punitive and liberal opinions. In: Roberts, J., Hough, M. (Eds.), Changing attitudes to punishment: Public opinion, crime and justice. Cullompton: Willan, 148-162.
Dölling, D., Hartmann, A., Traulsen, M. (2002). Legabewährung nach Täter-Opfer-Ausgleich im Jugendstrafrecht. Monatsschrift für Kriminologie und Strafrechtsreform 2002, 185-193.
Dölling, D. (2004). Zur Entwicklung der Normakzeptanz von weiblichen und männlichen

Strafgefangenen. In: *Urbanova, M.* (Hrsg.), Lenskä ´ Delikvence Jako Sociální, Jev, Brno [Brünn], 88-97.
Elffers, H., de Keijser, J. W. (2008). Different perspectives, different gaps. Does the general public demand a more responsive judge? In: *Kury, H.* (Ed.), Fear of Crime - Punitivity. New Developments in Theory and Research. Bochum: Universitätsverlag Brockmeyer, 447-470.
Farrall, S., Bannister, J., Ditton, J., Gilchrist, E. (1997). Questionino the measurement of the 'fear of crime'. Findings from a major methodological study. British Journal of Criminology 37, 658-679.
Farrall, S., Bannister, J., Ditton, J., Gilchrist, E. (2000). Social psychology and the fear of crime: Re-examining a speculative model. British Journal of Criminology 40, 399-413.
Ferdinand, T. N. (2006). Why is American Criminal justice so Flawed? In: *Obergfell-Fuchs, J., Brandenstein, M.* (Hrsg.), Nationale und internationale Entwicklungen in der Kriminologie. Festschrift für Helmut Kury zum 65. Geburtstag. Frankfurt: Verlag für Polizeiwissenchaft, 471-484.
Flanagan, T. (1997). Public opinion on crime and justice: History, development, and trends. In: *Flanagan, T., Longmire, D.* (Eds.), Americans view crime and justice: A national public opinion survey. Thousand Oaks, CA: Sage Publications, 1-14.
Frost, N. (2004). The problem of punitiveness. Dissertation, Criminal Justice, City University of New York.
Garland, D. (2001). The culture of control: Crime and social order in contemporary society. Chicago, Il: University of Chicago Press.
Gray, E., Jackson, J., Farral, S. (2008). Researching everyday emotions: Towards a multidisciplinary investigation of the fear of crime. In: *Kury, H.* (Ed.), Fear of Crime - Punitivity. New Developments in Theory and Research. Bochum: Universitätsverlag Brockmeyer, 3-24.
Heinz, W. (2007). Rückfall- und Wirkungsforschung - Ergebnisse aus Deutschland. Vortrag, gehalten am 5. April 2007, Kansai Universität, Osaka. http://www.uni-konstanz.de/rtf/kis/Heinz_Rueckfall-und Wirkungsforschung_he308.pdf
Herbst, S. (1998). Reading public opinion: How political actors view the democratic process. Chicago, Il: University of Chicago Press.
Höflich, P., Schriever, W. (1998). Grundriss Vollzugsrecht. Das Recht des Strafvollzugs und der Untersuchungshaft für Ausbildung, Studium und Praxis. Berlin: Springer. 2. Aufl.
Hoffmann-Riem, W. (2000). Kriminalpolitik ist Gesellschaftspolitik. Frankfurt/Main: suhrkamp.
Hoyle, C., Young, R. (2002). New visions of crime victims. Oxford u. Portland/Oregon: Hart Publishing.

Jacobs, D., Helms, R. (2001). Toward a political sociology of punishment: Politics and changes in the incarceration population. Social Science Research 30, 171-194.

Jacobs, L. R., Shapiro, R. Y. (2002). Politics and policymaking in the real world: Crafted talk and the loss of democratic responsiveness. In: *Manza, J., Cook, F. L., Page, B. L.* (Eds.), Navigating public opinion: Polls, policy and the future of American democracy. Oxford: Oxford University Press, 54-75

Kaiser, G. (2006). Wo steht die Kriminologie, und wohin geht sie? In: *Obergfell-Fuchs, J., Brandenstein, M.* (Hrsg.), Nationale und internationale Entwicklungen in der Kriminologie. Festschrift für Helmut Kury zum 65. Geburtstag. Frankfurt: Verlag für Polizeiwissenschaft, 19-34.

Keijser, J. W. de, Elffers, H., Bund, H. G. van de (2008). Responsive but misunderstood. Dutch judges on their relation to society. In: *Kury, H.* (Ed.), Fear of Crime - Punitivity. New Developments in Theory and Research. Bochum: Universitätsverlag Brockmeyer, 471-488.

Kesteren, J. van, Mayhew, P., Nieuwbeerta, P. (2000). Criminal Victimisation in Seventeen Industrialised Countries. Key findings from the 2000 International Crime Victims Survey. The Hague: NSCR.

Kossowska, A., Rzeplinska, I., Wozniakowska, D., Klaus, W. (2008). Criminal Policy based on Fear of Crime - Case of Poland. In: *Kury, H.* (Ed.), Fear of Crime - Punitivity. New Developments in Theory and Research. Bochum: Universitätsverlag Brockmeyer, 371-392.

Krajewski, K. (2006). Punitivität der polnischen Gesellschaft. In: *Obergfell-Fuchs, J., Brandenstein, M.* (Hrsg.), Nationale und internationale Entwicklungen in der Kriminologie. Festschrift für Helmut Kury zum 65. Geburtstag. Frankfurt: Verlag für Polizeiwissenschaft, 485-506.

Kury, H. (Hrsg.) (2008). Fear of Crime - Punitivity. New Developments in Theory and Research Bochum: Universitätsverlag Brockmeyer.

Kury, H., Obergfell-Fuchs, J. (2008a). Measuring the Fear of Crime. How Valid are the Results. In: *Kury, H.* (Ed.), Fear of Crime - Punitivity. New Developments in Theory and Research. Bochum. Universitätsverlag Brockmeyer, 53-84.

Kury, H., Obergfell-Fuchs, J. (2008b). Methodological Problems in Measuring Attitudes to Punishment (Punitivity). In: *Kury, H.* (Ed.), Fear of Crime - Punitivity. New Developments in Theory and Research. Bochum: Universitätsverlag Brockmeyer, 227-302.

Kury, H., Kania, H., Obergfell-Fucks, J. (2004). Worüber sprechen wir, wenn wir über Punitivität sprechen? Versuch einer konzeptionellen und empirischen Begriffsbestimmung. Kriminologisches Jounal 36, 8. Beiheft, 51-88.

Kury, H., Woessner, G., Lichtblau, A., Neumaier, A. (2004a). Fear of crime as

background of penal policies? In: *Mesko, G., Pagon, M, Dobovsek, B.* (Eds.), Dilemmas of contemporary criminal justice. Policing in Central and Eastern Europe. Facilty of Criminal Justice. Maribor: Koda Press, 126-133.
Kury, H., Lichtblau, A., Neumaier, A. (2004b). Was messen wir, wenn wir Kriminalitätsfurcht messen? Kriminalistik 58, 457-465.
Kury, H., Lichtblau A., Neumaier, A., Obergfell-Fuchs, J. (2004c). Zur Validität der Erfassung von Kriminalitätsfurcht. Soziale Probleme 15, 141-165.
Kury, H., Lichtblau, A., Neumaier, A., Obergfell-Fuchs, J. (2005). Kriminalitätsfurcht. Zu den Problemen ihrer Erfassung. Schweizerische Zeitschrift für Kriminologie (SZK) 4, 3-19.
Lakaschus, C. (1990). Bevölkerungsbefragung zum Thema „Staatshaftung bei misslungenen Vollzugslockerungen". In: Weißer Ring (Hrsg.), Risiko-Verteilung zwischen Bürger und Staat. Schäden durch missglückte Vollzugslockerungen - wer trägt die Folgen? Mainz: Weißer Ring, 135-155.
Leinemann, J. (2005). Höhenrausch. Die wirklichkeitsleere Welt der Politiker. München: Wolhelm Heyne Verlag.
Liska, A. E., Chamlin, M. B., Reed, M. (1985). Testing the economic production and conflict models of crime control. Social Forces 64, 119-138.
Lyons, W., Scheingold, S. (2000). The politics of crime and punishment. In: *LaFree, G.* (Ed.), The nature of crime: Continuity and change. Criminal Justice 2000 series, Vol. 1. Washington, DC: National Institute of Justice. 103-149.
Mathews, R. (2005). The myth of punitiveness. Theoretical Criminology 9, 175-201.
Müller-Dietz, H. (2006). Der Strafvollzug als Seismograph gesellschaftlicher Entwicklungen. In: *Obergfell-Fuchs, J., Brandenstein, M.* (Hrsg.), Nationale und internationale Entwicklungen in der Kriminologie. Festschrift für Helmut Kury sum 65. Geburtstag. Frankfurt/M. : Verlag für Polizeiwissenschft, 397-414.
Ortmann, R. (2002): Sozialtherapie im Strafvollzug - Eine experimentelle Längsschnittstudie zu den Wirkungen von Strafvollzugsmaßnahmen auf Legal- und Sozialbewährung. Freiburg i. Br. : Edition iuscrim, Max-Planck-Institut für ausländisches und internationales Strafrecht.
Parenti, C. (1999). Lockdown America: Policy and prisons in an age of crisis. London: Verso.
Prantl, H. (2008). Der Terrorist als Gesetzgeber. Wie man mit Angst Politik macht. München: Droemer.
Putnam, R. D., Goss, K. A. (2002). Introduction. In: *Putnam, R. D.* (Ed.), Democracies in flux: The evolution of social capital in contemporary society. Oxford: Oxford University Press, 3-20.
Reiman, J. H. (1984). The rich get richer and the poor get prison: Ideology, class and

criminal justice. New York: Macmillan Publishing.

Roberts, J. V., Stalans, L., Intermaur, D., Hough, M. (2003). Penal populism and public opinion: Lessons from five countries. Oxford: Oxford University Press.

Sack, F. (2006). Deutsche Kriminologie: auf eigenen (Sonder) Pfaden? – Zur deutschen Diskussion der kriminalpolitischen Wende. In: Obergfell-Fuchs, J., Brandenstein, M. (Hrsg.), Nationale und internationale Entwicklungen in der Kriminologie. Festschrift für Helmut Kury zum 65. Geburtstag. Frankfurt: Verlag für Polizeiwissenschaft, 35-72.

Sasson, T. (1995). Crime talk: How citizens construct a social problem. New York: Aldine de Gruyter.

Scheingold, S. A. (1999). The politics of street crime: Criminal process and cultural obsession. Philadelphia, P. A. : Temple University Press.

Schöch, H. (1990). Staatshaftung für Schäden durch Gefangene bei Vollzugslockerungen? In: Weißer Ring (Hrsg.), Risiko-Verteilung zwischen Bürger und Staat. „Schäden durch missglückte Vollzugslockerungen – wer trägt die Folgen? Mainz: Weißer Ring, 30-42.

Schroeder, F. -C. (2006). Die neuere Entwicklung des Strafrechts in Deutschland. In: Kury, H., Karimov, E. (Hrsg.), Kriminalität und Kriminalprävention in Ländern des Umbruchs. Bochum: Universitätsverlag Brockmeyer, 225-232.

Serrano-Maillo, A. (2006). Punitivität und Gesetzgebung – Die Situation in Spanien. In: Kury, H. (Hrsg.), Kriminalität und Kriminalprävention in Ländern des Umbruchs. Bochum: Universitätsverlag Brockmeyer, 245-252.

Smith, K. B. (2004). The politics of punishment. Evaluating political explanations of incarceration rates. Journal of Politics 66, 925-938.

Smith, T. (1990). Liberal and conservative trends in the United States since World War II. Public Opinion Quarterly 54, 479-507.

Sprott, J. (1999). Views of the punishment of youth: The dimensions of punitiveness. Dissertation, Centre of Criminology, University of Toronto.

Tonry, M. (1999). Why are U. S. incarceration rates so high? Crime and Delinquency 45, 419-437.

Tonry, M. (2004). Thinking about crime: Sense and sensibility in American penal culture. Oxford: Oxford University Press.

Tyler, T., Boeckmann, R. (1997). Three strikes and you are out, but why? The psychology of public support for punishing rule breakes. Law and Society Review 31, 237-265.

Vaughan, B. (2002). The punitive consequences of consumer culture. Punishment and Society 4, 195-211.

War, M. (1995). The polls – poll trends: Public opinion on crime and punishment. Public Opinion Quarterly 59, 296-310.

Yoshida, T. (2004). Strafrecht, Sanktionen and Einstellungen zu Sanktionen in Japan. In: Kury, H. (Ed.), Strafrecht und Kriminalität. Entwicklungen in Mittel- und Osteuropa. Bochum: Universitätsverlag Brockmeyer, 189-208.

Yoshida, T. (2008). Problems Associated with Harsher Sanctioning. Trends in Returning to more severe Punishment in Japan. In: Kury, H. (Ed.), Fear of Crime - Punitivity. New Developments in Theory and Research. Bochum: Universitätsverlag Brockmeyer, 393-424

第4章　「行状監督」概観
—ドイツの犯罪者社会内処遇—

I　はじめに

　犯罪者の社会内処遇は犯罪者処遇の重要な領域の一つであるのみならず，その重要性を増している。日本では，社会内処遇に関する主要な法律として，従来，「犯罪者予防更生法」と「執行猶予者保護観察法」があったのであるが，両法律が規定する保護観察制度は大同小異であることから，両法律の統合が望まれていた。2004年（平成16年）から2005年（平成17年）にかけて，かつて保護観察を受けたことのある者や現に保護観察を受けている者による重大再犯事件が発生するに及んで[1]，保護観察制度全体を基盤強化する必要性が痛感されたのである。このような状況の中で，2005年（平成17年）7月20日に，法務大臣の下に「更生保護のあり方を考える有識者会議」が設置された。本

---
[1] 「奈良県女児誘拐殺害事件」（2004年11月17日，奈良市立北小学校1年の女児（7歳）がわいせつ目的で誘拐され，犯人の自宅で殺害され，道路脇側溝に遺棄された事件。2006年9月26日，奈良地裁死刑判決。同年10月11日，死刑確定。犯人（36歳）には，女子児童に対する強制わいせつ等で2件の前科があった）。「安城市乳児等殺傷事件」（2005年2月4日，愛知県安城市住吉町のスーパーで，突然，男がナイフを振り回し，買い物に来ていた女性（34歳）とその男児（11ヶ月）を刺し，さらに，その姉（3歳）と他の女性を殴るなどして逃走，男児は死亡した事件。犯人は，2年ほど前，住居侵入窃盗で実刑判決を受け，2005年1月下旬に豊橋刑務支所から仮出所したばかりだった。仮出所中，更生保護施設を無断で出奔し，所在不明となっていた）。「監禁皇子連続女性監禁致傷事件」（犯人は，2003年12月〜2004年12月の間，インターネットやコスプレイヴェントで知り合った女性4人（被害当時，17歳，18歳，22歳，23歳）を，青森市内や東京都内のホテルやマンションに次々に監禁，殴るなどして怪我や心的外傷後ストレス障害を負わせたという事件。2007年10月19日，東京地裁は被告人（26歳）に懲役14年を言い渡す。被告人控訴。犯人は，2001年，北海道江別市の当時の自宅で，同居させていた19歳と21歳の女性に包丁で切りつけたり熱湯をかけたりしたとして，傷害罪等の廉で，2003年8月，札幌地裁で懲役3年，執行猶予5年を言い渡され，保護観察中だった）。

有識者会議は，2006年（平成18年）6月27日に，法務大臣に対し，報告書「更生保護制度改革の提言—安全・安心の国づくり，地域づくりを目指して—を提出した。本報告，及び，2005年（平成17年）12月に策定された「犯罪被害者等基本計画」を踏まえて，法務省保護局において，「犯罪者予防更生法」と「執行猶予者保護観察法」を整理・統合した「更生保護法」が立案され，これが2007年（平成19年）6月8日に国会で可決され成立し，同月15日に公布された。本法律によって，遵守事項の整理・充実が図られたのである。特筆すべきは，特別遵守事項として専門的処遇を受けること（同法第51条第2項第4号「医学，心理学，教育学，社会学その他の専門的知識に基づく特定の犯罪的傾向を改善するための体系化された手順による処遇として法務大臣が定めるものを受けること。」），及び，保護観察における「指導監督の方法」として，「特定の犯罪的傾向を改善するための専門的処遇を実施すること」（同法第57条第1項第3号）が明記されたことである[2]。

　ドイツでは，犯罪者の社会内処遇のための制度として，保護観察と並んで行状監督がある。ドイツ刑法第68条以下の定める行状監督（Führungsaufsicht）は，1975年の第二次刑法改正法によって「改善・保安処分」の一つとして導入された制度であるが，他の制裁，反作用と比較すると，日陰の存在であるといわれている[3]。一般の人々はこの存在を知らないし，学界も他の問題にもっと関心が向いているといわれる。

　この制度は，犯罪者の社会化に多分に楽観的であった当時の刑事政策の思潮を反映していた。それまで，刑法旧第38条，旧第39条の警察監督（Polizeiaufsicht）があったのであるが，法治国の観点から問題なしとせず，又，犯罪との闘いの上でもほとんど効果が無いと見られ，実際にもほとんど適用されることは無かった。そこで，危険な犯罪者に対する外来処分として，犯罪者の社会化にも役立たせる，いわゆる「保安監督（Sicherungsaufsicht）」が構想された。もともとの関心事は，いわば，「保安監置（Sicherungsverwahrung）

---

[2] 吉田雅之「更生保護法が成立するまで」更生保護・第58巻第9号（2007年）6頁以下。小新井友厚「更生保護法の概要」更生保護・第58巻第9号（2007年）12頁以下。吉田研一郎「更生保護制度改革の現状」罪と罰・第44巻第4号（2007年）14頁以下。
[3] *Frank Neubacher*, Führungsaufsicht, quo vadis? - Eine Maßregel zwischen Sozialkontrolle und Hilfsangebot, Bewährungshilfe, 51. Jg. Heft 1 (2004), S. 100-106.

I はじめに

を科する前の最後の支援」として,実際に危険な (gefährlich) 行為者に対する処分を創設することにあったのである。この対象者は,刑の猶予と条件付き釈放だけで対処できると考えられた「危険になる恐れのある (gefährdet)」行為者とは区別された。その後の議論の過程で,この二分論は放棄されることになった。本人に対する援助の思想を反映した処分が構想されるにいたり,それが「行状監督」という名称で表現されることになった。犯罪者の社会化処遇指向は,なかんずく,保護観察官の必要的指定に関する規定に現れている。立法者は,保護観察官と行状監督所の分業的協働によって,問題のある犯罪者群であっても,長期の施設内処分を回避するか短縮するために,あえて自由の中(社会内)での処遇の試みをしようとしたのである[4]。

---

4 1975年改正前の刑法旧第38条,刑法旧第39条は保安処分としての警察監督を定めていた。
第38条 警察監督
(1) 法律によって規定されている場合において,自由刑に併わせて,警察監督の認められることを言い渡すことができる。
(2) 上級の州警察官庁は,前項の言い渡しによって,刑務当局の意見を聴いた後,有罪を宣告された者を最高5年の警察監督に付する権限を与えられる。
(3) 前項の期間は,自由刑の執行を終わり,その時効が完成し,又はその執行を免除された日から起算する。
第39条 警察監督の効力
警察監督は次の効力を有する。
1 上級の州警察官庁は,有罪を宣告された者に個々の特定の地における居住を禁止することができる。
2 (削除)
3 家宅捜索は,それを行うことができる時刻に関して,なんらの制限も受けてはならない。

(Schönke/Schröder, StGB 8. Aufl. 1957)

警察監督は監視措置,権利侵害の法的根拠,特に,家宅捜索,しかも夜間のそれの法的根拠を与えるものであったが,再犯防止効果という面での効果がほとんどないという見解が1950年代に浸透していた。しかも,警察監督は国家社会主義の時代に頻繁に濫用されたという歴史的・政治的負荷をももっていたのである。したがって,法治国主義の観点からも,1950年代には,裁判所も警察監督を命令することは稀になり,警察監督の存在理由自体が問われる事態になっていた。
犯罪対策の面では,1950年代後半から,犯罪傾向の進んだいわゆる「性癖犯罪者」の危険性に注目が集まるようになり,これに対する対策として,警察監督に代わるもっと効果的な社会統制手段の開発が急がれていたのである。さらに,立法関係者には,警察監督を全面的に廃止した場合の国民の受け止め方にも配慮する必要のあることが意識されていた。法治国主義の面では,警察監督において,個々の措置の権能が裁判所から警察に移されていること,すなわち,「官憲的国家思想」が批判の対象となった。
こういったことを背景に,「1962年刑法改正草案 (Entwurf eines Strafgesetzbuches (StGB) E1962)」は警察監督に代えて保安監督を提案した(第91条~第98条)。その理由書(第92条)によると,「保安監督は,有罪を宣告された者の行状を自由の中で指導と監視することにあり,その者に,再び犯罪を犯さず,法を遵守しきちんとした生活を送る努力に関し効果的支援を行い,又は,その努力を呼び起こすことを目的とする。保護観察の

模範に従い，保安監視の中核は，有罪を宣告された者への援助を保障すべきところにある。保安監督が有罪を宣告された者の再社会化という目的を達成するために，保安監督は，再犯への転落を防止するため，有罪を宣告された者の監督，及び，その生活を送る自由に介入する指図とも結び付けられねばならない。有罪を宣告された者の自由を侵害するということから，保安監督は自由制限処分の性質を与えられる。保安監督の制度がないなら公衆の保護のために保安監置や予防監置を有罪を宣告された者に科さざるを得なくなるが，保安監督に伴うこの自由制限はこの自由剥奪よりもはるかに寛大である。この理由から，保安監督は本草案審議において具象的に『外来監置』と呼ばれた。本草案は保安監督のこれらの本質要素を確認するものである。」。裁判所は，監督所として，「有罪を宣告された者の人格に応じて」「監視官庁」又は「保護観察官」を指定する（第92条第2項）。監視官庁としては，警察官庁のほかに社会福祉官庁，保健所が考えられる。

この理由書を要約すると，保安監督の目的には，監視，つまり，社会統制の拡大・強化，有罪を宣告された者への援助，つまり，世話と再社会化，及び外来処分の三つが挙げられる。しかし，監視と世話・再社会化が同列の目的というわけではなく，前者が後者に優位することは，司法省参事官の発言から分かるし，草案自身も，警察を危険な犯罪者のすべての者に対する中心的監視官庁として予定していることからも分かる。

1962年刑法改正草案を批判して，保安監督の全面削除を主張したのが「1966年刑法草案総則対案」である。その理由は次の通りである。保安監督の目的が不明確である。それは，一面で保護観察として構想され，他面で監視そのものとして構想されており，具体的事案においていかなる目的を追求するのか，その基準が与えられていない。さらに，刑を完全に服役した後に，事後的に監督に服させられることは法治国原理に反する。保安監督に保護観察の性格を与えようとする限りで，保安監督は余計なものとなる。それというのも，対案は，保護観察のための刑の猶予に際しても，又，仮釈放に際しても保護観察を規定しており，行為者は，刑期の3分の2の服役時点で，予後に関わりなく釈放されなければならないからである（第48条）。*Jürgen Baumann u. a.*, Alternativ-Entwurf eines Strafgesetzbuches. Allgemeiner Teil, 2., verbesserte Auflage, 1969, S. 159.

ドイツ連邦議会「刑法改正特別委員会」は第五被選期間において「対案」の批判を取り上げたが，しかし，それは監視官庁の下におかれるか保護観察官の下におかれるかという二者択一に関する批判に限定されたものだった。「刑法改正特別委員会」は，監督所と保護観察官が一緒になって有罪を宣告された者の監視と世話をすべきだと考えたのである。「1962年刑法改正草案」によれば，多くの者が監視官庁の下におかれることになったであろうが，今や，有罪を宣告された者は保護観察官の監視と同時に援助・世話を受けることになったのである。有罪を宣告された者の援助にいっそうの力点がおかれることにより，保安監督は「行状監督」と改名されることになった。「刑法改正特別委員会」が保安監督を行状監督と改名してでも維持したのは，「行状監督に付される者には，保護観察官の下におかれる者よりも強力な働きかけができる」必要があり，「保護観察官のこの機能をこの方向に向けて豊かにしようとするなら，保護観察は保護観察官自身によって断固として否定された性格を有することになるから」であった。ともあれ，これにより「危険な」犯罪者，したがって．大多数の犯罪者を警察の統制下におき，「危険になる恐れのある」犯罪者を保護観察官の世話の下におくという保安監督の構想は排斥されたのである。行状監督では，監視機能ではなく，世話機能が前面に出てきたということである。

注記(4)は，主として次のドイツ語文献に依拠した。*Peter Floerecke*, Die Entstehung der Gesetzesnormen zur Führungsaufsicht, 1989.; *Detlev von Bülow*, Führungsaufsicht und Führungsaufsichtsstellen, in: *Christian Dertinger, Erich Marks* (Hrsg.), Führungsaufsicht, 1990, S. 145-156. なお，邦語文献としては，参照，朝倉京一「西ドイツ刑法の指導観察（Führungsaufsicht）について」犯罪と非行・40号（1979年）21頁以下。

I　はじめに

　行状監督が所期の目的を達成しているのか否か，断定的なことはいえないが，次のようなことは指摘できよう。精神病院収容期間が著しく短くなり，再犯率が驚くほど低いことが，行状監督の成功だとも見られている。というのは，これが可能となったのは，刑執行部が，精神障害犯罪者の釈放に当たって，行状監督所と保護観察官による二重の世話を信頼できるという事情があるからである。保安監置を抑制するためにも，行状監督が限界事例においてまったく意味が無かったとはいえないだろう。それというのも，行状監督によって，かなりの前科歴のある再犯者が，比較的長期の刑の服役後，世話と監視なしに釈放されることは無いということが確保されるからである。

　それにも関わらず，行状監督の意味と効用については疑問が出されてきた。例えば，行状監督に付された者に治療を受ける意思が欠如していること，その者との接触を保つことが困難であること，保護観察官と行状監督所，裁判所との間の意思疎通に問題があること，管轄・権限問題，行状監督に付される者が同質でないこと，指図違反の場合の制裁，精神障害者や嗜癖犯罪者に対する外来の後療法が十分に整備されていないこと，性犯罪者には特にそれが言え，保護観察官が自分だけで問題を抱えざるを得ないと感じていること，危険な犯罪者は世話に当たる者にも危険であること等が指摘されている[5]。

　既に，1980年代末に，ドイツ連邦司法省内に行状監督法の改正素案が作成されていたのであるが，当時は，それ以上に進展することは無かった。その後，女児に対する性犯罪が続発したことを背景に[6]，1998年1月26日の「性

宮澤浩一「『行状監督』について」罪と罰・20巻4号（1983年）48頁以下。加藤久雄『刑事政策学入門』（1991年）332頁以下。

[5] *Alfred Hartenbach*, Die Führungsaufsicht ist durch das 2. Strafrechtsreformgesetz neu in das Strafgesetzbuch eingeführt worden. 12. 10. 2004.; *ders.* Bewährungshilfe ist effektiver Opferschutz. 09. 10. 2003.

[6] 1994年秋に，ノルトライン＝ヴェストファーレン州で，同種前科があるために州立精神病院に収容されていた保安処分対象者が，執行緩和を濫用して，7歳の女児を殺害する事件が発生した。

1996年9月20日に，バイエルン州オーバーバイエルンで7歳の女児（ナタリー・アストナー）が誘拐され，性的陵辱をされた後に，レヒ川に投げ込まれ溺死させられる事件が発生した。逮捕された27歳の被疑者には子供に対する性的虐待の前科があり，4年半の刑期の3分の2を終了した15月前に社会予後が良いということで仮出獄していたのである。

1997年1月9日に，ニーダーザクセン州オストフリースラントで，11歳の女児（キム・ケルコヴ）が陵辱され，殺害される事件が発生した。逮捕された34歳の被疑者（1962年生まれ）には，16歳の時に，12歳の女児を殺害した前科があった。

犯罪とその他の危険な犯罪撲滅法」が制定され，その際，行状監督制度の部分改正が実現した[7]。その後，「2002年8月21日の保安監置留保導入法」が成立した[8]。そして，このたび，ドイツ連邦共和国政府は，2006年4月5日に，「行状監督改正法案」を閣議決定した[9]。翌年，ドイツ連邦議会は，2007年3月22日に，「行状監督改正法」を可決した（あわせて，事後的保安監置に関する補充規定も可決した）。引き続いて，連邦参議院が，2007年3月30日に同法案を承認し，ここに，行状監督制度の大幅な改正が実現したのである。

　大衆媒体機関で洪水のように報道される傾向のある犯罪者群，とりわけ，性犯罪者，触法精神障害者への刑事反作用はどうあるべきか，この者に対する施設内処遇と社会内処遇の連携はどうあるべきかは，日本においても喫緊の問題である。その政策課題に対応するための基礎作業として，本論考は，ドイツの社会内処遇と位置づけられる行状監督制度を概観するものである。

---

[7] 従前，故意犯の廉で少なくとも2年の自由刑又は併合自由刑が満期執行されたとき，行状監督に付されたが，本改正によって，刑法第181条b列挙の性犯罪を犯した場合，少なくとも1年の自由刑又は併合自由刑が満期執行されたとき，行状監督に付されることになった（刑法第68条f）。さらに，従前，行状監督の期間は最短2年，最長5年であったが，本改正により，裁判所は次の要件が具備すれば無期限の行状監督を命令できることとなった。刑法第56条c第3項第1号の定める指図（身体侵襲を伴う治療，又は，禁絶治療）に同意しないか，又は，同意をしても従わず，しかも，かなり重い犯罪を犯すことにより公衆に危険の生ずる恐れがあるとき（刑法第68条c第2項）。参照，宮澤浩一「ドイツにおける性犯罪対策法」捜査研究564号（1998年）70頁以下。

[8] 刑法第66条aが新たに挿入された。
　刑法第66条a　保安監置収容の留保
(1) 第66条第3項1文に挙げられた犯罪の一つの廉で有罪判決を言い渡すとき，行為者が第66条第1項第3号の意味で公衆に危険であるか否かにつき，十分な確実さをもって認定できない場合，裁判所は第66条第3項のその他の要件が満たされるとき，保安監置の命令を留保することができる。
(2) 裁判所は，保安監置の命令に関して，刑訴法第454条b第3項とも結びついて，刑法第57条第1項1文第1号，第57条a第1項1文の定める保護観察のための残刑の執行の猶予が可能となる時点の遅くとも6月前に判断する。被有罪者，その行為及び行刑中の成長の全体評価から，被有罪者からかなり重い犯罪が予期でき，これにより，被害者が精神的，身体的に重い損傷を受けるといえるとき，裁判所は保安監置を命令する。
(3) 保護観察のための残刑の執行猶予に関する裁判は，前項1文の裁判の確定後で無ければできない。第57条第2項2文第2号の要件が明らかに存在しないときは，この限りでない。

[9] *Bundesministerium der Justiz*, 5. April 2006. Entwurf eines Gesetzes zur Reform der Führungsaufsicht. Drucksache 16/1993. 28. 06. 2006.

II　行状監督（「2007年3月22日の行状監督改正法」成立前）の概観

1　行状監督の刑事政策上の目的

　行状監督には二重の目的を追求することが期待されている。その一は，編み目の細かい監視と統制によって犯罪者の再犯を防止すること，その二は，援助と世話によって心理社会的困難事を克服することで閉鎖施設外で犯罪を犯すことの無い生活を送れるようにすることである。ここに，保安と改善が密接に結びついているのであって，そのどちらかが優先するものではない。二重の機能という点で，行状監督は，保護観察のための刑の猶予との関連で指図として命令されうる保護観察と似ている。しかし，保護観察は積極的法予後を示す行為者だけを対象とするが，行状監督の焦点は，これからも，犯罪を犯すと予期できる犯罪者の監視と世話に合わせられている。

　しかし，「はじめに」で触れたように，刑事政策的に見て，行状監督には争いがある。一方で，ほぼ一致して認められていることは，行状監督が施設内処分を保護観察のために猶予することを促進する方向で積極的影響を及ぼしているということである。例えば，処分執行から精神病者を釈放するということが問題となる限り，刑執行部は，行状監督という特殊の働きかけが可能であるということに鑑みてやっと，被収容者は処分執行の外でこれからは重い違法行為を犯さないと予期できるという結論に達することが多い。他方で，行状監督制度には，処分の効果に疑問を提起する一連の構想上の欠陥があると批判される。特に問題とされるのが，行状監督所と保護観察官の並存である。このために，実務では，管轄・権限争いが生じ，立法者の意図した協調ができなくなっている。保護観察の制度に対して，行状監督は独自の遂行面での特徴を得ることができなかったのである[1]

---

[1] *Bernd-Dieter Meier*, Strafrechtliche Sanktionen, 2. Auflage (2006), S. 242.

2　行状監督の対象者

行状監督には，刑法各則の犯罪構成要件に定められた犯罪について，裁判官によって判決宣告時に言い渡される任意的行状監督（刑法第68条第1項）と，法律上当然に，裁判所の判断を待たずに，行状監督に付される必要的行状監督がある[2]。

(1)　任意的行状監督の可能な犯罪

例えば，刑法第129条ａ（テロリスト団体の編成罪），刑法第181条ｂ（多くの性犯罪），刑法第239条ｃ（恐喝的な人身奪取罪，人質罪），刑法第245条（窃盗罪，特に集団窃盗罪），刑法第262条（犯罪隠匿罪，資金洗浄罪），刑法第263条（詐欺罪）等。

(2)　必要的行状監督が付される場合

①刑法第67条ｂ第2項（禁絶施設又は精神病院収容処分の猶予）

②刑法第67条ｃ第1項（刑罰及び処分が言い渡され，刑罰が先執行されるとき，裁判所は刑期の終わりに，処分の執行がなおその執行を要請するか否かを審査する。処分の執行が必要ないとき，処分は保護観察のために猶予され，行状監督が開始する。）

③刑法第67条ｃ第2項（処分がその命令後3年を経てもまだ開始していないとき，裁判所は，その執行前に，依然として執行の必要があるか否かを審査する。もはやその必要が無いとき処分は保護観察のために延期され，行状監督が開始する。）

④刑法第67条ｄ第2項（処分が保護観察のために猶予されるとき，行状監督が開始する。）

⑤刑法第67条ｄ第3項（保安監置が10年執行され，被害者に精神的，身体的に重い障害を与える犯罪を犯すとはもはや予期できないとき，保安監置は終了したものと宣告され，行状監督が開始する。）

⑥刑法第67条ｄ第5項（禁絶施設収容の執行において，被収容者の人格にある理由から，収容の目的がもはや達成しえないことが判明するとき，施設内処分執行からの釈放に伴い，行状監督が開始する。）

(3)　特別の場合

刑法第68条ｆ（故意犯の廉で少なくとも2年の自由刑か，性犯罪の廉で少なくとも1

---

[2] 参照，トーマス・ヴォルフ（吉田敏雄訳）「ドイツ刑法における行状監督」北海学園大学『法学研究』第41巻第4号（2006年）193頁以下。

年の自由刑が全部執行されたとき，行状監督が開始する。しかし，刑執行部は，例外的に，行状監督を開始しない決定をすることができる。犯罪予後が悪いから満期服役するのだが，例外的に，予後は良いのだが，刑務所内で教育を終了したいという理由から，満期まで服役することがありうるからである。）

3　行状監督の期間

　行状監督の期間は最短２年最長５年である（刑法第68条ｃ第１項）。
　但し，1998年から，行状監督を５年を超えて期限を定めることなく延長することも可能となった。被有罪者が治療を承諾しないか，又は，治療の承諾はしたが，しかし治療させないときにのみ，これが可能である。この期限の付かない行状監督が命令されると，裁判所は，遅くともさらに５年後には，行状監督を継続するべきか否かの審査をしなければならない（刑法第68条ｃ第２項）。

4　行状監督の手段

　行状監督の手段として指図があり，それを担保する手段として指図違反罪に対する刑罰がある。指図には，刑法第68条ｂ第１項と第２項の定めるものがある。
　　指図その１については（刑法第68条ｂ第１項），裁判所はその指図において禁止される又は要求される行為を正確に定めなければならない：
　　　①定住義務，②退場処分，③雇用禁止，④活動禁止，⑤所持禁止，⑥運転禁止，⑦出頭義務，⑧報告義務，⑨求職命令。
　　指図その２（刑法第68条ｂ第２項）には，次のものがある：
　　　①教育，②労働，③自由時間，④経済的事情の整序，⑤扶養義務の履行。
　　　⑥身体侵襲を伴う治療，⑦禁断療法，⑧適切な寮又は適切な施設滞在については，本人の承諾を要する。
　　指図その１に違反した場合，指図違反罪（刑法第145条ａ）として，１年の自由刑又は罰金刑を科しうる。

5　行状監督の担当者

　行状監督に服する有罪を宣告された者は保護観察官の下におかれる。保護

観察官は訓練を受けたソーシャルケースワーカーである。さらに，被有罪者は行状監督所に服する。これは行政官庁であり，各地方裁判所におかれている。行状監督所の長は行政官吏ということもあるが，判事のこともある。

Ⅲ　統計調査研究から見た行状監督

　行状監督に関する問題の核心にあるのは，行状監督という法制度が，社会予後の悪い犯罪者に生活援助をする，特に，自由剥奪から自由への移行期にあって，こういった援助をする任務を適切に果たせるかにある。これにつき，つい最近まで，実証研究がほとんど無く，そのため，行状監督は「盲目飛行状態にある刑事政策」[1]とも呼ばれていたのである。しかし，その状態を克服すべく，最近，E・ヴァイゲルトとS・ホーマン＝フリッケによる統計調査研究が発表された[2]。以下，その内容を見ることにしよう。

1　E・ヴァイゲルトとS・ホーマン＝フリッケの統計調査研究

(1)　刑法第68条第1項の定める行状監督の推移

　裁判官の命令する行状監督は，1970年代終わりに最も使用されたが，1980年代に入って急速にその使用が減少した。1990年代は，70人前後で推移し，2004年には36人と最低になった（図1参照）。

(2)　調査の対象者

　調査の対象者は，1994年に行状監督に付された者，あるいは，少なくとも行状監督に付される可能性のあった者である。

　行状監督をその法的根拠によって3分類すると，次の通りである（表1参照）。

　①命令群：裁判官の命令による行状監督（刑法第68条第1項）。

　②満期群：残余刑を猶予しない場合，つまり，満期服役後の行状監督（刑法第68条f第1項）。

　③処分群：他の施設内処分，特に，精神病院収容，禁絶施設収容の（残りの）

---

[1]　*Frank Neubacher*, Führungsaufsicht., quo vadis?, Bewährungshilfe, Jg. 51, H. 1 (2004), S. 73ff., 84.
[2]　*Enrico Weigelt, Sabine Hohmann-Fricke*, Führungsaufsicht – Unterstellungspraxis und Legalbewährung, Bewährungshilfe, Jg. 53, H. 3 (2006), S. 216 ff.

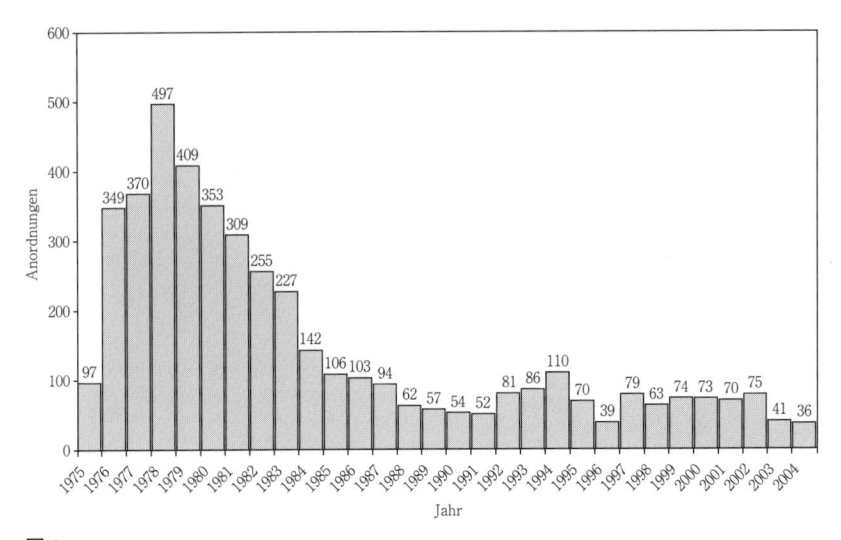

Ⅲ 統計調査研究から見た行状監督 141

図1
Quelle：Strafverfolgungsstatistlk der jew. Jahrgänge, Statistisches Bundesamt Wiesbaden（Hrsg.）, Tab. 5. 4.
(Quelle: Weigelt & Hohmann-Fricke, S. 218)

	Fälle Insgesamt	Führungsaufsicht
Anordnungs-Gruppe	74.034	255
Vollverbüßer-Gruppe	2.738	1.205
Maßregel-Gruppe	1.611	1.304
－ davon mit Strafe	988	708
－ davon ohne Strafe (lsolierte Maßregel)	623	596
Gesamt	78.383	2.764

表1
(Quelle: Weigelt & Hohmann-Fricke, S. 222)

　　猶予又は満期後の，ないし，保安監置からの釈放の際の行状監督（刑法第67条以下）。
　①命令群：刑法第68条第1項によると，裁判所は，法律が行状監督を特に定めている特定の犯罪の場合,犯罪者が将来犯罪行為を犯す恐れがあるとき，

少なくとも，6月の自由刑と並んで，行状監督を命令できる。例えば，性犯罪（刑法第181条b），傷害罪（刑法旧第228条），強盗罪・恐喝罪（刑法第256条第1項），窃盗罪，犯人蔵匿罪（刑法第245条，第262条，第263条第6項），危険犯（刑法第321条）及び麻酔剤法違反罪（同法第34条）は，通常，再犯の危険が高いと判断されていることになる。

命令群の調査対象者は，イ）1994年に，少なくとも，6月の自由刑ないし少年刑に処せられ，保護観察のために刑の執行を猶予された者か，ロ）1994年に，少なくとも，6月の自由刑・少年刑の残刑猶予又は満期服役後の者。但し，2年又はそれ以上の満期服役者は除外された。結局，調査対象者74,034人中，実際に行状監督に付された者は255人に過ぎない（表1参照）。

②満期群：刑法第68条f第1項によると，故意の犯罪行為を理由として，少なくとも，2年の自由刑が全部執行されたとき，行状監督が開始する。但し，刑罰を執行された者が，行状監督に服さなくとも，もはやいかなる犯罪行為も犯さないと予期できるとき，裁判所は行状監督を行わないことを命令する。

満期群の調査対象者は，1994年に，少なくとも，2年の自由刑・少年刑の執行を受け，満期出所した者である。調査対象者2,738人中，実際に行状監督に付された者は1,205人である（表1参照）。

③処分群：ここでは，精神病院収容（刑法第63条），禁絶施設収容（刑法第64条），及び，保安監置（刑法第66条）が問題となる。

処分群の調査対象者は，イ）1994年に，精神病院，禁絶施設から釈放された者，ないし，かかる処分を猶予された者である。こういった場合，刑法第67条b第2項，刑法第67条c第1項，刑法第67条d第2項及び第5項が行状監督を定める。ロ）1994年に，刑法第66条の保安監置から釈放された者。刑法第67条d第2項は，初入であって，刑法第67条d第4項の定める最長期間経過後の場合，行状監督に付することを定める。

調査対象者1,611人中，988人（約3分の2）は，自由刑・少年刑も併科され，その執行を猶予されていた。このうち，708人（72%）が行状監督に付された。623人は処分だけが科せられた（いわゆる単独処分）。このうち，596人（96%）が行状監督に付された（表1参照）。

(3) 命令群のデータ評価

74,034人中，255人にのみ行状監督が言い渡されたことは，裁判官に，刑に服した後の消極的予後判断を下すことに疑念を抱かせていることを推測させる。

この255人の内訳を仔細に見ると次の通りである。

①255人中，160人（約3分の2）が執行猶予の付かない自由刑に処せられ，1994年に残刑を猶予された。

②60人は，少年刑の残刑を保護観察のために猶予された。

③16人は，1994年に，満期釈放された。6月と2年の間の執行猶予の付かない自由刑に処せられた者に関して，その93％に行状監督が命令された。

④19人（7％）だけが最初から保護観察のために執行猶予された者である。行状監督が刑の猶予を排除する消極的予後を前提とすることからすると，これは予期された結果である。

性別で見ると，246人（97％）が男子，9人（3％）が女子である。有罪を宣告された者全体で6分の1が女子であることからすると，女子の割合は非常に低いといえる。

年齢で見ると，年長少年は55人（5分の1）を数える。犯行時で見ると，30歳未満の者が169人（3分の2）を数えるが，少年は4人だけである。48人は30歳以上39歳以下である。20人が40歳以上49歳以下である。6人のみが50歳以上である。60歳以上はいない。

国籍で見ると，非ドイツ人は14％弱に過ぎない。1994年の非ドイツ人被疑者率30％，非ドイツ人非有罪者率21％と比較すると，この14％弱という数値はかなり低い。しかし，このことから，非ドイツ人の方が予後がよく，裁判所が非ドイツ人に行状監督を命令することが少ないという結論は得られない。むしろ，これは，予後の悪い非ドイツ人は刑務所に収容されるか，あるいは，それに続いて国外退去させられることを意味する。

罪種で見ると，強盗罪・恐喝罪が73人（30％），窃盗罪が61人（24％），麻酔剤法違反罪が42人（16％），性犯罪が28人（11％）となっていて，その他の犯罪はほとんど見られない（図2参照）。

再犯率を見ると，6分の5（84％）が4年以内に再度犯罪を犯した（図3参

144　第4章　「行状監督」概観

　　　　　　　　　　　73 Raub- und
　　　　　　　　　　　Erpressung
　　　　　　　　　　　30%
　　　　　　　　　　　　　　　　　　8 Betrugsdelikte
　　　　　　　　　　　　　　　　　　3%

61 Diebstahlsdelikte
24%
　　　　　　　　　　　　　　　　　　　11 Gemeingef. Delikte
　　　　　　　　　　　　　　　　　　　4%

　　　　　　　　　　　　　　　　　　　5 Verkehrsdelikte
　　　　　　　　　　　　　　　　　　　2%

　13 KV-Delikte　　　　　　　　　　42 BtM-Delikte
　5%　　　　　　　　　　　　　　　　16%
　　　　6 Tötungsdelikte　28 Sexualdelikte　8 Sonstige
　　　　2%　　　　　　　11%　　　　　3%

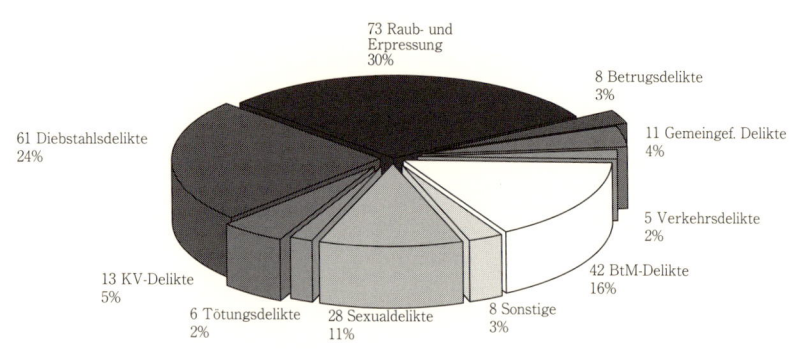

図2

(Quelle: Weigelt & Hohmann-Fricke, S. 225)

照)。再犯者の半分以上が自由刑に処せられている。このことから，刑法第68条第1項の行状監督の場合，再犯の蓋然性の高いことが分かる。但し，次のことが考慮されねばならない。被行状監督者のほとんどが短期自由刑の(部分)執行を受けたのであり，かなり若く，それにもかかわらず，(再犯)前科がある。すなわち，刑事制裁に処せられた者の一般的再犯率との比較は限定付きでしか行えない。しかも，将来の犯罪が予期できたからこそ，行状監督に付されたのであり，結局，裁判官の予後が確認されたともいえる。しかし，

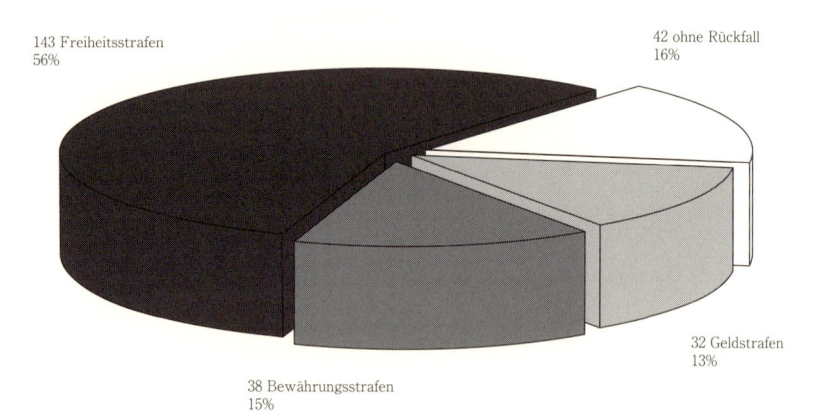

143 Freiheitsstrafen　　　　　　　　　　　42 ohne Rückfall
56%　　　　　　　　　　　　　　　　　　　16%

　　　　　　　　　　　　　　　　　　　　　32 Geldstrafen
　　　　　　　　　　　　　　　　　　　　　13%
　　　　　38 Bewährungsstrafen
　　　　　15%

図3

(Quelle: Weigelt & Hohmann-Fricke, S. 226)

それにもかかわらず，行状監督によって，行状監督に付された者の悪い予後に対抗できず，再犯を防止できなかった事実は直視されるべきである。

(4) 満期群のデータ評価

釈放後の行状監督の可能だった調査対象者2,738人中，1,205人（44％）が行状監督に服した（表1参照）。この率は驚くほど低い。しかし，刑法第68条f第1項は，行状監督につき，少なくとも，2年の満期服役を通例としている。そして，同条第2項によると，「有罪を宣告された者が行状監督に付されなくても将来もはや犯罪を犯さないと予期される」場合に限って，行状監督に付さないとの命令が下されねばならない。

行状監督率が低いことの根拠を探る前に，次の諸点が考慮されるべきである。

①少なくとも2年の満期被釈放者が対象とされたが，そもそも法律上，行状監督の対象となりえない者が混入しており，その判別ができない。刑法第53条の併合刑が科せられている場合，少なくとも，個々の刑の一つが少なくとも2年の刑を宣告されていることが，刑法第68条fの行状監督の前提要件である。しかし，これは統計上不明である。

次に，②犯罪予後が良いので，裁判所は行状監督を付さなかったのかという問題が生ずる。犯罪予後が良いのなら，なぜ，残刑の執行が猶予されなかったのだろうか。刑法第57条第1項第3号は，残刑の執行を猶予するためには，有罪を宣告された者の承諾を要求している。被有罪者が，短い残刑期間を満期まで刑務所にいることを望んだということはありうる。なぜなら，何年も保護観察を受け，保護観察の監視と統制を受けることを望まない，それ故，承諾を拒否するということが考えられるからである。そこで，裁判所は，満期釈放後の行状監督を付さないのかもしれない。

しかし，③次の理由から，予後の良し悪しとは関係なく，意識的に行状監督を放棄するということも考えられる。行状監督所が，組織上の理由から，例えば，定員に限界があるという理由から，被釈放者をそれほど抱え込めないという事情にある。

さらに，④個別の案件において，次のことも排除できない。行状監督を担当する刑執行部が，一例えば，刑執行官庁との連絡困難の故に一満期釈放に

図4

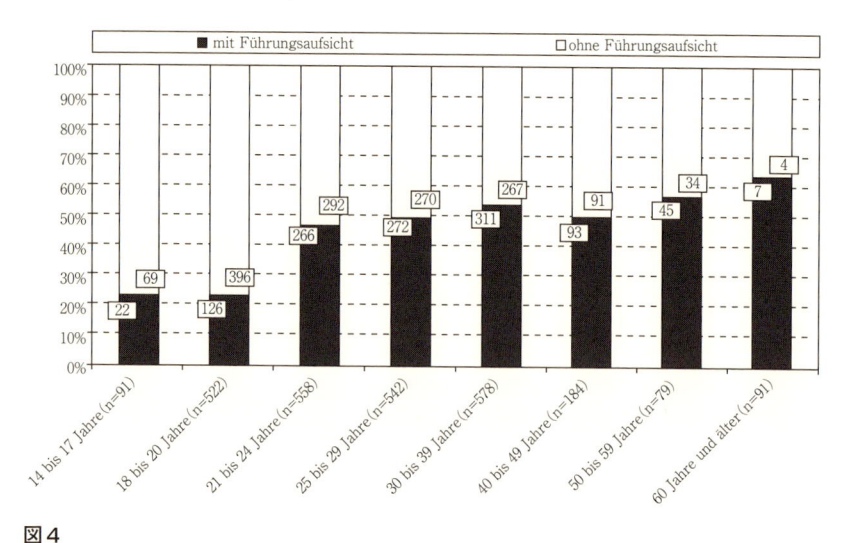

（Quelle: Weigelt & Hohmann-Fricke, S. 229）

ついて知らず，したがって，行状監督の問題を扱わないということもありうる。そうすると，行状監督に付されていない者が，常に，刑法第68条f第2項の意味での良好な予後を証明しているとは言えない。

最後に，⑤連邦統計局への報告が無かったという可能性もある。

さて，満期群の構成を，先ず，性別で見ると，男子が2,692人で，その内，1,188人（44％）が行状監督に付された。女子は46人で，その内，17人（36％）が行状監督に付された。

裁判所は，保護観察のための刑の執行猶予と同じく，女子の方に良好な予後を認め勝ちのようである。

年齢で見ると（図4参照），犯行時点において，少年が91人（3％），年長少年が522人（19％），21歳～39歳が1,678人（61％），40歳以上が274人（10分の1）を数える。

図4から分かることは，加齢とともに，満期服役後の行状監督の蓋然性が高まることである。少年，年長少年の行状監督率は24％で，平均以下である。年長少年522人中，511人は少年刑法によって処罰されている。このことは，少年刑の服役後の行状監督はそれほど一般的とはいえないことを意味する。

他の年齢層，したがって，自由刑の満期服役後の場合，行状監督率は高い。特に高いのは，50歳から59歳の年齢層で57％，60歳以上の年齢層で64％に達している。但し，母数はわずかである。

前科歴で見ると，加齢とともに前科歴が増加し，前科歴が増えるとともに，行状監督に付される蓋然性が高まる。50歳以上の年齢層90人中，73人（81％）に前科5犯又はそれ以上の前科が認められた。

国籍で見ると，2,249人がドイツ人，487人が非ドイツ人，11人は不明である。行状監督に付された者の156人（13％）のみが非ドイツ人である。非ドイツ人の行状監督率は32％である。

刑期で見ると，2年～3年が1,806人（ほぼ3分の2），3年を超えて5年以下が665人（4分の1強），5年を超えるのが265人（約10分の1）である。

刑期が長くなるとともに，行状監督に付される者の割合も増加する。2年～3年の刑期では708人（39％）が，3年を超えて5年以下の刑期では330人（50％）が，5年を超える刑期では167人（63％）が行状監督に付された。

残刑の執行猶予から見ると，満期服役中に一度残刑の執行を猶予された者—1,072人がそうだった—の方が，保護観察取り消し後の満期服役に行状監督が付される割合が低い。保護観察を取り消された者の内，350人（3分の1弱）だけが行状監督に付された。これに対して，中断無く刑を満期服役した者1,666人中，855人（半分以上）が行状監督に付された。この調査結果は驚きである。保護観察が一度取り消されたということは，良好な予後が裏切られたことを意味するからである。

罪種で見ると（図5参照），窃盗罪・詐欺罪が955人（3分の1以上），強盗罪・恐喝罪が570人（21％），麻酔剤法違反罪387人（1％），性的自己決定侵害罪が269人（10％）を数える。

満期服役後の行状監督の割合が高い犯罪としては，性的自己決定侵害罪が174人（65％），殺人罪55人（64％），強盗罪・恐喝罪304人（53％），公共危険犯44人（56％）を数える。稀なのは，窃盗罪で267人（33％）となっている。

窃盗犯人は807人を数え，最大集団を構成し，行状監督に付された者も267人で，行状監督に付された者全体の22％となる。しかし，強盗罪・恐喝罪で行状監督に付された者は，行状監督に付された者全体の4分の1以上（304人）

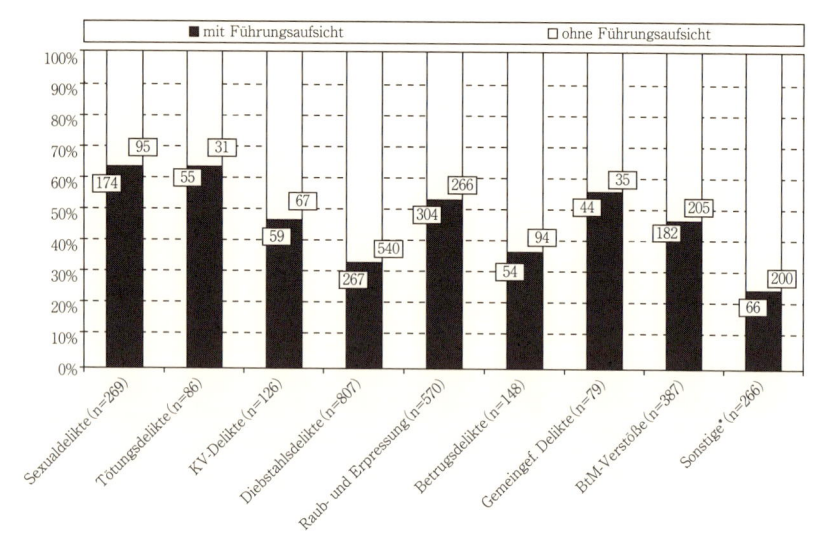

図5

Unter den 266 sonstigen Fällen befinden sich 64 Probanden, die nach DDR-Strafrecht verurteilt wurden sowie 17 Fälle (darunter ein Fall mit Führungsaufsicht), bei denen das zur Verurteilung führende Delikt nicht erkennbar ist.

(Quelle: Weigelt & Hohmann-Fricke, S. 231)

である。すなわち，行状監督に付されるか否かは犯罪の重さにも左右される。

再犯について見よう。もとより，行刑の目的は，被収容者の再社会化，すなわち，将来，犯罪を犯すこと無く生活を送れるようにすることにある。しかし，このことは，少数例でしかうまくいかないことは周知の事実である。ここに，行状監督という統制・援助手段が再犯の蓋然性を低くすることができるのか否かが問題となる。

図6を見ると，行状監督に付された者とそうでない者の再犯率を比較すると，両群ともに高い。行状監督に付された者1,205人中，846人（約70％）が再犯者であり，行状監督に付されなかった者1,533人中，981人（64％）が再犯者である。

しかし，この数字から，行状監督の成功，失敗に関する言明はほとんどできない。様々な解釈が可能である。行状監督に付された者は基本的には，釈放後の予後が悪いのであるから，行状監督に付されなかった者と比較して，

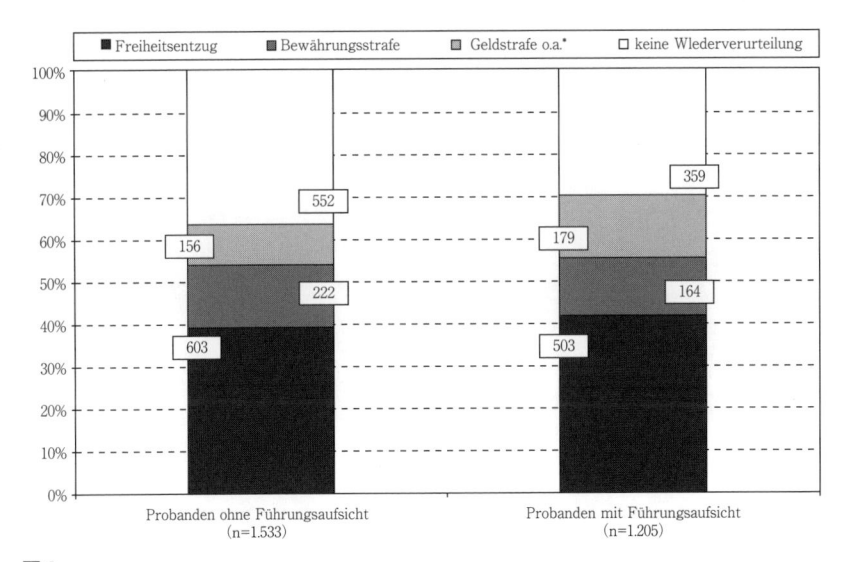

図6

Hierunter sind auch insgesamt 9 Fälle (davon 6 Probanden mit Führungsaufsicht) mit Reaktlonen nach dem JGG.

(Quelle: Weigelt & Hohmann-Fricke, S. 232)

若干，再犯率が高いとしても驚きでない。一方で，予後の悪さが行状監督によってまったく改善できなかったとの解釈ができるが，このことは行状監督が失敗したことを意味するだろう。他方で，行状監督による監視，統制及び援助が無ければもっと再犯率は高かっただろうともいえる。そうすると，ある程度成功したともいえる。

　制裁の重さについてみると（図6参照），両群の間に差はほとんど無い。それどころか，行状監督に付された者の方が再犯への反作用として罰金刑に処せられることが多いが，これは，基本的に，それほど重くない再犯を意味する。それほど「寛大な」刑に処せられた再犯は，大部分，刑法第145条 a によって刑罰で補強された指図違反罪への反作用であると考えられるかもしれない（行状監督に付されない者は犯しえない犯罪）。しかし，実際には，刑法第145条 a の違反罪だけが問われたのは6件であり，その内4件は罰金刑だけであり，2件は執行猶予の付かない自由刑だった。その他の若干の事例では，刑法第145条 a の違反罪と他の犯罪が一緒になって自由刑に処せられた。

犯罪類型による再犯率を見ると（表2），4年内の再犯率であるが，行状監督に付された者と行状監督に付されなかった者を順に並べると，窃盗罪では，82％，74％，性犯罪では，58％，45％，殺人罪では，53％，45％となっている。

但し，このことから再犯の質，つまり，再犯の危険度についての一般的言明は得られない。表2から分かることは，行状監督に付されたか，付されなかったかに関係なく，同種の犯罪を繰り返すのは稀である。窃盗罪においてのみ，窃盗を繰り返す率が高い（41％，40％）。詐欺罪の場合，行状監督に付された者の方が行状監督に付されなかった者よりは2倍ほど詐欺罪を繰り返す（43％，21％）。しかし，母数が小さいので，一般妥当性を有する言明はできない。

	Probanden insgesamt	Probanden ohne FA			Probanden mit FA		
		Anzahl	Rückfall	elnschl. RF.	Anzahl	Rückfall	elnschl. RF.
Sexualdelikte	269	95 (100%)	43 (45%)	9 (10%)	174 (100%)	100 (58%)	17 (10%)
Tötungsdelikte	86	31 (100%)	14 (45%)	0 —	55 (100%)	29 (53%)	0 —
Körperverletzungsdelikte	126	67 (100%)	50 (75%)	12 (18%)	59 (100%)	43 (73%)	10 (17%)
Diebstahlsdelikte	807	540 (100%)	402 (74%)	214 (40%)	267 (100%)	219 (82%)	109 (41%)
Raub und Erpresaung	570	266 (100%)	172 (65%)	15 (6%)	304 (100%)	234 (77%)	17 (6%)
Betrugsdelikte	148	94 (100%)	53 (56%)	20 (21%)	54 (100%)	37 (69%)	23 (43%)
Gemeingef Delikt	79	35 (100%)	22 (63%)	3 (9%)	44 (100%)	28 (64%)	1 (2%)
BtM・Verstöße	387	205 (100%)	90 (44%)	36 (18%)	182 (100%)	114 (63%)	47 (26%)
Sonstige	266	200 (100%)	135 (68%)	— —	66 (100%)	42 (64%)	— —
Gesamt	2,738	1,533 (100%)	981 (64%)	— —	1,205 (100%)	846 (70%)	— —

表2

(Quelle: Weigelt & Hohmann-Fricke, S. 233)

初回再犯にいたる期間を見ると，行状監督に付された者の方が1月ほど早く，平均412日であるのに対して，行状監督に付されないで釈放された者では，平均439日となっている。両群とも，1年以内に再犯を犯す者が半数以上おり，前者で456人，後者で510人を数える。

行状監督に付された者のほとんどの者が，再犯時，行状監督の下にあった。わずか5％（40人）だけが行状監督取り消し後，又は，終了後になって初めて再犯を犯した。

(5) 処分群のデータ評価

処分群は (a) 処分及び刑罰併科群と (b) 単独処分群に分けられる。

(a) 処分及び刑罰併科群　処分群1,611人中，988人に自由刑又は少年刑が併科された（表1参照）。刑法第63条，刑法第64条によって収容された者が，1994年に処分から釈放されたのか，行刑から釈放されたのかは不明である。連邦中央登録簿には執行の順位の記録が無いからである。

988人中，禁絶施設被収容者が777人（79％），精神病院被収容者が151人（15％），保安監置被収容者が60人（6％）を数える。

行状監督に付された者は708人（72％）であり，その内訳は，禁絶施設被収容者が534人（67％），精神病院被収容者が139人（92％），保安監置被収容者が45人（75％）となっている（1994年当時，行状監督免除規定が無かったので，行状監督に付された者と行状監督に付されなかった者の差異が現実を反映しているのか疑問があるので，以下では，両群の比較は行われない）。

性別で見ると，女性が44人（6％）を数える。

国籍で見ると，非ドイツ人が34人（5％弱）である。

年齢を見ると，命令群，満期群と比較して，若干年齢が高い。363人（51％）が犯行時30歳を超えていた。

前科歴で見ると，10分の9が少なくとも一度前科があった。420人（ほぼ60％）に5回以上の前科があった。

再犯率を見ると（図7参照），禁絶施設被収容者で63％（328人），精神病院被収容者で35％（39人），保安監置被収容者で51％（23人）を数える。これを自由刑に処せられた割合で見ると，順に，28％（149人），15％（21人），26％（12人）となる。精神病院被収容者の再犯率は低いが，禁絶施設被収容者，保安

第4章 「行状監督」概観

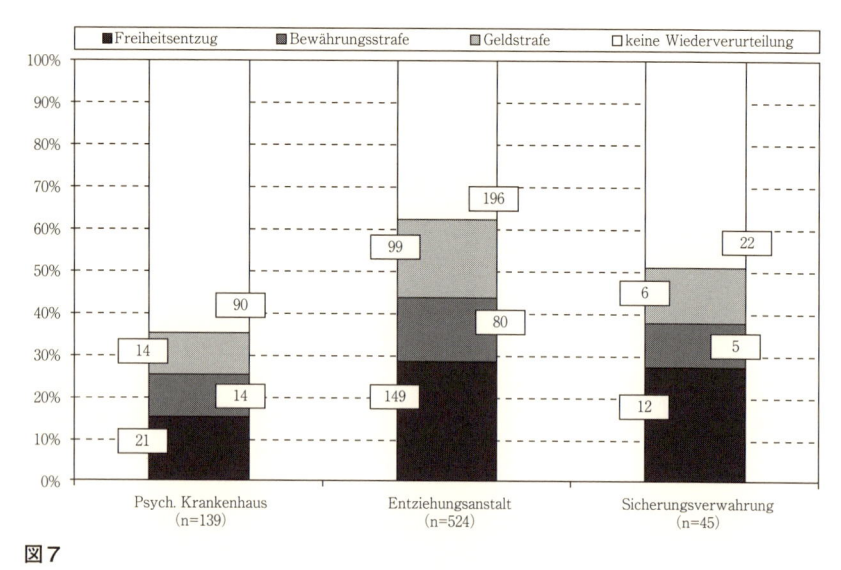

```
                ■ Freiheitsentzug   ■ Bewährungsstrafe   ▨ Geldstrafe   □ keine Wiederverurteilung
```

| | Psych. Krankenhaus (n=139) | Entziehungsanstalt (n=524) | Sicherungsverwahrung (n=45) |

図7

(Quelle: Weigelt & Hohmann-Fricke, S. 236)

監置被収容者の再犯率はかなり高い。

新たに，処分を言い渡された者は，禁絶施設被釈放者で22人，精神病院被釈放者で15人，保安監置被釈放者で7人と少ない。

(b) **単独処分群**　処分を科せられた者の内，623人に単独処分が科せられた。623人中，596人（96％）に行状監督が付された。

596人中，精神病院被収容者は525人（内，女性61人，11％）であり，禁絶施設被収容者は71人（内，女性1人，1％）である。

国籍で見ると，非ドイツ人が73人（11％）である。

年齢で見ると，犯行時の年齢が他の命令群，満期群より高く，ほぼ3分の2（385人）が30歳を超えていた。

再犯率を見ると（図8参照），釈放後4年以内であるが，精神病院被収容者の再犯率が12％（62人）と極端に低い。その理由として，①被収容者の平均年齢がかなり高い，②かなり集中した世話と治療がある，③それほど前科が無い，④釈放後も行動の自由が制限されている，⑤集中的に世話が為された等が考えられ，したがって，行状監督の効果についてはっきりしたことがい

Ⅲ　統計調査研究から見た行状監督　153

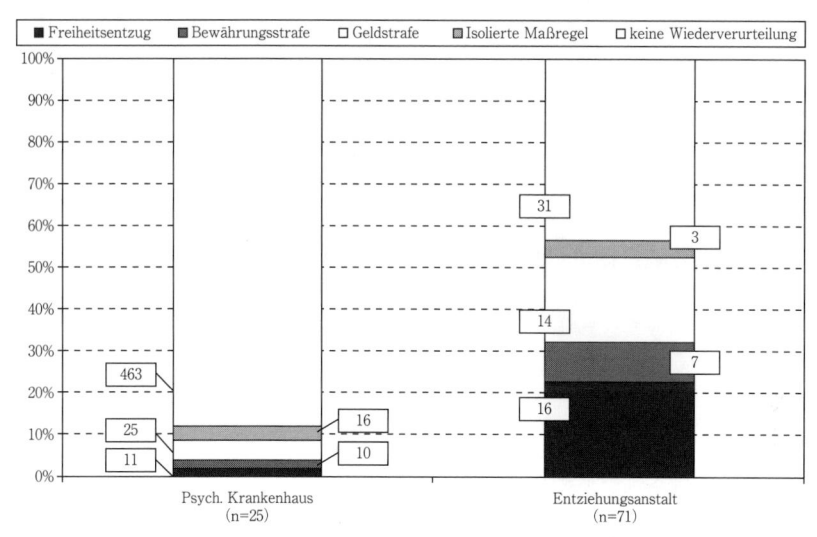

図8

（Quelle: Weigelt & Hohmann-Fricke, S. 238）

えない。

　精神病院被収容者と比較すると，禁絶施設被収容者の再犯率は40人（56%）とかなり高い。もっとも，母数が小さく，評価ができない。

　E・ヴァイゲルトとS・ホーマン＝フリッケは，以上の統計調査から，纏めとして次の4点を指摘している。

①行状監督はあまり利用されない制度である。行状監督が裁判所の予後にかかる場合，―刑法第68条第1項の定める判決における命令，刑法第68条fの定める満期服役後の場合―　裁判所は行状監督に自制的である。
②行状監督に付される者は圧倒的にドイツ人の男性であり，その多くは，暴力犯罪，特に，殺人罪，性犯罪に関係している。
③再犯防止という意味での効果は，命令群，満期服役群のいずれにも，はっきりしたことがいえない。行状監督は，もしあるとしても，有罪を宣告された者，満期服役者のごく一部の者にしか防止効果が無い。しかし，同種の犯罪を犯すことは稀である。
④禁絶施設処分や保安監置処分の場合も再犯率は高い。しかし，対象群が無

いので，行状監督の効果について何もいえない。精神病院被収容者の場合は，他の行状監督に付された者の群と比較して，再犯率はかなり低いが，やはり，対照群が無いので，行状監督の効果についてはっきりしたことはいえない。再犯率が低いのは，段階的緩和によって注意深く準備された釈放，及び，施設側の後療法の影響に基づくように思われる。

2 本統計調査研究の問題点

E・ヴァイゲルトとS・ホーマン＝フリッケの本統計調査研究の再犯防止効果に関する言明にどの程度の信用性があるのかついては，議論のあるところである[3]。

先ず，命令群についてであるが，「それにもかかわらず，行状監督によって，行状監督に付された者の悪い予後に対抗できず，再犯を防止できなったことを直視するべきである」と述べられているが，その根拠が弱いと批判されるのである。対照群が存在しないからである。調査者自身も強調しているのだが，命令群の者で4年以内に新たに有罪判決を言い渡された者は84％にも達しているし，自由刑に処せられた者は56％に達しているが，それが行状監督による影響に基づくものか否か，それは分からない。統計からは数値は分かるが，それの行状監督所，保護観察官の活動との関係は不明であると批判される。

次に，満期服役群については，対照群との比較が為され，行状監督に付された者の再犯率が70％であるのに対し，行状監督に付されていない者のそれは64％であると述べられているが，この比較は意味をなさないと批判されるのである。有効な比較調査をするには，両群がほぼ等質でなければならない。調査者自身もこの条件が具備されていないことを指摘しているのであるが，さらに次の点も加えられる。①満期服役者の行状監督は，一定の要件がそろえば，開始されるのであるが，裁判所は予後が良ければ例外的に行状監督を免除できる（刑法第68条f）。それでも，行状監督に付されなかった者が56％に

---

[3] *Michael Herwartz*, Erwiderung auf den Artikel „Führungsaufsicht‐Unterstellungspraxis und Legalbewährung" von Enrico Weigelt und Sabine Hohmann-Franke in Bewährungshilfe 3/2006, Bewährungshilfe, Jg. 54, H. 1 (2007), S. 80ff.

も達していることは，調査者自身が述べているように，驚きである。この対照群には，なるほど，2年又はそれ以上の刑を服役したが，しかし，併合刑であって，個別刑のどれもが少なくとも2年に達していない者が含まれている。しかし，その実数は連邦中央登録簿からは分からない。この者が，行状監督に付された者と類似の再犯率を示すか否かの評価はできない。②対照群には，裁判所が，良好な予後のために，行状監督を免除した者が含まれているが，その実数も不明である。③満期服役後に国外退去処分を受ける外国人は行状監督を必要としない。その実数も不明である。もっとも，満期服役群全体の中の外国人の割合は18%であり，行状監督に付された者の中の外国人の割合は13%に過ぎないことからすると，満期釈放された無視できない数の外国人がドイツにおらず，そこで犯罪を犯しえないと言えそうである。以上のことから，再犯率に関する有意味な比較調査結果は得られないということになる。

そうすると，調査者の述べる結論「再犯防止という意味での効果は，命令群，満期服役群のいずれにも，はっきりしたことはいえない。行状監督は，もしあるとしても，有罪を宣告された者，満期服役者のごく一部の者にしか効果が無い」という言明は許されないことになる。その証明が欠如しているからである。

今後とも，いっそう精密な比較調査研究が望まれる。その際，大事なことは，犯罪者（再）社会化処遇一般にも言えることだが，現状の行状監督が効果があるか否かだけが問題なのではなく，行状監督をどのように構成すればより良き効果が生ずるのかも問題とされるべきだということである。

Ⅳ 行状監督の論争点

1 行状監督の廃止論と改正論

行状監督には，その拡充，例えば，刑法第67条f第1項の最短服役期間を引き下げる案から，ドイツ保護観察官協会が1986年に実際に主張していた行状監督完全廃止論[1]にいたるまで，そして，その間に，行状監督を保護観察

を伴う自動的残刑執行猶予で代替する案等，様々な議論がなされている。細かいところでは，指図違反罪（刑法第145条 a）は不要とされたり，逆に，それにつき行状監督所の告発が不要とされたり，さらには，治療指図違反を犯罪化するべしとの見解も出される。

そこで，なぜ，これほどまでに議論が錯綜するのかが問題となる。これについては，次の諸点が指摘されている。第一に，行状監督には，目的葛藤が存在すること，つまり，支援と統制の葛藤があり，これが保護観察官側からの抵抗要因となっていること，第二に，保護観察と行状監督所による二重の世話があるため，ここから，関係機関の間の協調問題が生ずること，第三に，きわめて異質の人々が行状監督に付されること，第四に，保護観察と行状監督所の資源が足りない，つまり，緊縮予算と世話人一人あたりの担当件数の増大が挙げられるのである[2]。

ここから，行状監督廃止論[3]が出てくるのも無理は無い。行状監督廃止論の根拠は，―援助と統制を一緒にすることに根本的疑念を抱いていることを別とすれば―行状監督を廃止しても，保護観察があり，もはや強制統制されない犯罪者は自主的に援助を求めるだろうというところにある。しかし，行状監督廃止論は非現実的であると批判されるのである。保護観察は，処遇困難な，強力な面倒を必要とする行状監督に付された者の世話をする力をただで有するわけではないし，「満期服役者」，治療に抵抗する嗜癖依存者あるいは釈放された性犯罪者が自主的に援助を求めることは期待できないからである。さらに，行状監督は，社会統制手段として，施設内制裁よりも穏やかな方法であることが挙げられる。この意味で，行状監督は，保安監置処分の利用を抑えたり，精神病院収容期間を短縮させるという点で，重要な役割を果

---

[1] *Deutsche Bewährungshilfe e.V.*, Denkschrift zur Strafrechtsreform, Bewährungshilfe 1968, S. 115 ff.
[2] *Neubacher*, (Fn. II-1), S. 75 f.
[3] *Frieder Dünkel, Gerhard Spiess*, Perspektiven der Strafaussetzung zur Bewährung und Bewährungshilfe im zukünftigen deutschen Strafrecht, Bewährungshilfe, Jg. 39, Nr. 2 (1992), S. 117ff., 129. 「行状監督処分を廃止するのが刑事政策からは望ましいように思われる。逆の見方もあるが，処分執行より条件付きで釈放された者に必要な世話と（統制）は『通常の』保護観察の範囲内で可能であるということで，大方の意見は一致している。満期服役者の場合には，任意を基礎とした提供がなされるべきである。行状監督は，この領域では，国の統制の上で比例のとれない，不必要な拡大ないし強化である」。

たしていると指摘される。こういったことが可能となるのは，刑執行部が，精神疾患犯罪者の釈放に当たって，行状監督所と保護観察による二重の世話を信頼しているからである。さらに，行状監督廃止論は，今日の世論状況を前にしては，逆効果をもたらしかねないと指摘される。

そこで，行状監督改正論が出てくる。行状監督改正論その一は，行状監督を廃止することはできないが，保護観察を伴う自動的執行猶予モデルを導入するというものである。残刑の猶予は，もはや，刑執行裁判所の特別の予後判断に依存しない。保護観察に付される者は，従来の保護観察によって引き受けられる。残刑は，その者の協力を得るための「圧力手段」として扱われる。

この改正論の弱点は，有罪を宣告された者がその意思に反して釈放されねばならなくなり，そうすると，このことは刑法第57条（残刑の執行猶予の場合，受刑者の同意が必要）とも一致しないし，治療と社会化への権利という憲法上の問題も生じさせるところにある。この点は，例えば，社会内治療を可能にする法制度改革で対処できるとしても，もう一つの問題が依然として残る。すなわち，このモデルは，行状監督に付される者が保護観察に付される者とは本質的になんら異ならないこと，したがって，保護観察によって引き受けられることから出立する。そうなると，予後が悪いという要件がなくなるが，しかし，予後の悪い者がかかえる由々しき問題はそのまま残ることになる。

行状監督改正論その二は，保護観察には，所有権侵害犯罪者が多いが，行状監督には，かなり多くの前科を有する，特に，性犯罪者，暴力犯罪者の面倒を見なければならず，それぞれの対象者が異なることから，いわゆる「解体モデル」を提案する。その目的は，それほど危険でない者を行状監督からはずし，行状監督を特に厄介をかける者に特化することにある（刑法第66条aの留保された事後的保安監置では窃盗，詐欺が除外されている）。本モデルは，対象犯罪類型を限定すること，さらに，満期服役者（刑法第68条f），治療不能の故に禁絶施設から釈放された者（刑法第67条d第5項），保安監置10年経過後の者（刑法第67条d第3項）に限定することを提案する。

F・ノイバッハーは，「解体モデル」を次の6命題にまとめている。
1 行状監督は一般の関心を引いていないが，安全，安全感，予防が強調さ

れる現在の刑事政策から，雰囲気に変化が生じうる。
2　万が一，行状監督が一般の刑事政策の議論の中に巻き込まれることにでもなれば，行状監督を限定するという可能性がなくなろう。目下，刑事政策の流れはむしろ社会統制の拡大に動いている。事後的保安監置の議論がそれを証明している。それ故，行状監督を廃止することは非現実的である。行状監督が，保安監置を社会内統制で置き換えるのに寄与することができれば，ひょっとすれば，いっそう悪い事態の発生を阻止できるかもしれない。
3　行状監督の改革が必要なのは，統制と援助をするというその本来の意図が実現できないようになっているからである。保護観察と行状監督に付される者が増大していることに鑑み，科せられる自由刑の最低服役期間を下げることで行状監督を拡大するという考えに鑑み，さらに，世話の関係をますます悪化させる人的資源の不足に鑑み，行状監督で援助をするということが空約束にとどまっている。
4　それ故，行状監督を特に問題のある者に特化するべきである。それによって，行状監督の機能が確保されるし，刑法による無制限の社会統制を減少させることもできる。
5　行状監督を限定するには，例えば，次のことが考えられる。
　①ほとんど適用されることの無い裁判官による命令（刑法第68条第1項）を削除すること[4]。裁判官は，判決時点で，刑に服役した後の社会予後の悪さについての判断を下すことを躊躇しているのである。
　②行状監督を，生命，身体，自由及び性的自己決定に対する犯罪に限定すること。例えば，窃盗，詐欺，麻酔剤法違反犯罪を削除すること。
　③行状監督を，いわゆる満期服役者（刑法第68条f），治療不能ということで禁絶施設から釈放される者（刑法第67条d第5項），及び，10年経過後に保安監置から釈放される者（刑法第67条d第3項）に限定すべきこと。
6　指図違反罪（刑法第145条a）は削除されるべきである。実際上，この条文が適用されることはほぼ無いといってよいし，この行為の犯罪としての性

---

[4]　*Heinz Schöch*, Bewährungshilfe und Führungsaufsicht in der Strafrechtspflege, NStZ 1992, S. 364 ff., 370.

質にも疑問がある。とりわけ，こういった違反行為の場合，新たな犯罪行為を犯しているのであれば，処罰される可能性が高くなることになるのだから，指図違反罪は不要である。現実的に考察すると，「自分が損する」という考えだけで，指図に従う動機づけがなされるに違いない[5]

2　1980年の連邦憲法裁判所決定

連邦憲法裁判所は，その1980年の決定において，刑法第68条 f［満期服役後の行状監督］は，憲法に違反しないと判断した[6]。その理由は，次の通りである。刑法第68条 f の規定は，予後が悪いために，刑法第57条の残刑猶予にならない，したがってこれに伴う保護観察にも付されえない有罪を宣告された者には，行状監督による援助が欠かせないという考慮にも基づいている。この行状監督は，基本法第103条第3項の言う許されない新たな処罰ではなく，既に下された有罪判決に結びついた改善・保安処分であって（刑法第61条第5号），ただ，その効果が生ずるのは自由刑の満期服役にかかっているに

---

[5] *Schöch*, (Fn. 4), S. 370. H・シェヒも指図違反罪を廃止するべきだと主張する。指図に違反しただけで刑事罰の対象になるのは比例の原則から許されない。刑罰の警告で補強された援助を受ける義務なるものは保護観察官の自己理解に反し，行状監督の信頼を貶めることになる。さらに，指図違反罪は，国の統制密度を高めるし，新たな犯罪を犯した場合には有罪の危険を高めるのが普通であるから，この理由からも処罰は不要である。すなわち，指図違反は，多くの場合，一種の「自己処罰」に繋がるのであって，これは，数ヶ月経過してからようやく科せられる些細な処罰よりも効果的であり，実体に適している。この規定が削除されるまでは，行状監督所は告発を控えるべきである。

H・アントンスも指図違反罪の削除を主張する。*Horst Antons*, Möglichkeiten einer gesetzlichen Neuregelung der Führungsaufsicht, Bewährungshilfe Jg. 39, Nr.3 (1992), S. 285 ff., 285 f.「刑法第145条 a の告発ができるのは，処分の目的が危険に晒される場合だけである。このことは，処罰をすることによって，処分の目的が将来実現できるという教育学的期待を含んでいる。しかし，私の経験からすると，この期待はできない。誰にも被害を与えない作為，不作為が処罰されることで，本人は正当化されることのできない国権力の恣意的行為だと感ずるものである。特に，刑事手続が数ヶ月続き，構成要件該当性が忘れられてしまうときがそうである。さらに，処罰によって，短期間の見せ掛けの成果が得られること，外面的適応が学ばれ，真の『進路変更』が為されないという危険がある。……たいてい，被釈放者は，多くの場合，新たに犯罪を犯し，したがって，行状監督所が告発をする必要がないものである。私の経験からすると，処分の目的を達成するためには，監視を密にすれば足りる。本人が保護観察官や行状監督所に近寄らないとき，監視を厳しくすることを本人に悟らせばよい。……最後の手段としては，身柄保全命令を用いればよい。そして，指図違反の理由を話し合えばよい。」。

[6] Beschluß des Zweiten Senats vom 15. August 1980, BVerfGE 55, S. 28 ff.

すぎない。この種の、具体的な法定の前提要件に結びついた有罪判決の副次効果は、裁判官の言い渡しが無くとも、本人には認識可能である。なるほど、有罪を宣告された者は、残刑の猶予に関する判断が下されるまで、場合によっては、刑の服役終了まで、行状監督に実際に付されるか否かに関して、そして、いかなる指図を伴うのかに関して、分からない状態にある。しかし、このことは、法治国命令によって法定処分の予見可能性に結びつく諸要請に矛盾するものではない（参照、連邦憲法裁判所判例集第7巻89頁、92頁）。

　少なくとも2年の、故意犯罪の故に科せられた自由刑の満期服役の終了とともに行状監督が開始することも、憲法上の比例の原則に違反しない。刑法第57条の定める自由刑の残刑の執行猶予もできなかったし、行状監督が無くとも犯罪をもはや犯さないともいえないことが前提となっている（刑法第68条f第2項）。すなわち、社会予後がよければ行状監督は許されない。

　職業選択の自由という基本権も、保護観察官によって許可された、保険加入義務のある労働に従事するべしとの指図によって、侵害されることはない。この効果的な支援に必要な制限は憲法上許される。犯罪者を社会化するという公衆の利益、特に、犯罪者の将来の犯罪行為を防止するという公衆の利益は、厳格な比例の原則の範囲内で犯罪者の職業選択の自由という基本権を法律で制限することを正当化する優越的利益である。

Ⅴ　行状監督制度改革

1　行状監督改正法案

　既に、1980年代末に、ドイツ連邦司法省内で行状監督法の改正素案が作成されていたのであるが、当時は、それ以上に進展することは無かった。その後、1998年1月26日の「性犯罪とその他の危険な犯罪撲滅法」で、行状監督制度の部分改正が実現していた。しかし、その後の状況を踏まえて、ドイツ連邦共和国政府は、2006年4月5日に、「行状監督法案」を閣議決定した。以下、本改正法案の主要な改正点及びその改正理由を瞥見する[1]。

(1) 刑罰で補強された指図型録の拡大 (刑法第68条 b 第 1 項)

① 「接触・交際禁止」指図。刑法第68条 b 第 1 項は，「裁判所は，有罪を宣告された者に，行状監督の期間又は比較的短期間，次の指図をすることができる」として，指図事項を列挙している。本改正法案は，その第 3 号に「接触・交際禁止」を盛り込んだ。「被害を受けた者，特定の者，又は，有罪を宣告された者にさらなる犯罪への機会又は刺激を与えかねない特定群の者と接触しないこと，交際しないこと，雇わないこと，養成しないこと又は宿泊させないこと」。公衆を保護するために，他でもなく危険な性犯罪者の場合，刑罰で補強された「接触・交際禁止」指図を言い渡すことによって，有罪を宣告された者が，釈放された後，自分が犯した犯罪の被害者に再度嫌がらせをしたり，脅迫したりすることを防止しようとするものである。すなわち，「接触・交際禁止」は，行状監督と保護観察の統制機能，及び，被害者保護の改善を目的としている。

② 「酒精飲料・麻酔剤摂取，酒精・麻酔剤統制」指図。刑法第68条 b 第 1 項に第10号が新設された。「特定の事実に基づくと，酒精飲料や麻酔剤の使用がさらなる犯罪に繋がると考える理由があるとき，酒精飲料や他の麻酔剤を摂取しないこと，身体侵襲を伴わない酒精統制や嗜癖統制に服すること」。酒精・薬物濫用は，多くの場合，中心的危険要因であるから，保護観察期間において，重大な酒精・薬物濫用に陥る前に，早い段階で対処しなければならない。有罪を宣告された者が酒精飲料やその他の麻酔剤摂取により危険が発生すると判断されるとき，裁判所は，その摂取禁止の命令を下せることになった。禁止が遵守されているか否かは呼気検査で監視できる。但し，比例の原則から，刑罰で補強される指図は，身体侵襲を伴わない統制に限定される。

③ 「医師，心理療法士又は司法外来診療部出頭」指図。刑法第68条 b 第 1 項に第11号が新設された。「特定の時点に，又は，一定の間隔をおいて，

1　吉田敏雄「ドイツ連邦政府『行状監督改正法案』(2006年 4 月 5 日)(1),(2)」北海学園大学『学園論集』第129号(2006年 9 月)53頁以下，第130号(2006年12月)81頁以下。
Aleander Vollbach, Die reformierte Maßregel Führungsaufsicht: Kontaktverbot, Alkoholverbot, Nachsorgeweisung und unbefristete Führungsaufsicht, MschKrim 89. Jg. Heft 1 (2006), S, 40-47.

医師，心理療法士又は外来診療部に出向くこと」。これにより，被釈放者がどのような状態にあるのかの印象が得られ，危機的段階にあると見られる場合には，適宜の介入ができることになる。行状監督に付された者に心理療法士などと接触を取り，それを維持することが強制される。治療を受けることへの第一歩を踏み出す強力な動機づけとなることが期待されているのである。しかし，強制治療が規定されているわけではない。刑罰で補強された治療強制には，基本法第2条第2項，同第1条第1項によって保護される一般的人格権への重大な侵害となりかねなという点で，憲法上の問題が立ちはだかる。しかし，この関連で決定的に重要なのは，刑罰警告の下で強制的に指図された心理療法を試みることによっていかなる治療成果を得ることができるかにある。心理療法の治療処置は社会的相互交流に基づいており，それ故，本人の協働を要する。したがって，治療の成果にとって決定的に重要なことは，保護観察に付された者が治療に応ずるということである。但し，このことは，初めから治療を受ける気持ちがあるということを前提としないし，治療の気持ちが自律的動因に基づくことも前提としない。「決定的なのは，むしろ，療法士が本人を協働へと動機づけることに成功するか否かにある。十分な動機づけを作ることが最初の治療目的であるが，しかし，最初の治療段階だけで役割を果たすのではない。全治療段階を通して，それを目指して努力されねばならない。しかし，多くの場合，動機づけの努力は，保護観察に付された者が，先ずもって，およそ療法士と接触を取り，それを維持するように，相応の指図によって強制される場合にだけ可能となる。それ故，刑法第68条b第1項第11号の刑罰で補強された指図は，とりわけ，こういった『乗車強制』を可能とすべきものである。治療者のところに何度も出向くことも，それが治療における協働の用意を作るのに必要である限り，命令することができる。」。

(2) **刑罰で補強されない指図型録の拡大**（刑法第68条b第2項）

司法精神医学の視点から重要なのは，後療法指図と司法外来診療である。刑法第68条b第2項に2文と3文が新設された。「裁判所は，有罪を宣告された者に，特に，後療法的に精神医学的，心理治療的又は社会治療的に世話をしてもらう（後療法指図）よう指図できる。世話と治療は司法外来診療部で

行うことができる。」。刑法第63条［精神病院収容］または同第64条［禁絶施設収容］の定める収容，又は，行刑，特に，社会治療施設における治療に連結した外来の治療後療法は，再犯現象に些細とはいえない効果が認められるし，治療の成功を確実なものとするために必要である。

　後療法のための組織的外枠として，とりわけ，司法後療法外来部を設立することは意味のあることであり，必要である。しかし，釈放された犯罪者，特に，性犯罪者の特別の問題負担及び治療必要性に鑑み，開業心理療法士に，後療法の世話を引き受ける用意があるのは稀である。又，開業心理療法士に，必要とされる特別の資格が欠如しているため，それがまったくできないことが多い。外来診療部が後療法を提供する制度が実現すると，犯罪者治療に必要とされる専門家と質の確保に役立つし，刑罰及び処分執行施設の内外における治療の意味のある調整が容易になる。但し，本条項は，州に司法外来診療部の設置を義務付けていないし，既存の外来診療部に特定の犯罪者を引き受ける義務も課していない。外来診療部の治療構想が特定の犯罪者に向いているのか否か，治療設備が十分か否かの調査は，当該診療部に委ねられている。すなわち，裁判所は，犯罪者に司法外来診療部で後療法を受ける指図を与える前に，当該診療部が治療を引き受けることができ，その用意があるか否かを確認しなければならない。

(3) 引致命令（刑訴法第463条 a 第3項）

　被釈放者が保護観察官及び行状監督所と十分な連絡を取らず，又は，命令に背いて，医師，心理療法士あるいは司法外来診療部に出向かないとき，行状監督所の長は引致命令を発することができる旨の刑訴法第463条 a 第3項が新設された。「有罪を宣告された者が刑法典第68条 b 第1項第7号又は第11号の指図に十分な弁明なく従わず，召喚状において，この場合，引致が許容される旨指示されたとき，行状監督所の長は引致命令を発することができる。」。

　指図遵守の実現担保手段としては，刑法第145条 a［行状監督中の指図違反罪］の刑罰警告は別とすれば，指図の遵守を働きかける効果的手段が欠如していた。そこで，行状監督所の長による引致命令が導入された。裁判官の引致命令は不要とされるが，それは，引致が基本法第104条第2項1文のい

う自由剥奪ではなく（これはおおよそのところ，身体の動きの自由があらゆる方向に向けて消滅されているところに特徴がある），一定行動をさせる，単に自由を制限する直接強制の処置だからと説明されている。

(4) 関係機関の協調　(刑法第68条a第7項)

行状監督の関係機関は，それぞれの権限と義務が明確で，しかも相互協調の関係にあるべきである。刑法第68条aはその旨の規定であるが，司法外来診療部が関与した場合についての第7項が新設された。

> 刑法第68条a　監督所，保護観察，司法外来診療部
> (1)有罪を宣告された者は監督所に服する。裁判所はこの者のために行状監督の期間，保護観察官を選任する。
> (2)保護観察官及び監督所はお互いに協調して有罪を宣告された者の援助，世話に当たる。
> (3)監督所は裁判所と協調し，保護観察官の支援を得て有罪を宣告された者の行動と指図の履行を監視する。
> (4)監督所と保護観察官の間に，有罪を宣告された者の援助とその意味について問題が生ずるとき，裁判所が判断する。
> (5)裁判所は監督所及び保護観察官にその活動のために指図を与えることができる。
> (6)第145条a2文［行状監督中の指図違反罪については監督所の告訴が訴追条件］の定める申し立て前に，監督所は保護観察官を聴聞する，第4項は適用できない。
> (7)第68条b第2項2文の定める指図［世話と治療は司法外来診療部で行うことができる］が与えられるとき，第2項に掲げられた者と協調して，司法外来診療部も有罪を宣告された者の援助，世話に当たる。その他の点で，第3項，第4項は，保護観察官の地位に関する限り，司法外来診療部にもこれを準用する。第203条［個人の秘密の侵害］第1項第1号［医師，歯科医など］，第2号［国により承認された学問上の終了試験を経た職業的な心理学者］及び第5号［国により承認された社会福祉士又は社会教育学者］に掲げられた者は，裁判所，監督所，保護観察官に対して，これが任務遂行のために必要である限り，知らせなければならない。

刑法第68条aは外来診療部を保護観察官と同じ地位においているが，治療の独立性を保障している。同条第3項の規定の規定に対応して，行状監督所は外来診療部の関与の場合でも行状監督のための組織的権限及び責任をも

つ。しかし，外来診療は，治療者だけが的確に判断できる専門的—治療の観点によって方向付けられねばならないから，行状監督所が治療の進行過程に「介入して取り仕切る」べきでない。同じことは，上位の機関ではあるが，司法外来診療部に対して直接の指揮権のない裁判所にも当てはまる。

司法外来診療部は，保護観察官及び行状監督所と協調した行動をとり（第7項1文），監督所を支援（第7項2文，第3項と結びついて）しなければならない。このことは，関係機関がすべて，援助者会議において，相互協調しなければならないことを意味する。(条件付)釈放の後も，予後診断の問題は再三再四新たに提起される。それ故，それぞれ部分的情報しかもたない，行状監督に関わる様々な部署の間の必要な情報交換が保障されねばならない。そこで，刑法第68条a第7項3文は同第3項を補充して，次のことを明らかにしている。外来診療に携わる者は，治療の範囲で知ることになった患者の「秘密」も，裁判所，行状監督所及び保護観察官の任務遂行に必要と思われる場合には常に，そして，その限りで，開示しなければなならない。その点で，治療者は刑法第203条第1項の意味での無権限で行為するのではなく，個人の秘密の侵害の廉で処罰されることはない。

(5) 行状監督中の指図違反罪（刑法第145条a）

指図に従がわない者は，従来の1年以下の自由刑又は罰金刑に代わって，3年以下の自由刑又は罰金刑に処せられる。個別予防と一般予防が重罰化の理由である。すなわち，前者の観点からは，従前の法定刑では，保護観察に付された者に行状監督の範囲で指図を遵守させる動機づけを与えるという点で不十分であって，法定刑を引き上げることで，保護観察に付された者への差異的反作用が可能となるし，いざという場合，長期の自由刑を科することで，行刑において持続的に働きかけ，公衆を保護するべきである。後者の観点からは，法定刑の引き上げによって，外に，向けて，行状監督制度の価値の切り上げが可視的になる。

(6) 無期限の行状監督（刑法第68条c第3項）

精神病院収容処分の猶予の場合に，特定の事実に基づくと，さもなければ，間も無く責任無能力又は限定責任能力の状態に陥り，これにより，再犯の恐れがあるとき，行状監督は無期限に延長できる（刑法第68条c第3項第1号）。

刑法第181条ｂに列挙された犯罪（重い性犯罪）の廉で２年を超える自由刑に処せられたか，又は，精神病院収容が命令され，しかも，刑法第68条ｂ第１項又は第２項の定める指図違反から，重大な犯罪を犯す具体的恐れのあるとき，行状監督は無期限に延長できる（刑法第68条ｃ第３項第２号）。

　本条第３項第１号は次のような場合に適用される。統合失調を患っていて保護観察に付された者が，保護観察や行状監督の終わり頃にもう，将来，精神的健康状態の鎮静化のために必要な薬剤を服用したくないと告げることが稀ではない。このような場合，行状監督を延長することによって，永続的監視と世話の保障ができる。本条第３項第２号の立法理由として，再犯研究からすると，特に，性犯罪者の再犯の危険性はかなりの期間継続することが多いので，長期の行状監督が必要であるということが挙げられる。

(7) 危機介入（刑法第67条ｈ）

　刑法第67条ｈは，精神病院被収容者又は禁絶施設被収容者が保護観察のために釈放された後，危機的展開が見られるとき，危機介入の施設収容を可能とした。その期間は最長３月である。その延長も可能であるが，６月を超えてはならない。これらの者に，急性の悪化が見られるか，嗜癖行動に戻るとき，しかし，猶予を取り消すべきでないとき，暫定的に病院へ収容する可能性が開かれる。

　現行法はこの種の危機介入に十分な手当てをしていない。実務は，危機に瀕している保護観察に付された者を身柄確保収容命令（刑訴法第453条ｃ［執行猶予取り消しに備える処分］第１項）を発付して暫定的に病院へ連れ戻していた。しかし，この手続には法的観点から問題がある。というのは，有罪を宣告された者を猶予の取り消し前に身柄確保する処分が問題となっているのであるが，しかし，ここで問題となっている危機介入の場合には，猶予の取り消しを意図しているわけではないからである。さらに，身柄確保収容命令は実務上様々な問題点をもっているからである。すなわち，それ自体として捉えると，いずれにせよ正式に考慮される保護観察取り消しは急性疾病患者に烙印作用をもつ。患者にその処分執行からの釈放後宿泊を提供する施設の所有者，身柄確保収容命令を知った雇用者が単なる危機介入と考えられる処分を「逮捕」と理解することが稀ではなく，引き続いて，宿泊契約や雇用契約の解除

によって，本人のための適切な社会的受け入れをだめにし，かくして，猶予の取り消しを不可避にしかねない事実を作ってしまう。これに対して，刑法第67条 h は，身柄確保収容命令の発付又は猶予の取り消しをせずに，時間的にゆっくり進展する治療成果を危険に晒すことなく，危機的先鋭化に対する適切な対応を可能にする。

VI 行状監督改正法の成立

1 行状監督法

上記のドイツ連邦政府「行状監督改正法案」は，国会審議の過程で修正を加えられ上，2007年3月に可決・成立した。以下は，行状監督関連条文（下線部は改正箇所）である[14]。

刑法総則「行状監督」

第68条　行状監督の前提要件
(1) 法律が行状監督を特に規定する犯罪の故に，少なくとも6月の有期自由刑を科せられた者が，将来犯罪を犯す恐れがあるとき，裁判所は刑にあわせて行状監督を命令することができる。
(2) 法律による行状監督に関する規定（第67条 b，第67条 c，第67条 d <u>第2項から第6項</u>，及び，第68条 f）は，そのままとする。

第68a　監督所，保護観察，司法外来診療部
(1) 有罪を宣告された者は監督所に服する。裁判所はこの者のために行状監督の期間の間，<u>女性保護観察官又は男性保護観察官</u>を選任する。
(2) <u>女性保護観察官又は男性保護観察官</u>はお互いに協調して有罪を宣告された者の援助，世話に当たる。
(3) 監督所は裁判所と協調し，<u>女性保護観察官又は男性保護観察官</u>の支援を得て，有罪を宣告された者の行動と指図の履行を監視する。
(4) 監督所と<u>女性保護観察官又は男性保護観察官</u>の間に，有罪を宣告された者の援助とそ

---

[14] Gesetz zur Reform der Führungsaufsicht und zur Änderung der Vorschriften über die nachträgliche Sicherungsverwahrung vom 13. April 2007 (Bundesgesetzblatt Jahrgang 2007 Teil I Nr.13). Vgl. *Jens Peglau*, Das Gesetz zur Reform der Führungsaufsicht und zur Änderung der Vorschriften über die nachträgliche Sicherungsverwahrung, NJW 2007, S. 1558-1562.

の意味に関わる問題について協調が取れないとき，裁判所が判断する。
(5) 裁判所は監督所及び女性保護観察官又は男性保護観察官にその活動のために指図を与えることができる。
(6) 第145条 a ［行状監督中の指図違反］2文の定める告訴前に，監督所は女性保護監察官又は男性保護観察官を聴聞する。第4項は適用できない。
(7) 第68条 b 第2項2文及び3文の定める指図が与えられるとき，第2項に掲げられた者と協調して，司法外来診療部も有罪を宣告された者の援助，世話に当たる。その他の点で，第3項，第6項は，それらが女性保護観察官又は男性保護観察官の地位に関する限り，司法外来診療部にもこれを準用する。
(8) 第1項に掲げられた者及び第203条［個人の秘密の侵害］第1項1号，2号及び5号に掲げられた司法外来診療部の女性部員又は男性部員は，第203条により保護される関係の領域において打ち明けられた又はその他知ることになった他人の秘密を，有罪を宣告された者に将来犯罪を犯さないための援助をするために必要であるかぎり，相互に開示しなければならない。それに加えて，第203条第1項1号，2号及び5号に掲げられた司法外来診療部の女性部員又は男性部員は，監督所及び裁判所にこれらの視点から次の各号に該当するかぎり，かかる秘密を開示しなければならない，
1．有罪を宣告された者が第68条 b 第1項1文11号の定める面会指図を遵守しているか否か，又は，第68条 b 第2項2文，3文の定める指図の領域で治療に参加しているか否かを監視するために，それが必要である，
2．有罪を宣告された者の行動又は状態から第67条 g，第67条 h 又は第68条 c 第2項又は第3項の定める措置が必要と思われるとき，又は，
3．第三者の生命，身体の不可侵性，人的自由又は性的自己決定に対する著しい現在の危険を防ぐために，それが必要である。
1文及び2文2号，3号の場合において，司法外来部の女性部員及び男性部員によって開示された第203条第1項の意味における事実は，そこに掲げられた目的にしか用いてはならない。

第68条 b　指図
(1) 裁判所は，有罪を宣告された者に対し，行状監督の期間又は比較的短期間，以下の各号の指図をすることができる，
1　監督所の許可無く，住所又は居所もしくは一定の場所を離れないこと，
2　将来の犯罪行為の機会又は刺激を提供しうる一定の場所に滞在しないこと，
3　被害者，又は，将来の犯罪行為の機会又は刺激を提供しうる一定の人又は一定の群の人と接触しないこと，交際しないこと，雇わないこと，養成しないこと又は泊めないこと，
4　事情によっては犯罪行為へと濫用しうる一定の活動をしないこと，
5　将来の犯罪行為の機会又は刺激を提供しうる一定の物件を所持しないこと，携帯しないこと，又は，保管させないこと，
6　事情によっては犯罪行為へと濫用しうる自動車又は特定の種類の自動車もしくはその

VI 行状監督改正法の成立　169

　他の自動車を所有しないこと又は運転しないこと，
7　一定の時に，監督所，一定の役所又は女性観察官又は男性観察官の許に出頭すること，
8　住所又は職場を変えたとき，遅滞無く監督所に届けること，
9　無就労の場合，所轄の労働事務所又はその他の職業紹介所に出頭すること，
10　一定の事実に基づくと，酒精飲料その他の酩酊剤を消費することによって，将来の犯罪行為に繋がると考えられる理由があるとき，かかるものを摂取しないこと，及び，身体の侵襲を伴わない酒精統制又は嗜癖剤統制を受けること，又は，
11　一定の時間に又は一定の間隔をおいて，女性医師又は男性医師，女性心理療法士又は男性心理療法士，もしくは司法外来診療と面会すること．
裁判所は，その指図において，禁止される又は要求される行動を正確に定めなければならない．
(2)　裁判所は，有罪を宣告された者に，行状監督の期間又は比較的短期間，別の指図，特に，養成，労働，自由時間，経済的事情の整理又は扶養義務の履行に関係する指図を与えることができる．裁判所は，有罪を宣告された者に，精神医学，心理療法又は社会治療の世話，治療を受ける指図を与えることができる（治療指図）．世話と治療は司法外来診療部で行うことができる．第56条ｃ第３項は，身体侵襲を伴う酒精統制又は嗜癖統制に服する指図にもこれを準用する．
(3)　指図に際して，有罪を宣告された者の行状に対して，期待することのできない要求をしてはならない．
(4)　行状監督の開始とともに既に科せられている行状監督が第68条ｅ第１項１文３号により終了するとき，裁判所は，前の行状監督の領域で与えられた指図も裁判の中に含めなければならない．
(5)　有罪を宣告された者の世話が第１項11号の場合において，その治療が第２項の場合において司法外来診療部によって行われないかぎり，第68条ａ第８項はこれを準用する．

第68条ｃ　行状監督の期間
(1)　行状監督の期間は最低２年，最高５年とする．裁判所は最高期間を短縮できる．
(2)　裁判所は，次の各号の場合，有罪を宣告された者に，第１項１文の最高期間を超える期限を付さない行状監督を命令することができる，
1　第56条ｃ第３項１号の定める指図に同意しないか，又は，
2　療養又は禁絶療法に服する指図もしくは治療指図に従わず，しかも，将来の重大な犯罪行為によって公衆に危害を及ぼすことが危惧されるとき．有罪を宣告された者が第１項１号の場合に事後に同意を表明したときは，裁判所は以後の行状監督の期間を定める．その他，第68条ｅ第３項はこれを準用する．
(3)　裁判所は，次の各号の場合，行状監督を第１項１文の最長期間を超えて，期限を定めることなく延長できる，
1　刑法第67条ｄ［収容の期間］第２項による精神病院収容の猶予の場合に，特定の事実に基づくと，有罪を宣告された者がさもなければ間も無く刑法第20条［精神障害に基づく責任無能力］又は第21条［限定責任能力］の定める状態に陥り，これにより，将来の

重大な違法行為によって公衆に危険の及ぶことが危惧されるうると考える理由があるとき，又は，
2　第181条 b［行状監督］に掲げられた犯罪［保護を命じられた者の性的濫用罪，被拘禁者，官により監置された者，施設内の病人及び扶助を必要とする者の性的濫用罪，公務上の地位を利用する性的濫用罪，相談又は世話関係を利用する性的濫用罪，児童の性的濫用罪，児童の重い性的濫用罪，児童の性的濫用致死罪，性的強要罪，強姦罪，性的強要及び強姦致死罪，抵抗不能者の性的濫用罪，未成年者の性的行為の奨励罪，売春婦幇助罪，少年の性的濫用罪］の故に有罪を宣告された者に対して，2年を超える自由刑又は併合刑が科せられたか，又は，精神病院又は禁絶施設収容が命令され，且つ，特に，第68条 b 第1項又は第2項の定める指図違反から又は他の一定の事実に基づくと，将来の重大な犯罪によって公衆に危害が及ぶことが危惧されうることの具体的理由が判明するとき。
(4) 第68条第1項の場合には，行状監督はその命令の確定をもって開始する，第67条第2項，第67条第1項2文，第2項4文及び第67条第2項2文の場合には，猶予の裁判の確定をもって又は裁判所により命令された後の時点に開始する。有罪を宣告された者が逃亡しているか，隠れているか又は官の命令により施設に拘禁されている時間は行状監督の期間に算入されない。

第68条 d　事後的判断
裁判所は，第68条 a 第1項，第5項，第68条 b 及び第68条 c 第1項2文，第2項，第3項による判断を事後的にもこれを行い，変更し，破棄することができる。

第68条 e　行状監督の終了又は停止
(1) 行条監督に期限が付されていないかぎり，それは各号の時点をもって終了する，
1　自由剥奪処分の執行の開始，
2　自由剥奪処分の命令が併科されている自由刑の執行の開始，
3　新たな行状監督の開始。
その他の場合，行状監督は，自由刑又は自由剥奪処分の執行中，停止する。新たな行状監督が現に科せられている期限の付されていない行状監督に加わるとき，裁判所は，現在の行状監督に新たなそれを必要としないとき，新たな処分の省略を命令する。
(2) 裁判所は，有罪を宣告された者が行状監督が無くとも犯罪を犯さないと予期できるとき，行状監督を取り消す。取り消しは早くとも法定の最短期間の経過後に許される。裁判所は，行状監督の取り消しの申し立てを許さない，最長6月の期間を定めることができる。
(3) 期限を付さない行状監督が開始したとき，裁判所は，次の各号の場合，第2項1文の判断の必要性を審理する，
1　第68条 c 第2項1文の場合，遅くとも第68条 c 第1項1文の定める最長期限の経過とともに，
2　第68条 c 第3項の場合，2年の経過前。
裁判所は，行状監督の取り消しを拒否するとき，2年の経過前に改めて行状監督の取り消

しに関して判断しなければならない。

第68条 f　残刑が猶予されない場合の行状監督

(1) 故意の犯罪の故に少なくとも2年の自由刑又は併合自由刑が，又は，第181条 b に掲げられた種類の犯罪の故に少なくとも1年の自由刑又は併合自由刑が満期執行されたとき，有罪を宣告された者の行刑からの釈放とともに行状監督が開始する。刑の服役に続いて自由剥奪の改善・保安処分が執行されるとき，1文の適用はない。

(2) 有罪を宣告された者が行状監督が無くとももはや犯罪を犯さないと予期されるとき，裁判所は処分の下されないことを命令する。

第68条 g　行状監督と保護観察のための猶予

(1) 刑の猶予又は残刑の猶予が命じられ，もしくは，保護観察のために職業禁止が猶予され，かつ，有罪の宣告を受けた者が同一の行為又はその他の行為の故に，同時に，行状監督に付せられたときは，監督と指図の付与につき，第68条 a 及び第68条 b のみを適用する。行状監督は，保護観察期間の経過前には終了しない。

(2) 保護観察のための猶予及び行状監督が，同一の行為に基づいて命令されたときは，裁判所は，行状監督を保護観察期間の経過まで停止するとの決定をすることができる。その場合，保護観察期間は，行状監督の期間に，これを算入しない。

(3) 保護観察期間の経過後，刑又は残刑が猶予されもしくは職業禁止が終了したものと宣告されたときは，それとともに同一の行為を理由として命じられた行状監督も終了する。行状監督に期限が付されていないとき（第68条 c 第2項1文又は第3項），この適用はない。

刑法総則関連規定

刑法第67条 d　収容の期間

(1) 禁絶施設における収容は2年を超えてはならない。期間は収容の開始をもって始まる。自由刑に先立って，それとあわせて命じられた自由剥奪を伴う処分が執行されたときは，処分執行の期間が刑に算入される限り，上限は自由刑の期間分だけ延長される。

(2) 上限が規定されていないとき又は，期限がいまだ経過していないときは，裁判所は，被収容者が処分執行の外で，違法行為をもはや犯さないことが予期できるとき，以後の収容の執行を保護観察のために猶予する。猶予と同時に，行状監督が開始する。

(3) 保安監置収容の10年が執行されたとき，裁判所は，被収容者には，精神的又は身体的に被収容者に重い障害を与える性癖のために，かなり重大な犯罪を犯すという危険が無いとき，処分の終了を宣告する。終了とともに，行状監督が開始する。

(4) 上限を経過したとき，被収容者は釈放される。処分はこれにより終了する。収容執行からの釈放とともに行状監督が開始する。

刑法各則関連規定

刑法第145条 a　行状監督中の指図違反

行状監督中第68条 b 第1項に掲げられた種類の特定の指図に違反し，それにより処分の目的を危うくする者は，3年以下の自由刑又は罰金に処せられる。当該行為は監督所（第

68条 a) の告訴が無ければ訴追されない。

刑訴法関連規定
刑訴法第463条 a　監督所の権限と管轄
(1) 監督所（刑法典第68条 a) は，有罪を宣告された者の行動及び指図の履行を監督するため，すべての官庁から報告を求め，宣誓させての尋問を除くあらゆる種類の調査を自ら行い，又は他の官庁にその管轄の範囲内でこれを行わせることができる。有罪を宣告された者の所在地が知られないとき，行状監督所の長は居所調査の公示（第131条 a 第1項）を命令することができる。
(2) 監督所は，行状監督の期間又はこれよりも短い期間，警察による検問で人定事項の確認が許されるものを行うに際して，有罪を宣告された者を監視するための手配を命令することができる。第163条 e 第2項を準用する。命令は，監督所の長がこれを発する。行状監督の継続の必要性については，少なくとも1年ごとにこれを審査しなければならない。
(3) 有罪を宣告された者が刑法典第68条第1項7号又は11号の指図に十分な弁明なく従わず，召喚状において，この場合，引致が許容される旨指示されたとき，行状監督所の長の申し立てにより，裁判所は引致命令を発することができる。第一審裁判所が管轄している限り，裁判長が決定する。
(4) 土地管轄を有するのは，有罪を宣告された者の住所の地区にある監督所である。その者が本法の適用地域内に住所を有しないときは，その常居住地の地区にある監督所であり，常居住地が知れないときは，最後の住所又は常居住地の地区にある監督所である。

　本法律による主要改正点は次の通りである[15]。
　・刑罰で補強された接触禁止。行状監督において，刑罰で補強された接触禁止を言い渡すことができる。連邦司法省の説明によると，例えば，これによって，被有罪者が，釈放された後，その犯罪被害者に再度嫌がらせをしたり，脅迫したりすることを防止できる。性犯罪者に対しては，刑罰の警告をもって，よその子どもと接触をとることも禁止できる。禁止違反が認められるとき，重大な事態に至らないような措置がとれる。
　・酒飲禁止。被有罪者が，酒精飲料の影響の下に，またもや危険を与えかねない情況が生ずると，裁判所はこの者に酒精飲料の摂取を禁止することができる。この禁止が遵守されるように監視するために，呼気検査を実施でき

15　BMJ Newsletter vom 23. 3. 2007.

る。

　・治療への動機づけ。被釈放者に，一定の間隔を置いて，医師，心理療法士，又は，司法精神医学外来に出向くように指図することも可能である。連邦司法省の説明によると，その目的は，このようにして，被釈放者を定期的に直接診断できることで，危険な展開を早期に認識し，必要な医薬品を服用しているかを監視するところにある。特に，被有罪者に，従前以上に強く，治療を受ける方向への一歩を踏み出すような動機付けを与えることができる。但し，治療への参加は刑罰をもって強制するべきでないし，強制することもできない。

　・指図違反に対する懲罰化。被有罪者が指図に違反した場合，3年以下の自由刑を言い渡すことができる。従前は，1年以下の自由刑しか科せられなかった。これにより，刑執行裁判所と行状監督所の権限が拡大された。

　・引致命令と所在調査の公告。裁判所は，保護観察官や行状監督所との十分な接触を維持していない，又は，命令に違反して，医師や司法精神医学外来に出向かない被有罪者に対し，引致命令を発することができる。行状監督所は，所在の分からない被有罪者の所在調査のための公告を命令することができる。引致命令も所在調査の公告も，本人との途絶えた接触を回復することを目的とする。

　・精神的危機にある場合の一時的収容。精神障害又は嗜癖のある犯罪者を収容する病院から退院した後，危機的展開に陥る者，例えば，自己抑制できずに大量の酒精飲料を飲むとか，妄想を言う者のために，「入院危機介入」が可能となった。従来は，再犯に繋がりかねない精神的苦境に対応するための適切な法的手段が無かった。連邦司法省の説明によると，処分執行を受けたことのある患者が急性危機状態に陥った場合，精神病院に一時的に再収容し，加療する必要性がある。改正により，これが可能となった。

　・必要な医薬品服用の監視。連邦司法省の説明によると，犯罪者は，行状監督の満了後，引き続いて医薬品を服用するか，その他の行動制限，例えば，酒精飲料の消費を断念しなければならないのだが，本人にその理解力が欠如しているとき，行状監督を無制限に延長できる。というのは，疾病（例えば，統合失調症）が再発しないために，精神障害者は，精神病院で治療を受けた

後も，医薬品を服用しなければならないことが稀ではないからである。現行法では，最長5年に限定されている行状監督の期間，服用の監視ができるに過ぎない。

2　行状監督法の批判的考察

本改正法にも依然として検討課題が残されているので[16]，以下，それらの問題点を論及することにする。

(1)　**裁判所の命令による行状監督**（刑法第68条第1項）　実務では圧倒的に多い法律による行状監督と並んで，散発的にしか利用されていない裁判所の判決による行状監督がある。本改正法はこれを維持している。しかし，この制度は廃止されるべきだとの批判が強い。自由剝奪の制裁，保護観察そしてますます拡大されている必要的行状監督といった選択肢があり，これらは重い犯罪行為を防止するための適切な手段といえるからである[17]。

(2)　**残刑が猶予されない場合の性犯罪者に対する行状監督**（刑法第68条f）

本改正法は，依然として，少なくとも1年の自由刑を満期服役した性犯罪者に対する行状監督を定めている。しかし，これには批判が強い。

本改正法は，禁絶施設収容処分の上限に達した場合，行状監督に付する新たな規定を設け，もって，行状監督の適用範囲を拡大した（刑法第67条d第4項3文）。これには十分な理由がある。

この時点迄収容されている嗜癖患者は，収容を途中で保護観察のために猶予された患者よりも問題を抱え込んでいるかもしれないからである。近年，禁絶施設被収容者が著しく増大していることに鑑みると，行状監督に付される者も増大することが見込まれる。

行状監督は，編み目の細かい統制が無ければかなり重い犯罪を犯す蓋然性がある場合にのみ正当化される。それ故，学説は行状監督の開始を狭く限定すべきだと主張している。資源が逼迫していることもこのことを支持する。

この点で，少なくとも1年の自由刑を満期服役した性犯罪者に対する行状

---

[16]　*Axel Dessecker*, Die Reform der Führungsaufsicht und ihre Grenzen, BewHi 3/2007, S. 276-286. 参照，吉田敏雄「ドイツ連邦政府『行状監督改正法案』（2006年4月5日）（6・完）」北海学園大学『学園論集』第134号（2007年）51頁以下。

[17]　*Dessecker*, (Fn. 16), S. 280.

監督に批判が向けられる。ここに参照されるべきは，J.-M・イエーレ等の行った刑事制裁の法遵守効果に関する実証研究である。1994年に刑事制裁を受けたか刑事施設から釈放された者合計約百万人について，連邦中央登録簿のデータに基づき，その後4年間（1998年まで）の再犯追跡調査結果がある。再犯率の高いのが，重い窃盗の犯罪群（刑法第243条から第244条）と強盗罪（刑法第249条から第252条，第255条，第316条 a）であり，それぞれ約59％を示す。次にくるのが，麻酔剤法違反罪で52％の再犯率が見られる。第4位ではあるが，それらからかなり離れたところに位置するのが，性的強要罪，強姦罪（刑法第177条から第178条）といった重い性犯罪であり，約41％の再犯率を示す。この実証研究によれば，調査対象者を保護観察の付かない自由刑に処された者に限定すると，性的強要罪，強姦罪の再犯率は約45％であって，平均値の約59％よりもはるかに低い。重い窃盗罪では約70％，強盗罪では約59％である[18]。

　オーストリアの調査も同じ傾向を示す。1993年1月1日から2001年6月30日の間に，行刑施設から釈放された性犯罪者（第201条［強姦］，第202条［性交の強要］，第206条［幼年者との性交］，第207条［幼年者とのわいせつ行為］）と強盗犯罪者（第142条［強盗］，第143条［重い強盗］）の再犯率を比較した調査研究がある。仮釈放後5年内の再犯率を見ると，性犯罪者では29％，強盗犯罪者では37％である。満期服役後5年内で見ると，性犯罪者では45％，強盗犯罪者では54％である。10年の期間で見ると，仮釈放の場合，性犯罪者では40％，強盗犯罪者では43％である。満期釈放の場合，性犯罪者では52％，強盗犯罪者では65％である。有罪判決が新たな自由剥奪だった場合に限定すると，5年以内で見ると，仮釈放の場合，性犯罪者では12％，強盗犯罪者では25％である。満期釈放の場合，性犯罪者では32％，強盗犯罪者では43％である。10年の期間で見ると，仮釈放の場合，性犯罪者では20％，強盗犯罪者では27％である。満期釈放の場合，性犯罪者では34％，強盗犯罪者では50％である[19]。

---

[18]　*Jörg-Martin Jehle, Wolfgang Heinz und Peter Sutterer*, Legalbewährung nach strafrechtlichen Sanktionen. Eine kommentierte Rückfallstatistik, 2003, S. 71-72.
[19]　*Helmut Hirtenlehner*, Rückfallsprävention durch Restaussetzung oder Austauschbarkeit der Entlassungsformen? Neue Kriminalpolitik, 17. Jg., Nr. 3 (2005), S. 111-116, S. 114-115.

全体的に見ると，性犯罪者に対する行状監督開始時点を早める理由は見当たらない。他の犯罪者群と比較して，性犯罪者が高い再犯率を示しているわけではない。したがって，刑法第181条 b に列挙されている犯罪について，少なくとも１年の満期服役で行状監督に付するとする刑法第68条 f の規定には，それを支える根拠がない[20]。

(3) **無期限の行状監督（刑法第68条 c 第３項２号）** 　本改正法は，期限の付されない行状監督を次の四つ場合に定めている。

　①身体侵襲又は嗜癖治療を伴う治療指図への同意が欠如している場合（刑法第68条 c 第２項１文１号），
　②こういった指図又は後療法指図に従わない場合（刑法第68条 c 第２項１文２号），
　③精神病院収容を猶予した後の精神障害の再発による危険性が存続する場合（刑法第68条 c 第３項１号），
　④処分収容（刑法第63条又は第64条）又は２年以上の自由刑の後も危険性が存続する場合，但し，性犯罪の廉で有罪判決が下されていた場合に限られる（刑法第68条 c 第３項２号）。

このうち①から③まではそれらの前提要件が明確であり問題が無いが，④には批判が向けられる。

本改正法は行状監督の期間を２年から５年を通例として，例外的に，期限の付されない行状監督を認める。期限の付されない行状監督は，基本法上は，

　なお，日本では，法務総合研究所の再犯率調査研究がある（『犯罪白書』平成19年版・218頁以下）。その中に，100万人初犯者・再犯者混合犯歴を対象として，昭和60年（1985年），平成２年（1990年），平成７年（1995年）及び平成12年（2000年）の初犯者が，その後，５年以内に再犯に及んだ比率（５年以内再犯率）を罪名別に調査したものがある（『犯罪白書』218頁）。犯罪全体では，平成２年の初犯者（14.6％）が最も低く，次いで，７年（15.9％），昭和60年（16.4％），平成12年（18.5％）の順である。罪名別では，各年次ともに窃盗及び覚せい剤取締法違反の５年以内再犯率が高かった。平成12年につき罪名別に高い順から見ると，窃盗（33.9％），覚せい剤取締法（28.9％），恐喝（28.2％），詐欺（22.4％），障害・暴行（16.6％）であり，犯罪全体では18.5％である。この５年以内再犯率調査では，性犯罪についての言及がない。
　ちなみに，平成18年における成人の一般刑法犯の主要罪名別検挙人員中の有前科者率を見ると（『犯罪白書』213頁），一般刑法犯総数では28.8％であるが，強盗致死では61.0％，恐喝では57.6％，脅迫では52.1％，強盗では48.1％であるのに対して，強姦では35.2％，強制わいせつでは32.0％である。同一罪種だけの前科者率を見ると，一般刑法犯総数では13.9％であるが，傷害では20.2％，窃盗では19.5％，恐喝では19.3％であるのに対し，強制わいせつでは10.7％，強姦では9.0％である。

20　Dessecker, (Fn.16), S. 282.

問題を含んでいるが，実務経験，実証研究からすると，長期の行状監督も止むを得ない場合もあると考えられている。問題はそれがどういう場合かである。それには，病後歴研究が重要な示唆を与える。以下の研究の観察期間は，通常の行状監督の上限である5年を超えている。

子供の性的虐待とその他の犯罪，特に，所有権侵害犯罪の再犯率比較研究を行ったカナダの実証研究がある[21]。調査対象者は，最長2年までの自由刑に処せられ，ミルブルック矯正センター（重装備刑務所）に収容されており，1958年から1975年までの間に釈放された受刑者である。15年から30年の追跡調査が行われた。何らかの犯罪で下された有罪判決で再犯率を比較すると，子供の性的虐待者では61.8％であったが，そうでない者では83.2％であった。子供の性的虐待者の再犯の内訳を見ると，暴力と無関係な犯罪が41.4％，性犯罪が35.1％であった。対照群で見ると，その38.7％が暴力関連犯罪（性犯罪の廉で有罪判決が下されたわけではないが，答弁の取引や訴追上の便宜から性犯罪の可能性のある暴力犯罪），32.8％が非性的暴力犯罪の故に有罪判決を受けた。

マサチュウセッツ州ブリッジウオーターの「マサチュウセッツ危険な性犯罪者治療センター」刑務所に収容されていた性犯罪者を対象としたアメリカの調査研究もある[22]。調査対象者は16歳以上の者が被害者である強姦行為又は16歳未満の者が被害者である子供の性的虐待行為を犯した者に二分された。強姦犯のうち，釈放後最初の1年に性犯罪で起訴された者は9％，その後5年以内に新たに性犯罪で訴追された者は，毎年，2％から3％に達する。この率は追跡調査の最終年の25年目には1％に下がる。子供の性的虐待者で見ると，最初の1年に性犯罪で起訴された者は6％，その後2年では毎年4％，更にその後の2年では毎年2％ないし3％に達する。釈放後5年目で，両群の累積再犯（起訴）率は同じになるが（19％），その後，子供の性的虐待者の再犯率が強姦犯のそれを追い越し，25年目には，前者の累積再犯率は52％，

21　R. Karl Hanson, Heather Scott, Richard A. Steffy, A Comparison of Child Molesters and Nonsexual Criminals: Risk Predictors and Long-Term Recidivism, Journal of Research in Crime and Delinquency, Vol. 32, No. 3 (1995), pp. 325-337.
22　Robert A. Prentky, Austin F. S. Lee, Raymond A. Knight, and David Cerce, Recidivism Rates among Child Molesters and Rapists: A Methodological Analysis, Law and Human Behavior, Vol. 21, No. 6 (1997), pp. 635-659.

後者のそれは39％に達する。有罪判決の累積再犯率で見ると，強姦犯では，5年目が11％，10年目が16％，25年目が24％なのに対し，子供の性的虐待者では，14％，23％，41％に達する。

　こういった調査結果からすると，5年を超える行状監督には十分の理由がある。但し，これを特定の構成要件と結びつけること，特に，性犯罪に特化して結びつけることに関しては疑問が残る。性的動機に基づかない，しかし，人格障害のある危険な暴力犯罪者もいるのである。仮に，性犯罪者に特化するとしても，「性犯罪」を網羅的に行状監督の対象とすることには問題がある。刑法第68条ｃ第3項2号には，売春婦幇助罪，公務上の地位を利用する性的濫用罪，相談又は世話関係を利用する性的濫用罪等までが対象とされているが，これらは削除されるべきであろう。長期にわたって再犯の危険のある性犯罪者というのは，その人格の根深いところに問題を抱えており，適法に性的問題を解決する道が閉ざされているものである。しかし，上記の性犯罪者にはこれが当てはまらないからである[23]。

(4)　**行状監督中の指図違反罪**（刑法第145条ａ）　本改正法は，行状監督中の指図違反罪の法定刑を1年から3年に引き上げた。これによって，個別事案に応じた差異的対応ができるのみならず，予防効果も期待できるというのがその理由である。しかし，これには，依然として批判が強い。

　行状監督中の指図違反罪は実務においてはほとんど適用されることがなくなってきていて，その意味を失っている。刑事訴追統計によると，2004年には，旧西ドイツの州及びベアリーン都市州で57件の有罪判決が下されたにすぎず，しかも，その半分以上は罰金刑が適用された。自由刑は6月から9月の間に収まっている。もっとも，旧東ドイツの州は異なった状況にあるのかもしれない。

　法定刑の引き上げは，行状監督の「援助と世話」機能よりも「監視と統制」機能を際立たせることになろう。しかし，精神的に安定しており，統御能力のある行状監督対象者には，「期待するこのできない要求」（刑法第68条ｂ第3項）

---

[23] *Norbert Schalast*, Anmerkungen zum Gesetzentwurf des Bundesjustizministeriums zur Neuregelung der Führungsaufsicht, Recht & Psychiatrie, 24. Jg., Heft 2 (2006), S. 59-64. S. 62; *Dessecker*, (Fn. 16), S.283-284.

を科さない指図を遵守してもらうには，1年の法定刑で十分である。

　行状監督所及び裁判所は，「満期服役者」の場合でも，指図違反に対しては刑事訴追以外の他の手段で対処できる。今回の改正によって，それがさらに拡大されたのである。例えば，所在地調査の公告（刑訴法第463条a第1項2文）及び司法外来診療の介入（刑法第68条第2項3文）が挙げられる。こういった手段の方が権利侵害度が少なく，しかも，効果が無いわけではない。刑罰規定に執着する必要性はない。

　それのみならず，刑法体系上の問題がある。刑法第145条aの犯罪行為は，刑法典の定める保護法益のいずれをも危殆化するものではなく，裁判所の指図に対する単なる不服従なのである。こういった行為は，ドイツ法では本来，秩序違反行為に分類されるのであり，犯罪行為に分類されるのではない。したがって，刑法第145条a廃止論すらあるのである[24]。少なくとも，刑を引き下げる理由は存在しても，刑を引き上げる理由に乏しいのである。行状監督中の指図違反罪が，法定刑の上限が1年の自由刑である侮辱罪（刑法第185条），脅迫罪（刑法第241条），交通における酩酊罪（刑法第316条），禁絶治療に対する危害行為（刑法第323条b）及び救助の不履行罪（刑法第323条c）の三倍も重いことを正当化する理由は見当たらない。拘禁された者の解放罪（刑法第120条），騒擾罪（刑法第125条），堕胎罪（刑法第218条），横領罪（刑法第246条），暴利罪（刑法第291条），利益収受罪（刑法第331条）及び利益の供与罪（刑法第333条）の各犯罪の法定刑の上限は3年の自由刑であるが，刑法第145条aの犯罪がこれらの犯罪と同価値であるとする理由は存在しない[25]。

(5)　併合自由刑が満期執行された場合の必要的行状監督（刑法第68条f）

　従来，刑法第68条fが，個別刑のみならず併合刑にも適用があるのか否かに関しては学説・判例上争いのあったところである。本改正法は併合刑を含むことを明文化したのである。その立法理由は，「行状監督の制度は，再統合の際の援助にも，特別に再犯の危険のある犯罪者の統制にも役立つ。犯罪

24　*Dessecker*, (Fn. 16), S.278-279.; *Schalast*, (Fn. 23), S. 62-63.
25　*Karl-Heinz Gross*, Kriminalgesetzgebung and Zeitgeist - am Beispiel des Entwurfs eines Gesetzes zur Reform der Führungsaufsicht, in: Festschrift für R. Böttcher, 2007, S. 579-596, S. 588.

者の援助の必要性は，先ずは，行刑の期間に従うのであり，したがって，服役の基礎に個別刑があったか併合刑があったかとは関係がない」というものである[26]。しかし，併合刑が故意犯と過失犯からなっている場合，その故意犯の廉での刑罰の割合が少なくとも2年ないし1年に達しているとの仮定的判断を要する。その場合，刑訴法第458条第1項(執行の際における裁判所の裁判)，刑訴法第463条第1項（保安処分の執行）の適用がある。そのことは，刑執行裁判所が，確定判決が下された後で，事後的に，故意犯に科せられる刑罰の割合を定めること，つまり，新たに不法・責任内容を定めること，しかも，それが行状監督という法的効果に繋がる判断を下すことを意味する。そうすると，基本法第103条第3項「何人も，同一の行為につき，一般刑法の根拠に基づいて，重ねて処罰されてはならない」という一事不再理の原則（„ne bis in idem") に反するとの批判が可能である[27]。

終わりに

ドイツの社会内処遇としての行状監督制度は，以上の検討から分かるように，多々問題点を含んでいるものの，犯罪者の（再）社会化，人権保障と人々の安全の均衡をとる一つの人道的且つ理性的・合理的刑事政策のとるべき道を示しているといえよう。

これと対照的なのがアメリカ合州国のメーガン法（Megan's Law）である。これは性犯罪者による再犯を防止する目的で制定された法律であって，州によって多少の差異はあるものの，被執行猶予者，被仮釈放者，被満期釈放者に住所その他の個人情報の登録を義務付け，警察をはじめとする法執行機関にかかる情報を告知する義務を課するものである[1]。一般告知は，当初，子供の性的虐待者を対象としていたが，次第に拡張され，近親相姦者，成人

---

[26] 参照，吉田敏雄「ドイツ連邦政府『行状監督改正法案』（2006年4月5日）(2)」北海学園大学『学園論集』第130号（2006年12月）81頁以下，95頁以下。
[27] Klaus Schüddekopf, Zum Gesetz zur Reform der Führungsaufsicht vom 13. 4. 2007 (BGBl I, 513 ff.), StraFo 2008, S. 141-144.
[1] 被害者少女の名前にちなんで「メーガン法」と呼ばれる「性犯罪者前歴登録告知法」は，1994年7月にニュージャージー州ハミルトンで7歳の少女メーガン・カンカ（Megan

対する強姦者，さらには，露出症者，子どもポルノグラフィー愛好者といった非接触犯罪者までも含む傾向にある。告知方式としては，報道機関への発表，散らし，電話，個別連絡，地区集会，インターネットウェブサイト等，積極的に情報を公開する方式と，要求に応じて情報を公開する方式がある。危機水準を三段階に分けて，告知方式を違えている州もある[2]。近時，わが国でも，このような制度の導入の是非を真剣に検討する時期に来ているとの主張も見られるようになってきた[3]。しかし，この制度には，憲法上の問題は別としても，あまりにも問題がありすぎるように思われる。

　先ず指摘されねばならないことは，こういった制度の再犯防止効果についての証明が今までのところ見当たらないということである。ワシントン州では，メーガン法制定前の1989年に「特に危険の高い性犯罪者」についての情

Kanka）が近所に住んでいた顔見知りの男性（5歳と7歳の少女への性的虐待で二度の逮捕歴があり，刑務所から満期釈放されたばかりであった）に誘拐・強姦・殺害された事件をきっかけに，同年，ニュージャージー州で制定された。同年に，連邦法である「ジェイコブ・ウェッタリング子どもに対する犯罪と性暴力犯罪者登録法」が制定されており，これは全50州に1997年9月までに厳格な登録方式を地域の法執行機関に整備するよう義務付けるものであった。ジェイコブ・ウェッタリング（Jacob Wetterling）というのは，1989年10月にミネソタ州で誘拐され，行方不明となった被害少年（11歳）の名前である（未解決）。被害少年の両親は，性犯罪の前科のある者が犯人であると推定して，性犯罪者の居住地の登録，それによる犯人の早期逮捕の必要性を訴えた。ニュージャージー州の悲劇的事件の後，1996年10月に，「ジェイコブ・ウェッタリング子どもに対する犯罪と性暴力犯罪者登録法」の第一次改正法である「メーガン法」が制定された。同法は，すべての州に地域社会にいる性犯罪者に関する一般告知を整備するように義務付けたのである。同法は2003年に改定され，すべての州に性犯罪者登録情報のインターネットウェブサイト公開の促進・維持を義務付けた。
2　J. S. Levenson, L. P. Cotter, The Effect of Megan's Law on Sex Offender Reintegration, Journal of Contemporary Criminal Justice, Vol. 21 (Feb. 2005), 49-66.
3　松井茂記『性犯罪者から子どもを守る　メーガン法の可能性』（中公新書）2007年。藤本哲也「『性犯罪者前歴登録告知法』制定の是非についての議論の必要性」「罪と罰」第42巻2号（2005年）37頁以下。
　なお，わが国では，2001年（平成13年）3月1日から，「被害者等通知制度実施要領」に基づき，検察官は，被害者等又はその代理人である弁護士や目撃者等が希望する場合において，懲役，禁錮又は拘留の刑の執行終了予定時期，仮出獄又は自由刑の執行終了による釈放及び釈放年月日について通知することができるとされ，同年10月1日からは，受刑者の釈放予定時期についても通知することができるとされている。また，2005年（平成17年）6月1日からは，法務省が13歳未満の子供を対象とする暴力的な性犯罪（強姦，強盗強姦，強制わいせつ，わいせつ目的の略取・誘拐）を行った受刑者の出所情報（出所予定日，出所後の居住予定地）を警察に提供している。しかし，いずれも，法律に基づかない制度であり，又，一般告知の制度でもない。

報の一般告知を始めていた。一般告知開始後に釈放された元受刑者群（90人）と一般告知が開始される前に釈放された元受刑者のうちこれらの者と同程度の罪を犯した者たち（90人）を比較して，それぞれ出所後4年半内の再犯率を調べた研究報告がある。それによると，情報告知開始後の者の方（19%）が情報告知前の者（22%）よりもやや再犯率が低いように見えるものの，統計的有意の差は認められなかったのである。一般告知された性犯罪者の方がそうでない者よりも釈放後早い期間に性犯罪の再犯で逮捕されたことも報告されている。さらに，性犯罪の64%が一般告知の行われた管轄区内で発生しており，このことは一般告知が犯罪者に威嚇効果を有しなかったこと，犯罪を行うために見つかりづらい他の管区へ転居する動機づけ効果も有しないことを示唆している。こういった事実から，同報告は，一般告知が性犯罪者の再犯率にほとんど影響を及ぼしていないようだと結論づけている[4]。アイオワ州でも同じような調査結果が得られている。性犯罪登録をされた者223人の追跡調査が平均4年4ヶ月行われ，性犯罪登録法施行前に釈放された性犯罪者201人と比較したところ，前者の3%が新たな性犯罪を行ったのに対し，後者は3.5%だったものの，統計上有意の差は無かった[5]。ウイスコンシン州でも，一般告知された危険性の高い性犯罪者47人と危険性は高いが一般告知はされなかった性犯罪者166人についての4年半にわたる追跡比較調査の結果，前者の再犯率は19%，後者のそれは12%だったが，統計上有意の差は見られなかった[6]。さらに，登録・告知法施行前後の10州における強姦罪の発生率の時系列分析において，6州では統計上有意の変化は見られず，3州では統計上有意の減少が，1州では統計上有意の増加が見られ，ここからも，性犯罪登録・告知法が性犯罪に系統だった影響を及ぼしていないことが分か

---

[4] D. *Schram, C. D. Milloy*, Community notification: A study of offender characterics and recidivism, 1995.; *R. Lieb*, Community Notification Laws: "A Step Toward More Effective Solutions", Journal of Interpersonal Violence, Vol. 11 No. 2, June 1996, 298-300.

[5] *G. Adkins, D. Huff, and P. Stageberg*, The Iowa sex offender registry and recidivism, 2000.

[6] *R. G. Zevitz*, Sex offender community notification: Its role in recidivism and offender reintegration, Criminal Justice Studies, vol. 19, No. 2 (2006), 193-208.

る[7]。

それのみならず，メーガン法のもたらす数多の弊害も指摘されているのである[8]。それを以下に列挙する。

・自警司法。一般告知後に暴行の連鎖が見られる。事後的暴行は登録・告知された性犯罪者に向けられるのみならず，性犯罪者と間違われた無実の者にも向けられ，その傷害や財産殿損をもたらす。

・他の犯罪への拡大。性犯罪は確かに恐ろしい犯罪であるが，このことは殺人，走行中の車中からの射撃，酩酊運転にもいえる。そうすると，性犯罪者にだけ登録・告知を限定する理由はない。そうなると，他の犯罪，例えば，非性的な幼児虐待等にも登録・告知を拡大することに繋がる。

・秘密の公開。アメリカ精神医学会が刊行している「精神障害の診断と統計のためのマニュアルIV」では，小児の性的虐待は「小児性愛」と診断されるが，登録・告知法はこういった精神衛生・医学診断の一般告知を定めている。これにより，犯罪者の秘密が侵害されるばかりか，場合によっては，家族の氏名・住所が暴露され，性的虐待の被害者の氏名も暴露されることがある。

・刑罰を超える効果。一般告知が一種の刑罰のように運用される。例えば，警察が近隣の者を組織化して性犯罪者をその住まいから追い出すのである。さらに，警察が性犯罪者に関して不正確な情報を流すことがある。性犯罪者の多くが住まいを失い，職を失う。性犯罪者は，性犯罪よりも重い犯罪を犯した者よりも社会的・経済的に深刻な状況におかれ，自殺をする者も現れて

---

[7] *J. T. Walker, S. Maddan, B. E. Vasquez, A. C. Van Housten, and G. Ervin-McLarty*, The influence of sex offender registration and notification laws in the United States, 2005.

[8] *J. S. Levenson, D. A. D'Amora, and A. L. Hern*, Megan's Law and its Impact on Community Re-entry for Sex offenders, Behavioral Sciences and the Law, 25 (2007), 587-602; *R. E. Freeman-Longo*, Revisiting Megan's Law and Sex Offender Registration: Prevention or Problem, 2000; *John Howard Society of Alberta*, Offender Registry, 2001; *the same*, Community Notification, 1997; *Center for sex Offender Management*, An Overview of Sex Offender Community Notification Practices: Policy Implications and Promising Approches, 1997; *R. G. Zevitz, M. A. Farkas*, Sex Offender Community Notification: Assessing the Impact in Wisconsin, National Institute of Justice, Research in Brief, 2000.

いる。

　・治療機会の減少。性的虐待を減少させる最善の方策はその発生前に予防することである。しかし，通報が減少したり，司法取引が増大したり，無実の者にも被害が及ぶとき，登録・告知法の犯罪予防効果に疑問が生ずる。登録・告知法が一人の子どもを救うことがあれば，その法は制定に値したということが言われるが，他人，特に，無実の者にも損害を及ぼす法律の存在理由が問われる。性犯罪の予防には，性犯罪者自身の治療が重要であるが，終身登録のように登録・告知法の弊害が大きいために，州によっては少年性犯罪者を起訴することをためらい，結局，少年性犯罪者が治療を受けないということになっている。

　・治療効果の減少。刑事施設で治療を受け，改善が見られるとして仮釈放されても，一般告知が受刑者の社会復帰を妨げ，地域社会の生産的且つ高く評価される成員となろうとするその努力に水を差す。犯罪者は，犯罪者としてレッテルを張られ，対処される限り，地域社会の責任ある成員とはなりえない。

　・偽りの安全感。一般告知によって安全感が得られるというのは事実に反する。性犯罪の暗域は非常に大きい。被害者の告訴があっても，少数の犯人しか検挙されない。さらに，有罪判決を宣告された性犯罪者も，その多くは届け出た住所には住んでいない。それのみならず，性犯罪者が近くに住んでいることを知れば，ますます不安を感ずる者もいる。

　・地域社会をおびえさせる。登録・告知法対象者が累積するにつれ，近所に多数の性犯罪者が住むことになれば，人々の不安感は増し，過剰反応に繋がりかねない。

　・被害者への影響。登録・告知法は性犯罪者ばかりでなく，その家族にも影響を与える。その妻や家族の者（被害者でもあった娘をはじめとして）が嫌がらせを受けることがある。

　・第三者への影響。登録・告知法の影響は犯罪者，被害者にとどまらない。性犯罪者と間違われた無実の者が嫌がらせを受けたり，暴行を受けたりする。

　・司法取引。性犯罪ではその有罪立証が困難なことが多く，司法取引で軽い犯罪で起訴されがちである。少年性犯罪者の場合には，ソーシャルワー

カー，児童保護ワーカー等が登録・告知への懸念から当該少年を警察に引き渡さず，密かに治療を受けさせることがある。

・危険判断。一般告知の水準を犯罪者の危険度に応じて決定する州があるが，訓練を受けた専門家，信頼できる危険段階によって決定されるわけでもなく，場合によっては，危険評価が犯罪者を実際よりも危険に見せるために濫用されることがある。

・敵対者間相互役割／倫理的ジイレンマ。性犯罪者を治療する専門家は，治療をしないとか治療に反対する同業者から専門的敬意を払われることがない。治療の専門家や児童保護ワーカーは，登録・告知法の結末を恐れて少年性犯罪者を警察に送らないことがある。

・治療の侵食。大多数の性犯罪者治療専門家は，性犯罪者には怒りを統御する術の欠如，自尊心の欠如，共感の欠如等の問題を抱えており，社会生活を送る上でこれらの改善が必要であると考えている。しかし，登録・告知法とか厳罰法制の下で「魔女狩り」現象が出現し，治療が困難になっている。

・潜伏生活。性犯罪者は身を隠し，所在を隠す生活を送らざるを得なくなる。しかし，身元の割れることを恐れる生活は，転々と住まいを変える生活へ追いやるし，そうすると，社会復帰に重要な役割を果たす地域社会との紐帯を不可能にする。定職も定住も無く，家族との繋がりも切れ，地域社会の支援も得られないことは再犯の促進要因となる。

・責任の誤配置。登録・告知法は，地域社会の安全と適切な個人の行為を保障する責任を犯罪者にではなく，地域社会に負わせているが，犯罪者が自己の行為に全面的責任を取るように要求されるとき，治療こそがもっとも効果がある。しかし，登録・告知法の下で，これが難しくなっている。

・地域社会で役割を果たす犯罪者の能力制限。性犯罪者は，地域社会で適切且つ安全に役割を果たすのに助けとなる適切な技量を習得する必要がある。この技量が欠如していると，再犯の危険が高くなる。しかし，登録・告知法はこういった技量習得を妨げている。

・犯罪者の年齢。少年にも登録・告知法の適用を認める州が増加しているが，これは少年の成熟度，成長段階，少年への長期的影響を考慮していない。

・精神障害のある性犯罪者。性犯罪者のごく一部に精神障害が認められ，

本来，その不利な条件に慎重な対応を要するのに，他の性犯罪者と同様な扱いが為される。

・犯罪者の知能。性犯罪者の多くに発達傷害，知恵遅れ，重い学習障害が認められるが，これらの者は疎んじられ，その生活条件が整備されていない。

・通報の減少。少年の性犯罪や家族内の近親相姦については，一般告知の後難を恐れて家族の者が通知しなくなる。

・更新されない情報，インターネット上の情報は誰でも入手できるし，情報はCDロムの記録媒体の形で有償・無償で頒布され，全世界に知れ渡る。しかし，情報そのものが古くなったり，不正確であったりする。

・不動産が売れない。売却したい不動産の近くに性犯罪者の住んでいることが知れると，当該不動産の潜在的購入者はそれを買い控える。

このように，性犯罪者の居所が公開されること，つまり，人々が性犯罪者の居所を知りうる乃至知っているということが実際には性犯罪者の再犯率を減少させることに繋がっていないこと，単に人々に偽りの「安心感」を与えているにすぎないといえる以上，メーガン法の犯罪威嚇予防効果に疑問があるのみならず，弊害が重大且つ広範囲にわたるという指摘は真摯に受け止められねばならない。それでもなおこのような制度を推進するなら，その背後には「包含」の論理ではなく，危機管理という名の下において，「われわれ」とは異なる異質のよそ者「悪鬼」を「排斥」する論理があるといえよう。市民社会はこのような道を歩んではならない。先ず，為されるべきことは，刑務所内における充実した治療の提供，性犯罪者の釈放時点における再犯の危険性に関する評価技術の向上，精神科医療，心理臨床などの外来治療体制の整備，保護観察の充実，治療専門家と保護観察官の協働体制の整備である[9]。

9　R. A. Prentky, Community Notification and Constructive Risk Reduction, Journal of Intefpersonal Violence, Vol. 11 No. 2, June 1996, 295-298.

第5章 性的被害発生率について
―日本とドイツの比較研究―

I 序

　性犯罪は，近時，ますます，しかも，大いに人々の関心の的となっており，そして，多くの場合，犯罪者に対するもっと厳しい制裁の根拠としても持ち出されてきたし，持ち出されている犯罪群である。性犯罪は，なるほど，大いに議論は為されるが，しかし，同時に，依然として犯罪学的には比較的あまり正確なことの分かっていない犯罪行動領域の一領域でもある。性犯罪をあまり正確に把握できていない理由としては，特に次のことが指摘できよう，つまり，性犯罪は大部分，社会的近空間で発生すること，犯罪者と被害者は多かれ少なかれお互いに良く知っていること，さらに，性犯罪に対する被害者の感じ方が極めてまちまちであること，場合によっては，「狭い意味での」犯罪とは必ずしも捉えられていないことが挙げられよう。

　こういった乏しい情報基盤しかないにもかかわらず，個々の人間とその家族の生活に著しく介入するばかりでなく（クーリー／ケルン　2003年），例えば，犯罪者へのより厳しい制裁に関して言えば，ものすごい費用を伴う（アオス　2003年）[1]広範囲に及ぶ犯罪学的決定が下されている。――しかしながら，同時に，内的安全が高まるとの保障はないと言える。

　西側工業諸国においては性犯罪に関する正確な情報が比較的乏しいと言えるのだが，このことは亜細亜諸国にはますますもって妥当する。そこでは，性という主題がかなり禁忌されており，家族は，古くからの伝統を背景に，

---

[1] 近時の犯罪予防の諸方法について，クーリー／オーベルクフェル＝フックス（2003年）参照。

公的視線に対してはいっそう隔壁されている。したがって，出立点はこうである，家族内暴力，特に，性的被害は，とりわけ，——しかし，専らと言うわけではないのだが——どちらかというと伝統的価値範型の支配する社会において，犯罪統制・訴追といった公式の戦略からの影響を大幅に受けることのない犯罪領域である。このことから予期できることは，様々な訴追強度ないし公式，非公式の犯罪統制をもつ社会において，なるほど，例えば，「街頭犯罪（Straßenkriminalität, Street crime）」は見分けられるが，しかし，社会的近空間，例えば，家族内での犯罪は見分けられないということである。狭い空間での共同生活という特殊性，内密性があること，この重要な社会化段階の保護の承認，及び，多かれ少なかれどうしても生じてくる葛藤といったものが，その他の社会的条件とは関係なく，比較的多くの閉ざされた扉の背後の（性）犯罪に繋がる状況と犯罪の機会をつくっている。この仮説を検証することが本比較研究の目的である。本研究は，日本とドイツの若い女性の性被害自己報告に基づいている。両国は工業国という点で共通であるが，ただし，文化の面では明らかに異なっているし，公的犯罪統計を見れば，犯罪発生率も著しく異なっている。

III 本調査研究—日本とドイツの比較—

どの程度，個々の国の間の性犯罪の出現の差異が，ある社会における女性の地位，信望，平等の権利，ないし，家族構造と関係しているのかという問題を検証するために，日本とドイツの比較被害者研究を実施した。両国は，一方で，高度に発展した工業国であるが，ただし，他方で，公式の犯罪発生率が明らかに異なっている。例えば，犯罪発生率（人口10万人当たりの認知犯罪件数）は警察が認知した全犯罪件数に関して2001年はドイツでは7,736件であったが（連邦刑事局　2003年），日本では2,814件であった（法務総合研究所　2002年），つまり，日本の数値はドイツの数値の36％，約3分の2である。

日本の犯罪発生率が比較的低いことの背景は多くの様々な社会的条件から見ることができる。これに加えて，比較的高い公式，非公式の統制（例えば，公共空間に警察官がいることが多いこと），刑事訴追と制裁の態様，教育事情及び

支配的価値構造といったものが考慮に入れられなければならない。日本の教育事情，価値構造は，遙かに伝統踏襲的であり，西欧の視点からするとより保守的であり，独立した人格の成長——西欧諸国で支持されている教育理念——よりも，個人を社会に統合すること，妥当している社会的規範に適合させることに向けられている。同時に，日本の家族構造は，例えば，ドイツのそれと比べると，遙かに強力且つ「家父長制的」であると言えよう。日本における親のその子供への統制は，成人になるまで，西欧工業諸国におけるそれよりも著しく強い。人々の法と秩序に対する態度も同じく著しく保守的である（参照，これに関しての鳥瞰図を与えるものに，吉田 2003年。キューネ／宮澤1991年）。これらの日本の教育範型そして巨大な公式，非公式の統制圧力が，ひょっとして，日本の（公式の）犯罪発生率が西欧諸国と比べて著しく低い事実に決定的影響を与えているのかもしれない。逸脱者は「日の出ずる国」においてかなりの統制圧力に曝され，西欧工業諸国における以上に，強力な烙印付けをされ，社会から拒絶される（吉田 2004年）。なるほど，日本と西欧工業諸国との間の違いは比較的若い世代では，とりわけ，大衆媒体の影響があって，幾分均されてきたが，それでも，今日に至るも依然として顕著である[2]。

性犯罪に関して言えば，日本は西欧諸国と比較して犯罪発生率が低いが，違いはそれほどはっきりとしたものではない。それは，例えば，強姦罪や強制猥褻罪の認知件数を見れば分かる。2000年のドイツでの犯罪発生率は9.1件であるのに対し，日本では7.6件である。1年後の2001年で見ると，ドイツは9.6件であるのに対し，日本は9.1件であり，数値は接近して来ている。

犯罪の被害者が社会でどのように見られるのかに関する，筆者の比較実証

---

[2] 最も重要な集団は日本人には家族であり，職業集団であり，近隣の人々である。65歳を越える人々の約4分の3（74.7%）が日本ではその子供の家族のところで生活している。西欧工業諸国では，それはわずかに20%－30%にすぎない（キューネ／宮澤1991年，66頁以下。シュヴァルツェネッガー1997年，80頁）。シュヴァルツェネッガーによると（前掲書84頁），日本での親の権利は「ほぼ神聖不可侵」である。夫は家族において絶対的優先権を有する。近時，妻も働くようになってきたが，この秩序に変化はない。妻が引き続き家族の面倒を見るが，「自分も職業をもつことで外面的権威をもつことにはならない」（前掲書67頁）。変化が，特に，ドイツでは定着した「女性運動」に認められうるが，依然として周縁現象にすぎない。例えば，1990年代中頃から終わり頃まで，家庭内暴力の議論が盛んになった（吉浜 2002年）。

研究から分かることは（参照，クーリー／吉田　2003年 a），質問対象者である日本人男性，女性から受ける日本人女性被害者の評価は，質問対象者であるドイツ人男性，女性から受けるドイツ人女性被害者の評価よりも明らかに悪いということである。

　日本における女性の地位と日本の生活様式から示唆されることは，他でもなく，その大部分が社会的近空間で発生する性犯罪においては，日本と西欧工業諸国の犯罪発生率が，その他の，「古典的」犯罪，いわゆる「街頭犯罪」の犯罪発生率とは異なり，かなりの程度まで似ているかもしれないということである。性犯罪に関しても認定された違いは，他でもなく性犯罪の場合，主として，被害者，証人の届け出行動の違いに起因されうるかもしれない（参照，デルマン　1991年）。これらの考えは，西欧諸国と比較した日本に妥当するかもしれないばかりか，同じく，中国及びその他の，古典的，文化的伝統にとらわれた規範・行動観念を有する亜細亜諸国にも妥当するかもしれない。つまり，訴追処分や人々の間の態度範型は公共空間での犯罪にしか予防的働きが無く，閉ざされた扉の背後の犯罪にはそれほど予防的作用をもっていないということである。

　日本に関するこれらの仮説は，日本で郵送による全国被害者質問調査を行った吉浜とサレンサンの研究結果（1994年）によっても支持されている。これは1992年の下半期に実施され，796人の女性が回答した。女性の59％が，少なくとも何らかの身体的虐待を受けたこと，66％が，感情的虐待を受けたこと，59％が1回か複数回の性的虐待を受けたと回答した。暴力行為は，行為者の社会経済的地位とは関係がなかった。この調査研究論文はその末尾で，「親しくしている男性から受ける暴力は，日本では，重大な社会的問題あるいは犯罪問題とはあまり認識されていない」との結論を下している（1994年，74頁）。

　筆者の研究ではさらに，両国の間の性的被害の実相に関する構造的類似性も証明されるとの前提から出発した。以前に行ったドイツでの調査研究で（参照，クーリー等　2002年），まだ親の元で生活している女性は，そうでない者よりも犯罪の被害に遭うことが少ないことが分かっている。同じことは，第三者（例えば，親）から学業資金を受けている女性と，自ら生活資金を稼がねば

ならない女性との比較にも言える。さらに分かったことは，重いと評価されるべき性的攻撃（例えば，強姦未遂）は，被害者と顔見知りの男性によって行われることが多いのに対して，軽微な出来事（例えば，性的目的で体に無理に触る）はむしろ見知らぬ男性によって行われるということである。

1 仮説

筆者は次の仮説から出立した。
1 日本の女性は（ドイツの女性と同じく），公式の警察統計が示す数字よりは，遙かに多くの性的被害に遭っている。
2 日本の女性は，同時に，ドイツの女性とほぼ同じ程度の性的被害に遭っている。したがって，日本とドイツの犯罪統計の間に，犯罪発生率に関してかなりの違いが見られるものの，それは性犯罪の領域には妥当しない。
3 性的被害は，被害に遭った（若い）女性の生活状況に関係している。
　1 まだ親元で生活している（若い）女性は，とりわけ，親元から離れて生活している者よりも，重い被害に遭うことが少ない。
　2 学業資金を自ら工面しなければならない女性は，したがって，おそらく，どちらかというと，下の社会階層出自の女性は，第三者（親）から学業資金を受けている，したがって，どちらかというと，中層，上層の出自かもしれない女性よりも，被害に遭うことが多い。
4 重い性的被害は，日本でもドイツでも，顔見知りの男性によって行われることが多く，軽い性的被害では見知らぬ男性によって行われることが多い。
5 とりわけ，重い性被害は，日本の方がドイツよりも，顔見知りの男性や家族の男性によって行われることが多い。

2 無作為抽出調査

筆者の研究目的は，日本とドイツの女子学生の性的被害の被害率を調査するところにある。ドイツにおける調査は2001年4月，5月に行われ，日本では2003年5月，6月に行われ，それぞれ，完全に無記名の書面質問調査であり，フライブルク大学とフライブルク教育大学，札幌のある大学とある看護士養

成学校，旭川のある看護士養成学校の学生が質問対象者である。ドイツで開発された質問票が日本語に翻訳された。すでに質問票の開発に当たって，それが，どの程度，日本のようなドイツと異なった文化圏でも用いることができるかを調査した。質問票は，とりわけ，講義，演習，一部は，数カ所の学生寮で配布された。面接調査者はほぼ同年代の女性である。

全体として，フライブルクでは500部の質問票が配布され，有効回答は311部（62%）となった。札幌の大学では，502部の質問票が配布され，有効回答は140部（28%）となった[3]。日本の両看護士養成学校では，249部の質問票が配布され，すべてが回収された，つまり，回答率は100%だった。そこでは，講義時間を利用して，質問票が配布され，同時に，回答記載がなされ，回収されたのである。ドイツでも，演習を利用した場合，学生寮で配布した場合よりも，回答率は顕著に高く，100%に達したところもあった。日本では，結局，回答数は389人となった。

フライブルクにおける被質問者の56%が教育大学の学生であり，42%がフライブルク大学の学生だった（質問項目によっては回答のない箇所もあり，加算しても100%にならないことがある）。札幌では，36%が大学生であり，64%が看護士養成学校の生徒だった。被質問者の平均年齢は，日本もドイツも，23歳である。日本では，18歳から55歳，ドイツでは，19歳から44歳の範囲にあった。独身で，決まった友達のいる者が，日本では51%，ドイツでは49%だった。きまった友達のいない者は，日本では40%，ドイツでは47%だった。既婚者は，日本では6.3%，ドイツでは2.3%だった。顕著な相違は，ドイツと比較して，日本では親元で生活する学生の割合が極めて高いところにある。日本ではそれが48%であるのに対し，ドイツでは13%である。生活費についてみると，日本とドイツを比較すると，それぞれ，51%，54%が専ら他人の収入に頼っており，31%，28%が他人と自分の収入で生活し，17%，17%が専ら自分の収入で生活している。

---

[3] 日本での回答率が低いのは，質問票の配布に協力してくれた大学教員間に，この種の「内密の領域」にかかわる調査に懐疑的態度を抱く人もいたことと関連があるかもしれない。

3 調査方法

すでに言及したように,本論文の扱う主題が複雑であることから,個別面接による質的調査も考えられたが,予期される相違に関する概観を得るために,標準化した質問形式を利用することにした。標準化技法を用いたデータ調査によって,事実のもつ複雑性が所与の範疇のために減少することになるが,それにはもとより問題がないわけではない。この場合,どうしても,事実の断片的理解しか得られないし,歪みが生ぜざるを得ない。調査結果の普遍化可能性は学生層に限られるが,調査結果は,かなりの程度,他の女性層にもあてはまると考えて良いかもしれない。このことは,同じく高い被害率を証明できた,女性への暴力に関する代表無作為調査の結果からも言える(参照,例えば,2004年に公刊されたミュラーとシュレットレの手になるドイツにおける女性への暴力に関する代表無作為調査研究[4])。

調査技法である「不本意な性的接触を把握するための質問票」(Fragebogen zur Erfassung unfreiwilliger sexueller Kontakte, FUSK)は,コス(1982年)の「性経験調査」(Sexual Experiences Survey, SES)のドイツ語版であるが,それは本調査研究のために拡大適用された。重要なことは,手段を開発して,行動を記述する操作手法を用いて,被害者自身によっては犯罪とは定義されない性的被害も把握できるということである(コス 1985年)。クラーエ等(1999年)は「性経験調査」の新しいドイツ語版を開発した。筆者の開発した「不本意な性的接触を把握するための質問票」(シューアフ 2001年)は,全部で22項目から成り,そのうち,最初の12項目はクラーエ等が新しく開発した「性経験調査」ドイツ語版(1999年)に相当する[5]。質問項目は普通は可罰的でない性的嫌が

---

4 様々な研究の比較に当たっては,他でもなく性領域での被害者化研究では,常に,用いられた調査技法にも注意を払わねばならない,それは,発見された調査結果に些細なとは言えない影響を与えているのが普通である。参照,例えば,クーリー 1994年 a。クーリー 1995年。
5 質問項目 1 は,過去の合意に基づく性的接触を問うており,したがって,不本意の性的接触の把握とは関係のない唯一の質問項目である。これに 5 項目が続く,暴行・脅迫を伴う性的愛撫,望まない性的接触,露出行為・自慰行為,ないし,その他の性的嫌がらせの形態(「胸をさっと触る」といったような)。最後の 4 項目は広い意味でのストーキングを把握し,さらに,インターネット・携帯電話を利用した性的嫌がらせの項目が続く。

らせから様々な形態の重い性犯罪に到る連続体を操作できるようにしている（物理的力を伴う強姦）。

さらに，クラーエ等（1999年）のドイツ語版「性経験調査」に依拠して，各項目ごとに，説明した出来事に関して，肯定の回答が得られた場合，誰が行為者だったのかを質問した（元友達，前夫——定まった関係にある——，友達または職場の同僚，知人——例えば，ディスコで——または，面識のない男性）。但し，上役／大学講師ないし雇用主による性的嫌がらせを調査する質問項目15，16は修正を施した（上役，私の職場の同僚，教師／教授／講師，面識のない男性）。これらの質問項目に肯定回答した者は非常に少なかったので（参照，下記），評価の対象から外した。

Ⅲ 調査結果

1 性的被害の規模

表1は日本とドイツの質問対象学生が蒙った性的暴力被害の被害率を表している。同時に，表1は，可罰的形態の性的暴力経験の包括的説明でもある，先ず，軽い，中位の重さの，そして，重い不法行為によって分けられ，次いで，補充的に，（推測上の）刑法的重要性によって分けられた。ただし，注意すべきは，性的被害の重さの割り振りは個々の範疇の定義に基づいたということである。これには，容易に間違った分類が生じうるという点で問題がないわけではない。というのも，究極的には，被害者自身だけが重さを定義できるのであり，外部者なら，信頼のおける分類ができるためには，ずっと多くの情報をもたねばならないからである。このことは，調査結果の解釈は慎重に為されねばならいことを意味する。

全体としてみると，本調査から日本でもドイツでも比較的高い被害率が分かる。日本の若い女性の85％，ドイツの若い女性の91％が，質問項目の少なくともどれか1つに関して，少なくとも一度は被害に遭っている（表中の印＊＊）。いずれにしても，日本女性の22％，つまり，5分の1以上，ドイツ女性の28％，つまり，4分の1以上が，パートナーないし夫を止める見込み

Ⅲ　調査結果

表 1　日本の女子学生とドイツの女子学生の性的被害率（%）

	出来事	全体被害率		有意性	加害者*							
					定まった関係にある友達, 夫		友達, 学校・職場の同僚		知人		面識のない男	
		ドイツ	日本		ドイツ	日本	ドイツ	日本	ドイツ	日本	ドイツ	日本
**	全体	90.7	85.3									
1	誤解	43.3	30.3	p<.001	36.8	44.9	33.8	28.8	50.4	33.9	9.0	0.8
2	性交＋相手が嘘を言った	15.5	31.9	p<.001	50.0	33.1	33.3	34.7	27.1	37.1	21	1.6
3	性交, 相手を止める見込みがなかったから	27.7	21.9		80.0	51.8	12.9	24.7	14.1	25.9	0.0	3.5
4	言葉の圧力を伴う性交	11.0	7.2		76.5	57.1	11.8	21.4	11.8	17.9	2.9	3.6
5	言葉の圧力を伴うペッティング	15.2	15.4		46.8	30.0	27.2	35.0	42.6	33.3	4.3	6.7
6	酒・薬物の影響下での性交	5.8	4.1		33.3	6.3	22.2	37.5	50.0	68.8	0.0	0.0
7	酒・薬物の影響下での性交未遂	16.8	16.5		9.6	9.4	30.8	42.2	67.3	48.4	11.5	9.4
8	暴力・脅迫を伴う性交未遂	5.5	8.7		17.6	20.6	17.6	41.2	47.1	32.4	23.5	8.8
9	暴力・脅迫を伴う性交	1.6	3.3		40.0	53.8	0.0	0.0	40.0	30.8	20.0	15.4
10	暴力を伴うその他の性的行為	1.9	3.9		33.3	93.3	0.0	13.3	50.0	0.0	16.7	0.0
11	暴力・脅迫を伴うペッティング未遂	10.0	13.1		16.1	23.5	22.6	37.3	38.7	31.4	32.3	13.7
12	暴力・脅迫を伴うペッティング	4.9	10.0	p<.01	20.0	28.2	13.3	46.2	33.3	25.6	33.3	12.8
13	性的身体接触行為	40.7	40.4		8.0	1.9	19.2	9.6	29.6	6.4	57.6	88.5
14	露出行為・自慰行為	39.9	48.6	p<.01	26.0	20.6	4.1	4.2	8.1	2.6	75.6	76.2
15	性的嫌がらせ＋罰	1.0	1.5									
16	性的嫌がらせ＋報償	1.0	2.6									
17	約束	23.5	12.1	p<.001	6.8	27.7	49.3	38.3	46.6	27.7	30.1	21.3
18	電話による性的嫌がらせ	33.3	41.1	p<.01	2.9	6.3	1.9	8.8	2.9	7.5	91.3	85.0
19	インターネット／携帯電話による性的嫌がらせ	11.6	19.5	p<.001	8.3	5.3	2.8	10.5	2.8	11.8	91.7	75.0
20	つきまとい行為	58.1	38.8	p<.001	1.7	6.0	2.8	15.9	7.8	6.6	97.2	74.8

196　第5章　性的被害発生率について

	出来事	全体被害率		有意性	加害者*							
					定まった関係にある友達,夫		友達,学校・職場の同僚		知人		面識のない男	
		ドイツ	日本		ドイツ	日本	ドイツ	日本	ドイツ	日本	ドイツ	日本
21	望まない交際受け入れ	**24.6**	13.6	p<.001	**15.8**	9.4	**23.7**	18.9	**34.2**	24.5	**46.1**	54.7
23	軽い被害 (2, 17, 18, 19, 20, 21)	**78.5**	72.2	p<.05	14.8	**23.1**	**26.2**	15.3	**27.9**	16.4	**87.3**	0.7
24	中位の重さの被害 (3, 4, 5, 6, 7, 13, 14)	**73.3**	72.8		**48.7**	31.1	**23.7**	26.5	**36.4**	22.3	**58.8**	74.6
25	重い被害 (8, 9, 10, 11, 12)	12.5	**21.1**	p<.001	15.4	**35.4**	20.5	**40.2**	**46.2**	28.0	**30.8**	12.2
26	刑法上重要な被害 (6, 7, 8, 9, 10, 11, 12, 14)	52.7	**60.4**	p<.01	**26.8**	28.1	15.9	**25.1**	**32.9**	23.0	**62.2**	63.8
27	刑法上重要な被害（酒は除外）(8, 9, 10, 11, 12, 14)	45.0	**56.3**	p<.001	25.7	**28.3**	8.6	**17.8**	**16.4**	12.3	**71.4**	67.6
28	刑法上重要な被害（露出行為は除外）(6, 7, 8, 9, 10, 11, 12)	26.0	**31.6**		18.5	**26.8**	28.4	**43.9**	**61.7**	40.7	**19.8**	11.4
29	刑法上重要な被害（露出行為,酒除外）(8, 9, 10, 11, 12)	12.5	**21.1**	p<.001	15.4	**35.4**	20.5	**40.2**	**46.2**	28.0	**30.8**	12.2
32	強制猥褻 (10, 11)	10.6	**15.4**		18.2	**36.7**	21.2	**33.0**	**39.4**	26.7	**30.3**	11.7
33	強姦未遂 (8)	5.5	**8.7**		17.6	**20.6**	17.6	**41.2**	**47.1**	32.4	**23.5**	8.8
34	強姦未遂（酒を含む）(7, 8)	19.6	**21.9**		13.1	**14.1**	27.9	**42.4**	**65.6**	44.7	**16.4**	10.6
35	強姦 (9)	1.6	**3.3**		40.0	**53.8**	**0.0**	0.0	**40.0**	30.8	**20.0**	15.4
36	強姦（酒を含む）(6, 9)	6.4	**6.7**		**35.0**	30.8	20.0	**23.1**	45.0	**50.0**	**5.0**	7.7

＊　複数回答可能のために数値が100％を越えることがある。
＊＊　欠番の部分は，本調査では質問されなかった。

がなかったから，性交にいたったと回答した（表番号3）。これに対して，日本の女子学生の40％，ドイツの女子学生の41％が望まないのに乳房，性器をさわられたと回答した（表番号13）。日本の女子学生の49％，ドイツの女子学生の40％が露出行為ないし自慰行為の被害に遭った（p<.01。差異が有意である場合だけ，確率誤差を記す。参照，表1）（表番号14）。電話で性的嫌がらせを受けた女子学生は，日本で41％，ドイツで33％だった（p<.01）（表番号18）。イ

ンターネットや携帯電話で性的嫌がらせを受けたのは，日本で20％，ドイツで12％だった（p＜.001）（表番号19）。日本では7％の女子学生が，ドイツでは11％の女子学生が，すでに少なくと一度は心理的言葉の圧力で性交を強いられたと回答した（表番号5）。

調査結果からさらに分かったことは，ストーキング現象が広く見られることである。ただし，ドイツの方が日本よりはそれが頻繁であると言える。日本の女子学生の39％，ドイツの女子学生の58％が，すでに少なくとも一度，不安感を惹起するようなやり方でまとわりつかれたと回答し（p＜.001）（表番号20），日本の女子学生の14％，ドイツの女子学生の25％が望まないのに交際を求められたと回答した（p＜.001）（表番号21）。

回答された被害体験の（推定的）重度をまとめると，大部分の被害体験は比較的軽いと見ることができるか，ないし，どちらかというと中位の重さと見ることができる。日本の女性の72％，ドイツの女性の79％が（p＜.05），場合によっては重い被害体験に遭っているかもしれなが，それと並んで，「無理強いされた」約束，電話，インターネット，携帯電話での性的嫌がらせ，ストーキング，あるいは，相手方が嘘を言ったために性的行為を「させられた」といったような「軽い」被害に一度あるいは複数あったと回答した（表番号23）。両国ともに，73％の女性が，――軽いあるいは重い被害体験に加えてか，または，この範疇だけかもしれないが――一度あるいは複数の「中位の重さの」被害体験を蒙っている，例えば，相手方をもはや止めることができなかったので，望まない性交に到った，男の言葉による圧力とか酒や薬物の影響の下で性行為に到った，望まないのにさわられた，露出行為がそれである（表番号3，4，5，6，7，13，14）。このことは，質問対象女性の約4分の3が少なくとも一度は軽い又は中位の重さの性的被害を蒙っていることを意味する。軽い，又は，中位の重さの性的被害体験に加えてか，あるいは，この範疇だけかもしれないが，「重い」と見られる行為の被害を一度又は複数回経験した者は，ドイツの女性ではそれでも13％，日本の女性ではそれどころか21％にも達した（p＜.001）（表番号25）。重い性的被害に入るのは，性交未遂，ないし，暴力（の脅迫）による性的行為，つまり，強姦も含まれる。この調査結果から，ドイツの女性と比較して，日本の女性の方がとりわけ重

い性的被害を蒙ったことが分かる。ただし，ここで注意せねばならないことは，この調査結果は，女性が質問票に回答した結果を研究者が再現したにすぎないということである。さらに，例えば，質的研究によって，この差異の信頼性が確認されなければならない。

　基本的に法定犯罪構成要件を充足する，性的暴力ないし望まない行為だけを考察すると（告訴があった場合に，裁判所も可罰性を認定するか否かは，もとより不定である），同じように，かなりの被害体験が明らかとなる。（推定的に）刑法上重要な出来事をすべてまとめると，ドイツの女性の53％が，日本の女性の60％もが（p＜.01）少なくとも一度は法的に禁止された性的行為の被害に遭ったことになる（表番号26）。露出行為の事件を除外すると，性的被害はかなり減少する，この場合，被害率は26％ないし32％となり，したがって，両国ともに，約半分ほど減少する（表番号28）。酒の影響下にあった事件と露出行為の事件をともに除外すると，刑法上重要な事件の被害率は，日本では21％，ドイツでは13％に達する（p＜.001）（表番号29）。性的強要と位置づけることのできる侵害行為（特定の性的事柄を強いることであり，例えば，肛門性交，口唇性行為，脅迫又は実際の暴力行為の下で，意思に反した性行為をさせられる）については，日本の女性の15％が，ドイツの女性の11％が被害に遭っている（表番号32）。

　たいていは重く，そして，被害者に圧倒的な影響を与える強姦犯罪に関しては，ともかくも，日本の若い女性の3.3％が，ドイツの若い女性の1・6％が少なくとも一度は強姦の被害に遭ったと回答した（表番号9）。これに酒の影響下にある事件を加えると，被害率は，日本では6.7％，ドイツでは6.4％にも達する（表番号36）。強姦未遂の被害者は日本の女性では8.7％，ドイツの女性では5.5％に達した（表番号8）。これに酒の影響下の事件を含めると，日本では22％，ドイツでは20％に達した（表番号34）。したがって，基本的に刑法上訴追可能な事件すべてにわたって，日本の若い女性の方が一部ではあるが著しく高い被害率を示す，そして，これは，日本の女性の方がより重い被害に遭っているとの上述の結論を確認するものである。

　両国に関する調査結果が示唆するところでは，性犯罪の領域における公になっていない犯罪件数は，日本の方がドイツよりも遙かに多いように見えることであり，両国の社会における性に対する態度が異なっており，性への対

応の開放度に違いがあることからすると，これもうなずけるということである。したがって，仮説1は確認できる。

仮説2もかなりの程度まで確認できるのであるが，ただし，一方で，被害率は，出来事の重さで分けると，両国の間に違いがあり，他方で，公に認知されていない性被害件数は，日本の方がドイツよりも多いようにみえるのであり，これも全くうなずけるところである。質問で回答された性被害の規模は両国でほぼ等しい，ドイツの若い女性の91％，日本の若い女性の85％が少なくとも一度性的に望まない（少なくとも一部は可罰的）出来事を経験したと報告した。かなり重い被害体験に関してみると，日本の女性の被害率が顕著に高いのが分かる（日本が21％なのに対してドイツは13％，$p < .001$）（表番号29）。認知されなかった性的被害の割合は日本の方がドイツよりも大きいように見える。これは，被害者質問において，日本の女性の無作為抽出調査の方が，ドイツのそれよりも多くのかなり重い被害を示している点でも目立つのであり，したがって，もっと多くの被害届，公的認知件数があっても不思議ではないと言えよう。

2 性的被害体験と住居・収入状況

性的暴力被害体験を社会人口統計的変数と関連付けると，ドイツの調査では，少数ではあるが，まったく説得力のある結果が得られた。既婚の女性およびとりわけ離婚・別居生活を送っている女性のほうが独身女性よりも顕著に高い被害率を示すのである。子供と一緒に生活している女性は，とりわけ，まだ親元で生活している女性よりも，著しく高い被害率を示す。自ら生活費を稼いでいる女性のほうが，もっぱら他人の収入に依存している女性よりも，高い被害率を示す。さらに，合意の性交経験のある者の方が，性的未経験の女性よりも被害率が高かった。

したがって，より多くの性的暴力体験のあるのは，明らかに，比較群とは異なり，比較的早い時期に性的経験があり，定まった関係のあった，一部は，子供のいることもあるそして別れた生活を送っている，さらに，生活費を自ら工面するないし工面せざるをえない女性の方である。この調査結果から，これらの性的虐待経験のかなりの部分が，交際関係において，すなわち，と

りわけ，関係葛藤との関連で考察できるのではないかという仮説が導かれる（参照，クーリー等 2002年a）。今後の調査で検証されるべきなのは，とりわけ，何故こういった女性は早い時期に性的関係に応じ，結婚し，早い時期に子持ちの家庭を築くのかといった点である。場合によっては，彼女たちは，自分たちをあまり護ってくれない，しかし，監視はする家庭環境の出自であり，この背景の下で，早い時期に自分のために自分の家庭を探すのかもしれない。学業資金を少なくとも一部は自ら稼がねばならない女性も，場合によっては，あまり豊かでない家庭環境の出自であり，自分自身の道を見つけ，大学を卒業するのがかなり難しいのかもしれない。このことで，場合によって，彼女たちは，関係を結び，それから，そこで被害を蒙り易くなるのかもしれない。日本の無作為抽出調査結果に関して言えば（下記参照），日本でも若い女性は，他でもなく西側の，とりわけ，アメリカ合州国の大衆媒体の影響を背景に，ますます伝統的思考範型から離れ，自分の人生を決めることが完全に可能となっていることが分かる，もっとも，日本の方が危険が「待ち伏せしている」といえよう。

　ドイツに対応する関連を日本の無作為抽出調査から見ると，所帯状況と生活費の状況に関してのみ，統計的評価の可能な回答撒布が見られる。比較的早期の合意の上での性経験に関しては，被質問者の74.3％の者が性交経験があったと回答し，8.5％の者が接吻やペッティングの経験しかないと回答し，17％の者が何らの性的経験をもたなかったと回答した。これらの群に見いだされる被害率はドイツの調査を確認するものである，すなわち，何らの合意の上での性的経験がなかったと回答した者の61％が被害者となったが，今まで接吻やペッティングの経験しかなかった群では，それが88％であり，すでに性交経験のあった女性では，それが91％に上がった。したがって，若い日本女性の4分の3の者が了解した性交経験があり，これらの女性の10人に9人が少なくとも一度被害に遭ったことになる。

　所帯状況と生活費に関する調査結果を見ると，これもドイツの無作為抽出調査で得られた結果をほぼ確認するものである。まだ親の所で生活している女子学生の方が被害に遭う割合が低いという，ドイツの無作為抽出調査で得られた結果は，日本の若い女性にも，少なくとも傾向としては，確認できる。

両親の元で生活している日本女性の場合，被害率は，ほぼすべての比較的重い出来事で，その他の群よりも，多かれ少なかれ明らかに低い。被害率が比較的高いのは，他でもなくそう軽くはない被害体験では，パートナーと一緒に生活している女性の場合であり，これはパートナー関係において性的虐待が比較的高いことを示唆している。例えば，親元で生活している日本女性の27％の者が望まない性交経験の被害者になったが，それは男を止める見込みがなかったからである。これに対して，パートナー関係で生活している場合には，それが52％であり，約2倍に跳ね上がる。酒・薬物の影響下での性交未遂に関しては，それが2％対8％になり，暴力・脅迫を伴う性交（強姦）では，それは8％対20％になる。

　4つの所帯類型と被害体験の関係についてみると，軽い及び中位の重さの出来事では比較的同じと言えるが，しかし，比較的重い被害ではそうは言えない。この場合，親の家で生活している者の19％だけが被害にあったが，パートナー関係で生活している女性の32％の者が被害者となった。但し，この差異は統計的に有意ではない，それは無作為抽出標本が少ないことに起因するのかもしれない。酒・薬物の影響下での強姦未遂では，親元で生活している女性の被害率は18％であり，パートナー関係で生活している女性の被害率は32％である。酒の影響下での強姦被害者の場合，それが4％対12％になる。したがって，仮説3・1は少なくとも傾向として確認できる。

　女子学生の収入状況と被害者蓋然性の間の関係に関しても，日本の無作為抽出でもほぼ同じ結果が得られた。他人の収入で生活している女子学生の方が，性犯罪の被害ないし性的嫌がらせに遭う機会がほぼ例外無しに少ない。少なくとも傾向として見られる，高い被害者率を示すのは，かなりの程度まで，自分の生活費を自ら稼がねばならない被質問者である。したがって，それほど多くない金銭的支援，並びに，必要とする金銭を自ら労働市場で稼がねばならない状況によって，これらの女子学生はどうもむしろ被害因の状況に陥るようである。例えば，他人の収入で生活している女子学生の12％が，酒・薬物の影響下での性交の被害者となったが，自分の収入で生活している女子学生では，それが21％，つまり，ほぼ2倍に上がる。強姦未遂では，それが11％対27％になる（$p < .008$）。他人の収入で生活している女性の68％は

軽い被害に遭っているが，自活している者の場合，それは76％に上がる。中位の重さの被害体験では，それは67％対82％になり（p＜.02），重い被害体験では，それは16％対30％（p＜.04）になる。したがって，被害の重さが増大するにつれ，差異がよりはっきりする。このことは，自活する女性には，頻度ばかりでなく，とりわけ，より重い被害に遭う傾向が見られることを意味する。したがって，仮説3・2も少なくとも傾向として確認できる。

3 性的被害と加害者との関係

性犯罪における加害者―被害者―関係に関しては，とりわけ，重いできごととの関連で，大部分の加害者が被害者の社会的近接領域にいる者であることが十分に証明されている。このことは本調査結果からも確認できる。言葉の圧力を手段とした，自分の意思に反した性交ないしペッティングは，どうも，とりわけ定まった関係にある場合に生ずるようである。これに対して，酒ないし薬物，それに，暴力も手段とされるのは，どちらかというとあまり親しい関係ではない知人関係にある場合である。普通はどちらかと言うと軽いと見られる出来事，例えば，性的動機からの身体接触行為，電話での嫌がらせないしインターネット・携帯電話を利用した望まない接触行為，とりわけ，男によって不安感を引き起こすようなやり方での追跡，見つめる行為（ストーキング），しかし，これに対して，露出行為もほぼ全部が見知らぬ人によって行われる，これは日本でもドイツでも同じことである。したがって，本調査結果から分かることは，重い性犯罪の大部分は被害者の顔見知りの男によって犯され，これに対して，より軽いと見られる性的嫌がらせないし性犯罪は面識のない男によって犯されることが多いと言うことである。

このことはドイツの被質問者に言えることであり，日本の女性にはもっとはっきりとそういえる（参照，表1及び図1）。加害者と被害者の社会的近接性の平均値を計算した（1＝友達，定まった関係にある男，……4＝見知らぬ男）。それは表1に載っている。例えば，日本では，加害者との社会的近接性が少なくとも傾向としてドイツよりも大きいのは比較的重い行為の場合である，例えば，酒・薬物の影響下（図中番号7），暴力・脅迫（図中番号8）を用いての性交未遂，暴力・脅迫を用いての性交（図中番号9），暴力・脅迫を用いたペ

ッティング未遂（図中番号11）及び暴力・脅迫を用いたペッティング（図中番号12）がそれである。範疇における差異が1番はっきりしているのは，暴力を伴うその他の性的行為（例えば，肛門性交，口唇性交）である（図中番号10）（差異の統計的有意性については，参照，表1）。したがって，仮説4,5もかなりの程度まで確認できる。

IV　議　論

　本調査が明らかにしたのは，社会的近接領域における犯罪の部分現象としての性犯罪は，家庭内暴力全体と同じく，異なった文化的背景をもつ国々においても，そして，公的記録に現れた犯罪発生率が比較的低いにもかかわらず，西側の工業諸国とほぼ同じ規模で起こっていると言うことである。いわゆる街頭犯罪には効果的であるかもしれない犯罪撲滅手段は，社会的近接領域で犯される犯罪にはどうも有効ではないようである。これらの犯罪ないし本調査で認定された社会的逸脱行動は社会的関係，絡み合い状況の中で生ずるのが普通であり，このことが，当該行為を可罰的ないし当罰的と見ることを著しく困難にしているのであり，加えて，刑事訴追，刑事制裁の効果を危うくしているのである。多くの場合，被害者自身が蒙った行為の刑事訴追に関心をもたないのであるが，それは，周知のように，刑事訴追があっても，現にある争いを除去できるものではないと，被害者が考えているからである。このことがとりわけ当てはまるのは，被害者が加害者と引き続き生活することに関心がある場合である。他でもなく，関係の続く者の間の家庭内紛争の場合，警察ないし刑法的介入はすぐに限界にぶつかる，もっとも，加害者を処罰するということが被害者側の紛争解決の機能的戦略であるということは完全にありうることではある（参照，これについて詳細は，クーリー／オーベルクフェル゠フックス　2005年）。

　性的被害に関する数多くの（アメリカ合州国の）被害者研究が不正確且つ矛盾しているにせよ，それらがそれでも証明していることは，性犯罪，性的嫌がらせの広がりが，調査研究前の予測よりも明らかに大きいということである。それらも議論の客観性を高めるのに役立ちうるのである。強姦にまで到

る様々な被害が幅広く見られ，それは被害者に様々な損傷を与えるのである。本調査は，これが，日本のような「低犯罪率の国々」にも当てはまることが証明できた。性的被害に関して，日本の犯罪発生率はどうやら西側の工業諸国と変わらないようである。社会的近接領域における暴力被害に関して，とりわけ，重い被害体験に関しては，むしろもっと高いのである。

　この領域における学問の任務は，性犯罪事象，その背景にできるだけ光を当てることにあらねばならない。性犯罪は多くの場合全く複雑な関係事象の中で発生するのであり，もっと広い紛争の一部なのである。このことによって，表面的には同じような事件ですら，場合によって，被害者と加害者によって全く異なった整理がなされ，被害者の損傷も著しく異なってくる。人間関係の中で発生する性犯罪や暴力行為の出現力動，並びに，定義過程の進行は極めて複雑である。今日まで，例えば，1970年代にアメリカ合州国で勃発した争い，つまり，誰が，どの程度まで，パートナーの関係にある暴力行為において，加害者であり，被害者であるのかの論争が続いているが，それでも，性犯罪では男が加害者として「指導的」役割を果たすという点で大方の一致が見られる（参照，ケリー　2003年。ラムネク／リュートケ　2005年）。多くの調査研究があるにもかかわらず，例えば，少年男子や成年男子に対する性犯罪の実相を調査研究したものは依然としてほとんどない（参照，ユングニッツ等　2004年）。量的研究は，ここでも限界にぶつかるから，質的研究によって補充されなければならない。さらに研究が続けられることによって，どの程度，こういった複雑な関係の絡み合いの中での犯罪に，刑法の制裁が助けになるのか，ないし，どの程度，代替的「解決範型」が開発されねばならないのかが分かるかもしれない。

　アメリカ合州国における家庭内暴力の研究は1970年代から減少傾向にある。大衆媒体で報道されることで，どうも人々の間で広く態度変化が見られるに到ったようである（シュナイダー　2001年・206頁）。ストロースとジリーズ（1990年）は，1976年には北アメリカ人のわずか10％の者だけが子供虐待を重い問題だと受け止めたが，1982年にはそれが90％に達したことを発見した。問題意識が啓蒙的示唆によって明らかに変化したのである。これに大いに寄与したのが，調査研究であり，そこで発見され，公にされた調査結果である。

参考文献

Alger, Alexandra/Flanagan, William G. (1996): Sexual Politics: Sexual Harassment in the Workplace, in: Forbes 157, S. 106-110.

Aos, Steve (2003): Cost and Benefits of Criminal Justice and Prevention Programs, in: *Kury, Helmut/Obergfell-Fuchs, Joachim (Hrsg.)*, Crime Prevention. New Approaches, Mainz, S. 413-442.

Blackburn, Esme Jane (1999): "Forever yours": Rates of Stalking Victimization, Risk Factors and Traumatic Responses among College Women, Boston (Dissertation Abstracts International).

Bundeskriminalamt (Hrsg.) (2003): Polizeiliche Kriminalstatistik Bundesrepublik Deutschland, Berichtsjahr 2002. Wiesbaden.

Chouaf, Sylvia (2001): Sexuelle Viktimisierung von Frauen. Epidemiologie und Prävelenz in einer Studentinnenstichprobe, (Unveröff. Diplomarbeit, Universität Freiburg).

Dörmann, Uwe (1991): Internationaler Kriminalitätsvergleich. Daten und Anmerkungen zum internationalen Kriminalitätsvergleich, in: *Kühne, Hans-Heiner/Miyazawa, Koichi*: Kriminalität und Kriminalitätsbekämpfung in Japan, Wiesbaden, S. 9-49.

Fisher, Bonnie S./Cullen, Francis T. (2000): Measuring the Sexual Victimization of Women: Evolution, Current Controversies, and Future Research, in: Criminal Justice 4, S. 317-390.

Forschungs- und Ausbildungszentrum des Justizministeriums (2002): Das Weißbuch der japanischen Kriminalität, Tokyo.

Haj-Yahia, Muhammad M. (1998): Beliefs about Wife Beating among Palestinian Women. The Influence of their Patriarchal Ideology, in: Violence Against Women 4, S. 533-558.

Jungnitz, Ludger/Lenz, Hans-Jaochim Puchert, Ralf/Puhe, Henry/Walter, Willi (2004): Gewalt gegen Männer. Personale Gewaltwiderfahrnisse von Männern in Deutschland - Ergebnisse der Pilotstudie, Berlin.

Kelly, Linda (2003): Disabusing the Definition of Domestic Abuse: How Women Batter Men and the Role of the Feminist State, in: Florida State University Law Review 30, S. 791-855.

Kesteren, Jan van/Mayhew, Pat/Nieubeerta, Paul (2000): Criminal Victimisation in Seventeen Indutrialised Countries. Key Findings from the 2000 International Crime Victims Survey, The Hague (Westenschappelijk Onderzoek- en Decumentatie-centrum).

Koss, Mary (1982): Sexual Experiences Survey: A Research Instrument Investigating Sexual Aggression and Victimisation, in: Journal of Consulting and Clinical Psychology 50, S. 455-457.

Koss, Mary (1985): The Hidden Rape Victim: Personality, Attitudinal, and Situational

Characteristics, in: Psychology of Women Quarterly 9, S. 193-212.
Koss, Mary (1993): Detecting the Scope of Rape. A Review of Prevalence Research Methods, in: Journal of Interpersonal Violence 8, S. 198-222.
Krahe, Barbara/Scheinberger-Olwig, Renate/Waizenöfer, Eva (1999): Sexuelle Aggression zwischen Jugendlichen: Eine Prävalenzerhebung mit Ost-West-Vergleich, in: Zeitschrift für Sozialpsychologie 30, S. 165-178.
Kühne, Hans-Heiner/Miyazawa, Koichi (1991): Kriminalität und Kriminalitätsbekämpfung in Japan. Versuch einer soziokukturell-kriminologischen Analyse, Wiesbaden.
Kury, Helmut (1994a): The Influence of the Specific Formulation of Questions on the Results of Victim Studies, in: European Journal on Criminal Policy and Research 2, S. 48-68.
Kury, Helmut (1994b): Zum Einfluß der Art der Datenerhebung auf die Ergebnisse von Umfragen, in: Monatsschrift für Kriminologie und Strafrechtsreform 77, S. 22-33.
Kury, Helmut (1995): Wie restitutiv eingestellt ist die Bevölkerung? Zum Einfluß der Frageformulierung auf die Ergebnisse von Opferstudien, in: Monatsschrift für Kriminologie und Strafrechtsreform 78, S. 84-98.
Kury, Helmut/Kern, Julia (2003): Frauen und Kinder von Inhaftierten. Eine vergessene Gruppe, in: Kriminologisches Jounal 35, S. 97-110.
Kury, Helmut/Oberfell-Fuchs, Joachim (Hrsg.) (2003): Crime Prevention - New Approaches, Mainz.
Kury, Helmut/Obergfell-Fuchs, Joachim (Hrsg.), (2005): Gewalt in der Familie. Für und wider den Platzverweis, Freiburg.
Kury, Helmut/Würger, Michael (1993): The Influence of the Type of Data Collection Method on the Results of the Victim Surveys. A German Research Project, in: *Alvazzi del Frate, Anna/Zvekic, Ugliesa/Dijk, Jan J. M. (Hrsg.),* Understanding Crime: Experiences of Crime and Crime Control. Acts of the International Conference. Rome 18.-20. November 1992, Rome, S. 137-152.
Kury, Helmut/Yoshida, Toshio (2003a): Wie werden Opfer von Straftaten gesehen? Zur Stigmatisierung von Verbrechensopfem, in: The Hokkaigakuen Law Journal 38, S. 811-864.
Kury, Helmut/Yoshida, Toshio (2003b): Sexuelle Viktimisierungen: Methodische Probleme bei deren Erfassung und internationale Ergebnisse, in: The Journal of Hokkai-Gakuen University 118, S. 63-100.
Kury, Helmut/Chouaf, Sylvia/Obergfell-Fuchs, Joachim (2002): Sexuelle Viktimisierung an Frauen, in: Kriminalistik 56, S. 241-27.
Kury, Helmut, Pagon, Milan, Lobnikar, Branko (2002a): Wie werden Opfer von (Sexual-) Straftaten von der Polizei gesehen? Zum Problem der Stigmatisierung, in: Kriminalistik 56, S. 735-744.

Lamnek, Siegfried/Luedtke, Jens (2005): Gewalt in der Partnerschaft: wer ist Täter, wer ist Opfer? in: *Helmut/Obergfell-Fuchs, Joachim (Hrsg.)*: Gewalt in der Familie. Für und wider den Platzverweis, Freiburg, S. 37-70.

Mahoney, Martha R. (1991): Legal Images of Battered Women: Redefining the Issue of Separation, in: Michigan Law Review 90, S. 1-94.

Müiller, Ulrike, Schröttle, Monika (2004): Lebenssituation, Sicherheit und Gesundheit von Frauen in Deutschland. Eine repräsentative Untersuchung zu Gewalt gegen Frauen in Deutschland. Im Auftrag des Bundesministeriums für Familie, Senioren, Frauen und Jugend in Kooperation mit Infas. Enddokumentation Hauptuntersuchungen (206- 1720-1/34-505). Bielefeld (Interdisziplinäres Frauenforschungs-Zentrum).

Schneider, Hans Joachim (2001): Kriminologie für das 21. Jahrhundert. Schwerpunkte und Fortschritte der internationalen Kriminologie. Überblick und Diskussion, Münster u.a.

Schwarzenegger, Christian (1997): Gewalt in der Familie in Japan. Ein Überblick, in: *Gruter, Margaret/Rehbinder, Manfred (Hrsg.)*: Gewalt in der Kleingruppe und das Recht. Festschrift für Martin Usteri, Bern, S. 75-101.

Straus, Murray/Gelles, Richard J. (1990): How Violent are American Families?, in: *Straus, Murray/Gelles, Richard J. (Hrsg.)*: Physical violence in American Families, New Brunswick, London, S. 95-112.

Tjaden, Patricia/Thoennes, Nancy (2000): Prevalence and Consequencs of Male-to-Female and Female-to-Male Intimate Partner Violence as Measured by the National Violence Against Survey, in: Violence Against Women 6, S. 142-161.

Yoshida, Toshio (2001): Geständnis, Entschuldigung, Reue und Wiedergutmachung im japanischen Strafrechtssystem. ist Japan ein Musterbeispiel?, in: *Britz Guido/Jung, Heike/Koriath, Heinz/Müller, Egon (Hrsg.)*: Festschrift für Müller-Dietz, München, S. 995-1021.

Yoshida, Toshio (2004): Strafrecht, Sanktionen und Einstellungen zu Sanktionen in Japan, in: *Kury, Helmut (Hrsg.)*: Strafrecht und Kriminalität, Entwicklungen in Mittel- und Osteuropa, Bochum, S. 189-208.

Yoshihama, Mieko (2002): The Definitional Process of Domestic Violence in Japan. Generating Official Response Through Action-Oriented Research and International Advocacy, in: Violence Against Women 8, S. 339-366.

Yoshihama, Mieko/Sorenson, Sybil B. (1994): Physical, Sexual, and Emotional Abuse by Male Intimates: Experiences of Women in Japan, in: Violence and Victims 9, S. 63-77.

著者略歴

吉田敏雄（よしだ　としお）
　昭和44年3月　北海道大学法学部卒業
　昭和62年3月　法学博士（北海道大学）
　平成15年10月　「ベッカリーア賞（銀賞）」受賞
　平成19年2月　「菊田クリミノロジー賞」受賞
　現職　北海学園大学法学部・大学院法学研究科教授

主要著作

『ペータース誤判の研究』（昭和56年・北海道大学図書刊行会）
『行刑の理論』（昭和62年・慶応通信）
『法的平和の恢復』（平成17年・成文堂）
『犯罪司法における修復的正義』（平成18年・成文堂）
『不真正不作為犯の体系と構造』（平成22年・成文堂）
『刑法理論の基礎［第3版］』（平成25年・成文堂）
『未遂犯と中止犯』（平成26年・成文堂）

刑法理論の基礎Ⅳ
懲罰社会と刑法

2014年11月1日　初版第1刷発行

　　著　　者　　吉　田　敏　雄
　　発行者　　阿　部　耕　一

〒162-0041　東京都新宿区早稲田鶴巻町514
　　発行所　　株式会社　成　文　堂
電話 03(3203)9201(代)　FAX 03(3203)9206
http://www.seibundoh.co.jp

製版・印刷・製本　藤原印刷　　　　　　　検印省略
© 2014 T. Yoshida　Printed in Japan
☆乱丁・落丁本はおとりかえいたします☆
ISBN978-4-7923-5129-8　C3032

定価（本体2400円＋税）